OSWALD SEGITZ

Die Bewertung unnotierter Anteile und Aktien

Betriebswirtschaftliche Schriften

Heft 8

Die Bewertung unnotierter Anteile und Aktien

Das Problem in handelsrechtlicher, steuerrechtlicher und betriebswirtschaftlicher Sicht unter besonderer Berücksichtigung der vermögensteuerrechtlichen Vorschriften

Von

Oswald Segitz

DUNCKER & HUMBLOT / BERLIN

Alle Rechte vorbehalten
© 1962 Duncker & Humblot, Berlin
Gedruckt 1962 bei Richard Schröter, Berlin SW 61
Printed in Germany

Inhaltsverzeichnis

Problemstellung 11

Begriff der unnotierten Anteile und Aktien und ihre Bedeutung im Wirtschaftsleben der Bundesrepublik und Westberlins 13

Begriff der Bewertung 14

A. Die Bewertung unnotierter Anteile und Aktien nach den Vorschriften des Handelsrechts 15

    I. *Die Bewertungsvorschriften des HGB (Handelsgesetzbuch vom 10. Mai 1897)* 15

    II. *Die Bewertungsvorschriften des AktG (Gesetz über Aktiengesellschaften und Kommanditgesellschaften auf Aktien vom 30. Januar 1937)* 17

    III. *Die Bewertungsvorschriften des GmbHG (Gesetz betreffend die Gesellschaften mit beschränkter Haftung vom 20. April 1892)* .. 20

    IV. *Die Bewertungsvorschriften des GenG (Gesetz betreffend die Erwerbs- und Wirtschaftsgenossenschaften vom 1. Mai 1889)* 21

    V. *Zusammenfassende Betrachtung der handelsrechtlichen Bewertungsvorschriften* 22

B. Die Bewertung unnotierter Anteile und Aktien nach den Vorschriften des Steuerrechts 24

    I. *Die Bewertungsvorschriften des BewG (Bewertungsgesetz vom 16. Oktober 1934)* 24
        1. Der gemeine Wert 25
        2. Begriff des gemeinen Werts 25
            a) Der erzielte Preis 26
            b) Gewöhnlicher Geschäftsverkehr 28
            c) Beschaffenheit des Wirtschaftsgutes 30
            d) Berücksichtigung aller Umstände 31
            e) Ungewöhnliche Verhältnisse 32
            f) Persönliche Verhältnisse 32
        3. Zusammenfassung der vom BewG erhobenen Einzelforderungen 33

    II. *Die Bewertungsvorschriften des EStG (Einkommensteuergesetz in der Fassung vom 23. September 1958)* 34
        1. Der Anschaffungswert 34
        2. Der Teilwert 36

    III. *Vergleichende Gegenüberstellung der Bewertungsvorschriften des BewG und des EStG* 40

    IV. *Die Bewertung unnotierter Anteile und Aktien nach dem „Berliner Verfahren" und nach dem „Stuttgarter Verfahren"* 42

1. Die historische Entstehung und Entwicklung der beiden Verfahren 42
2. Die Bewertung unnotierter Anteile und Aktien auf den 31. Dezember 1948 (VStR 1949) nach dem „Berliner Verfahren" 46
   a) Der Schätzwert 46
   b) Der Vermögenswert 46
      aa) Begriff des Vermögenswerts 46
      bb) Ermittlung des Reinvermögens 48
      cc) Ermittlung des Reinvermögens auf der Grundlage der DM-Eröffnungsbilanz 52
         α) Berücksichtigung betrieblicher Pensionsverpflichtungen, der Rückstellungen für Garantieverpflichtungen, für ausgegebene Rabattmarken, für Ausgleichsansprüche gemäß § 89 b HGB 53
         β) Berücksichtigung von Steuerschulden 57
         γ) Die Bewertungsvorschriften des DMBG (Gesetz über die Eröffnungsbilanz in Deutscher Mark und die Kapitalneufestsetzung vom 21. August 1949) 58
            αα) Bewertung der Grundstücke 58
            ββ) Bewertung des beweglichen Anlagevermögens 60
            γγ) Bewertung von Beteiligungen und anderen Wertpapieren des Anlagevermögens 62
            δδ) Bewertung der Gegenstände des Vorratsvermögens 63
            εε) Bewertung der Wertpapiere des Reichs und der sonstigen Forderungen gegen das Reich 65
            ζζ) Bewertung eigener Aktien oder Geschäftsanteile 66
            ηη) Bewertung von Forderungen 70
            ιι) Bewertung von Forderungen aus schwebenden Geschäften 71
            χχ) Bewertung von Forderungen gegen Schuldner in Deutschland außerhalb des Währungsgebietes 72
            λλ) Bewertung der Posten, die der aktiven Rechnungsabgrenzung dienen 72
            μμ) Bewertung betrieblicher Pensionsverpflichtungen 73
            νν) Bewertung von Verbindlichkeiten 75
            ξξ) Bewertung von Verbindlichkeiten gegenüber ausländischen Gläubigern — Bewertung von RM-Verbindlichkeiten gegenüber Angehörigen der Vereinten Nationen 76
            οο) Bewertung von Verbindlichkeiten gegenüber geschlossenen Geldinstituten 77
            ππ) Bewertung der Posten, die der passiven Rechnungsabgrenzung dienen 77
         δ) Zusammenfassende Betrachtung 78
      dd) Vergleichende Gegenüberstellung der Wertansätze in der DM-Eröffnungsbilanz und bei der Einheitswertfeststellung 79
   c) Der Ertragswert 81
      aa) Begriff des Ertragswerts 81
      bb) Ermittlung des durchschnittlichen Jahresertrags 83
         α) Berücksichtigung der Körperschaftsteuer 89
         β) Berücksichtigung der Soforthilfeabgabe 89
         γ) Berücksichtigung besonderer Umstände 90
      cc) Kapitalisierungszinsfuß 95

- d) Gemeiner Wert zum 31. Dezember 1948 (Mittelwert aus Vermögens- und Ertragswert) 100
- e) Bewertung in Sonderfällen 105
  - aa) Nicht voll eingezahltes Grundkapital oder Stammkapital 106
  - bb) Eigene Anteile 106
  - cc) Außerachtlassen der Ertragsaussichten 107
  - dd) Einmanngesellschaften und Familiengesellschaften .. 108
  - ee) Paketzuschlag 110
- f) Zusammenfassende Betrachtung über Wert und Unwert des „Berliner Verfahrens" 112

3. Die Bewertung unnotierter Anteile und Aktien auf den 31. Dezember 1952 (AntBewR 1953) nach dem „Stuttgarter Verfahren" 115
   - a) Der Schätzwert 115
   - b) Der Vermögenswert 116
     - aa) Abweichungen des Reinvermögens von dem in der Steuerbilanz ausgewiesenen Vermögen 118
     - bb) Vermögenswert der Gesellschaft — Vermögenswert der Anteile 120
   - c) Die Ertragsaussichten (Ermittlung des Ertragshundertsatzes) 122
     - aa) Berücksichtigung der Körperschaftsteuer 124
     - bb) Berücksichtigung des Zinsverlustes aus der Hingabe unverzinslicher Darlehen 124
     - cc) Berücksichtigung verdeckter Gewinnausschüttungen .. 125
     - dd) Der ausschüttungsfähige Ertrag 125
   - d) Gemeiner Wert am 31. Dezember 1952 126
   - e) Bewertung in Sonderfällen 133
     - aa) Nicht voll eingezahltes Grund- oder Stammkapital .. 133
     - bb) Eigene Anteile und eigene Aktien 133
     - cc) Außerachtlassen der Ertragsaussichten 134
     - dd) Aktien und Anteile im Streubesitz 134
     - ee) Neugründungen und Kapitalveränderungen 137
     - ff) Paketzuschlag 138

4. Die Bewertung unnotierter Anteile und Aktien auf den 31. Dezember 1956 (AntBewR 1957) nach dem „Stuttgarter Verfahren" 139
   - a) Der Schätzwert 139
   - b) Der Vermögenswert 140
     - aa) Berücksichtigung von Verbindlichkeiten 140
     - bb) Berücksichtigung unverzinslicher Darlehen 140
     - cc) Berücksichtigung betrieblicher Pensionsverpflichtungen 141
     - dd) Abweichungen des Reinvermögens von dem in der Steuerbilanz ausgewiesenen Vermögen 141
   - c) Die Ertragsaussichten (Ermittlung des Ertragshundertsatzes) 142
     - aa) Der ausschüttungsfähige Ertrag 143
     - bb) Ertrag des in der Gesellschaft angelegten Kapitals .. 143
   - d) Gemeiner Wert am 31. Dezember 1956 144
   - e) Bewertung in Sonderfällen 146

aa) Nicht voll eingezahltes Grundkapital oder Stammkapital 146
bb) Eigene Anteile und Aktien 146
cc) Außerachtlassen der Ertragsaussichten 147
dd) Aktien und Anteile im Streubesitz 147
ee) Neugründungen und Kapitalveränderungen 147
ff) Anteile mit ungleichen Rechten 148
gg) Verdeckte Stammeinlagen 148
hh) Kuxe und andere Anteile an bergrechtlichen Gesellschaften 151
ii) Organschaft 152
kk) Ausländische Gesellschaften 154
f) Zusammenfassende Betrachtung über Wert und Unwert des „Stuttgarter Verfahrens" 155

V. *Vergleichende Gegenüberstellung des „Berliner Verfahrens" und des „Stuttgarter Verfahrens"* 156

C. Die Bewertung unnotierter Anteile und Aktien in betriebswirtschaftlicher Sicht 161

I. *Maßgebende Faktoren für die Gestaltung der Börsenkurswerte* 161

II. *Der Schätzungscharakter der Bewertung von Unternehmungen (und damit der unnotierten Anteile und Aktien)* 165

1. Der Substanzwert als Hilfswert bei der Bewertung von Unternehmungen (und damit der unnotierten Anteile und Aktien) 165
2. Der Ertragswert als Hilfswert bei der Bewertung von Unternehmungen (und damit der unnotierten Anteile und Aktien) 167
   a) Das Problem der Ermittlung des voraussichtlich in Zukunft erzielbaren Jahresertrags 167
   b) Das Problem der Höhe des Kapitalisierungszinsfußes 172
3. Der Wert von Unternehmungen (und damit der unnotierten Anteile und Aktien) als Ergebnis der Gegenüberstellung von Substanz- und Ertragswert 177

III. *Zusammenfassende Betrachtung* 177

Literaturverzeichnis 179

Abkürzungsverzeichnis

a.a.O.	=	am angeführten Ort
Abs.	=	Absatz
Abschn.	=	Abschnitt
AG	=	Aktiengesellschaft
AKG	=	Gesetz zur allgemeinen Regelung durch den Krieg und den Zusammenbruch des Deutschen Reiches entstandener Schäden (Allgemeines Kriegsfolgengesetz) vom 5. November 1957
AktG	=	Gesetz über Aktiengesellschaften und Kommanditgesellschaften auf Aktien (Aktiengesetz) vom 30. Januar 1937
AntBewR	=	Richtlinien zur Bewertung nichtnotierter Aktien und Anteile an Kapitalgesellschaften (Anteilsbewertungsrichtlinien)
AO	=	Abgabenordnung vom 22. Mai 1931
B	=	Der Betrieb
BAnz	=	Bundesanzeiger
BB	=	Der Betriebs-Berater
BdF	=	Bundesminister der Finanzen
BewDV	=	Durchführungsverordnung zum Bewertungsgesetz vom 2. Februar 1935
BewG	=	Bewertungsgesetz vom 16. Oktober 1934
BFH	=	Bundesfinanzhof
BGBl	=	Bundesgesetzblatt
BStBl	=	Bundessteuerblatt
DIHT	=	Deutscher Industrie- und Handelstag
DMBEG	=	D-Markbilanzergänzungsgesetz (siehe DMBG)
DMBG	=	Gesetz über die Eröffnungsbilanz in Deutscher Mark und die Kapitalneufestsetzung vom 21. August 1949 i. d. F. des Gesetzes zur Änderung und Ergänzung des D-Markbilanzgesetzes vom 28. 12. 1950, des Lastenausgleichsgesetzes vom 14. 8. 1952, des Zweiten und Dritten D-Markbilanzergänzungsgesetzes vom 20. 12. 1952 bzw. 21. 6. 1955 (D-Markbilanzgesetz)
DMEB	=	DM-Eröffnungsbilanz
DStBl	=	Deutsches Steuerblatt
DStR	=	Deutsche Steuer-Rundschau
DStZ	=	Deutsche Steuerzeitung
DVerkStRdsch.	=	Deutsche Verkehrsteuer-Rundschau
EStG	=	Einkommensteuergesetz
FG	=	Finanzgericht
FM	=	Finanzminister
FR	=	Finanzrundschau
GenG	=	Gesetz, betreffend die Erwerbs- und Wirtschaftsgenossenschaften vom 1. Mai 1889
GmbHG	=	Gesetz, betreffend die Gesellschaften mit beschränkter Haftung vom 20. April 1892
GmbH-Rdsch.	=	Rundschau für GmbH
GrSt	=	Grundsteuer

HGB	=	Handelsgesetzbuch vom 10. Mai 1897
IHG	=	Investitionshilfegesetz vom 7.1.1952 mit späteren Änderungen
JW	=	Juristische Wochenschrift
KapSt	=	Kapitalertragsteuer
KGA	=	Kreditgewinnabgabe
KGaA	=	Kommanditgesellschaft auf Aktien
KStG	=	Körperschaftsteuergesetz
LAG	=	Gesetz über den Lastenausgleich (Lastenausgleichsgesetz) vom 14. August 1952 mit späteren Änderungen
NJW	=	Neue Juristische Wochenschrift
OFH	=	Oberster Finanzgerichtshof
RdF	=	Reichsminister der Finanzen
RFH	=	Reichsfinanzhof
RGBl	=	Reichsgesetzblatt
RGZ	=	Reichsgericht in Zivilsachen
RStBl	=	Reichssteuerblatt
SHA	=	Soforthilfeabgabe
SHG	=	Gesetz zur Milderung dringender sozialer Notstände (Soforthilfegesetz) vom 18. August 1949
Sp.	=	Spalte
StAnpG	=	Steueranpassungsgesetz vom 16. Oktober 1934 unter Berücksichtigung der bisher ergangenen Änderungen und Ergänzungen
StW	=	Steuer und Wirtschaft
StWrt	=	Die Steuerwarte
UG	=	Gesetz Nr. 63, Drittes Gesetz zur Neuordnung des Geldwesens (Umstellungsgesetz) vom 20. Juni 1948
VA	=	Vermögensabgabe
VAG	=	Gesetz über die Beaufsichtigung der privaten Versicherungsunternehmungen und Bausparkassen (Versicherungsaufsichtsgesetz) vom 6. Juni 1931
vgl.	=	vergleiche
VStG	=	Vermögensteuergesetz vom 16. Oktober 1934
VStR	=	Vermögensteuer-Richtlinien
WPg	=	Die Wirtschaftsprüfung
ZfB	=	Zeitschrift für Betriebswirtschaft
ZfhF	=	Zeitschrift für handelswissenschaftliche Forschung

Problemstellung

Das vorliegende Werk will einen Überblick über Problematik und Methoden der Bewertung unnotierter Anteile und Aktien in historischer Entwicklung geben.

Das behandelte Thema gehört mit zu den schwierigsten und umstrittensten Fragen der Betriebswirtschaft, des Handels- und des Steuerrechts, insbesondere auch deshalb, weil letztlich immer die „Bewertung einer Unternehmung im ganzen" angesprochen wird, welches Gebiet ja eines der mit am häufigsten in der Fachliteratur abgehandelten Probleme darstellt. Zur Unterstreichung dieser Behauptung mag der Hinweis auf das fünfseitige Literaturverzeichnis in *Schmalenbachs* Werk „Die Beteiligungsfinanzierung"[1] dienen, wo — sicherlich in keineswegs erschöpfender Form — die bis zum Jahre 1940 erschienene Literatur über die Bewertung von Unternehmungen zusammengestellt worden ist. Die Behandlung des Themas „Die Bewertung unnotierter Anteile und Aktien" erstreckt sich im wesentlichen auf die Darstellung und Kritik der steuerlichen Bestimmungen mit entsprechenden Änderungsvorschlägen aus betriebswirtschaftlicher Sicht; auch werden die einschlägigen Bestimmungen des Handelsrechts kurz gestreift.

Das besondere Anliegen dieser Arbeit ist es, die vermögensteuerlichen Vorschriften im Hinblick auf die Bewertung unnotierter Anteile und Aktien eingehend zu beleuchten. Damit treten die für Zwecke der Vermögenbesteuerung entwickelten Bewertungsmethoden des sog. „Berliner Verfahrens" und des sog. „Stuttgarter Verfahrens" in den Vordergrund. Diese beiden durch die Praxis entwickelten Verfahren — vor allem jedoch die erstgenannte Methode — waren und sind Gegenstand eines umfangreichen Meinungsstreites herrschender Autoren auf dem Gebiet des Steuerrechts. Das vorliegende Werk befaßt sich in der Hauptsache mit der Behandlung dieser Fragen.

Der Verfasser

---

[1] *Schmalenbach*, Die Beteiligungsfinanzierung (7. verbesserte Auflage), S. 33.

Begriff der unnotierten Anteile und Aktien und ihre Bedeutung im Wirtschaftsleben der Bundesrepublik und Westberlins

Unter unnotierten oder auch nicht notierten Anteilen und Aktien sind nach der Definition des Wirtschaftslexikons[1] Wertpapiere zu verstehen, für die keine Notierungen an der Börse erfolgen, für die also ein amtlicher Kurswert nicht besteht. Zu den nichtnotierten Anteilen und Aktien gehören auch die unnotierten Werte, welche zum geregelten Freiverkehr (Bezeichnung für den freien Markt, d. h. den Börsenverkehr in Wertpapieren, die nicht zur amtlichen Notierung zugelassen sind, für welche also ebenfalls keine Kursfeststellung erfolgt) zugelassen sind, sowie die Papiere, die auch nicht im Freiverkehr gehandelt werden.

Die Anteile selbst stellen ein bestimmtes Beteiligungsverhältnis eines Anteilseigners an einer Personen- oder Kapitalgesellschaft dar und finden ihre Verkörperung entweder in einem Wertpapier oder in einem Vertrag. Als Anteilseigner können auftreten Einzelunternehmer, Personen- oder Kapitalgesellschaften und schließlich auch Privatpersonen.

Nun besitzt das in der vorliegenden Arbeit abgehandelte Problem verständlicherweise gerade für Gesellschaften mit beschränkter Haftung und deren Eigner wesentliche Bedeutung. Die Feststellung, daß nach dem „Statistisches Jahrbuch für die Bundesrepublik Deutschland 1959"[2] am 31. Dezember 1958 33 447 GmbH in Westdeutschland und 2520 in Westberlin mit zusammen 10 214,9 Millionen DM Stammkapital bestanden, gibt dieser Behauptung ein besonderes Gewicht, wird doch dadurch die gewaltige wirtschaftliche Bedeutung, welche den in die Rechtsform der GmbH gekleideten Unternehmen im Rahmen der gesamten Volkswirtschaft zukommt, aufgezeigt. Die hier kurz gestreiften Gedankengänge sind im übrigen in ausführlicher und sehr interessanter Form in der aus Anlaß des 50jährigen Bestehens der Centrale für Gesellschaften mbH Dr. Otto *Schmidt* herausgegebenen Festausgabe der Monatsschrift Rundschau für GmbH[3] dargestellt worden.

---
[1] Dr. *Gablers* Wirtschaftslexikon, 3. Auflage, Sp. 2179.
[2] Statistisches Jahrbuch für die Bundesrepublik Deutschland 1959, S. 159.
[3] GmbH-Rdsch. Nr. 10/1955 (insbesondere darin die Artikel: „Die Sendung der GmbH im gegenwärtigen Wirtschaftsleben" von Prof. Dr. Armin *Spitaler*, Köln, und „Stellung und Bedeutung der GmbH in der Wirtschaft" von Dr. Dieter *Köhler*).

Begriff der Bewertung

Bei der Wertungs- und Bewertungslehre handelt es sich um das Kernproblem jedes Wirtschaftens, nachdem Wirtschaften, Wählen und Werten, Rechnen und Vergleichen ist[1]. Während nun Werten das Abwägen verschiedener Möglichkeiten — gegebenenfalls an Hand von Vergleichszahlen — ist, stellt sich dagegen das Bewerten als der rein technische Vorgang der Bezifferung eines Gutes oder einer Leistung dar[2]. Im betriebswirtschaftlichen Sinne bedeutet Bewerten die Übertragung einer Wertgröße auf bestimmte Vermögensteile (Güter oder Leistungen), wobei sich die Höhe des Wertansatzes nach dem jeweiligen Bewertungszweck richtet[3].

Daß nun die Ermittlung des Gesamtwertes einer Unternehmung bzw. des Wertes der Anteile zu den schwierigsten Problemen betriebswirtschaftlicher Untersuchungen gehört, hat vor allem zwei Gründe. Zum einen liegt das daran, daß es nicht mit der Summierung der Werte der Teilreproduktionskosten getan ist, das Anknüpfen an schon vorhandene Bewertungen also nicht ausreicht, zum anderen daran, daß eine Orientierung an Marktpreisen nicht möglich ist, da hierfür keine bestehen[4].

Aus dem hier Gesagten folgt, daß der Unternehmungswert bzw. der Wert der Anteile an Unternehmungen nur auf dem Wege der Schätzung festgestellt werden kann. Aufgabe dieser Arbeit ist es, die dafür entwickelten Methoden — insbesondere die für den speziellen Zweck der Besteuerung — darzustellen.

---

[1] Dr. *Gablers* Wirtschaftslexikon, 3. Auflage, Sp. 537.
[2] Ebenda, Sp. 530.
[3] Ebenda, Sp. 524.
[4] Vgl. S. 37 des vorliegenden Buchs.

A. Die Bewertung unnotierter Anteile und Aktien nach den Vorschriften des Handelsrechts

I. Die Bewertungsvorschriften des HGB (Handelsgesetzbuch vom 10. Mai 1897)

Die Bestimmungen des § 40 Abs. 2 HGB, welche für Einzelkaufleute, offene Handelsgesellschaften und Kommanditgesellschaften gelten, lauten:

„Bei der Aufstellung des Inventars und der Bilanz sind sämtliche Vermögensgegenstände und Schulden nach dem Wert anzusetzen, der ihnen in dem Zeitpunkte beizulegen ist, für welchen die Aufstellung stattfindet."

Aus dieser sehr allgemein gehaltenen Gesetzesnorm geht nicht ohne weiteres hervor, was unter dem Wert zum Zeitpunkt der Aufstellung — also dem Bilanzstichtag — zu verstehen ist. Im frühen Schrifttum wurde die Meinung vertreten, der Gesetzgeber wollte mit dieser Formulierung den Begriff des gemeinen Wertes umschreiben. *Schmalenbach* tritt dieser Auffassung entgegen[1] und bemerkt dazu, daß seiner Meinung nach der § 40 HGB gar keinen *bestimmten* Wertbegriff vorschreiben will. Nach *Schmalenbach* hat der Kaufmann seine Bewertungsmethode immer so anzunehmen, daß eine Bilanz nach den Grundsätzen der Ordnungsmäßigkeit zustande kommt.

Die Meinungen über den Wertbegriff des § 40 HGB sind jedoch in der Fachliteratur mit der eben dargestellten Auffassung keineswegs erschöpft. *Erler*[2] stellt in dem Aufsatz „Der Zeitwert im Bilanzrecht" die herrschenden Vorstellungen über den Bilanzwertbegriff des § 40 HGB zusammen.

Nach *Erler* ist unter diesem Wert verstanden worden:

1. *Der Zeitwert, und zwar ist das der Wert, der bei der Veräußerung des einzelnen Gegenstandes zu erzielen ist.*
2. *Der maßgebende Verkaufswert unter der Voraussetzung des Fortbestandes des Geschäfts (diese Bestimmung würde sich in etwa mit dem Teilwertbegriff, wie ihn das Steuerrecht kennt, decken).*
3. *Der Wiederbeschaffungswert (die Kosten für die Beschaffung des Gegenstandes zum Bilanzstichtag).*
4. *Der Wert ohne nähere Bestimmung (so wie ihn Schmalenbach auffaßt).*

---

[1] *Schmalenbach*, Dynamische Bilanz, 11. Auflage, S. 21.
[2] *Erler*, Der Zeitwert im Bilanzrecht, DStZ 1932, S. 388 ff.

Diesen „nicht näher bestimmten Wert" vertritt auch *Rieger*[3], indem er schreibt:

„Davon, daß ein bestimmter Wertansatz verlangt wird, etwa der objektive, der Veräußerungs- oder Tageswert, wie vielfach behauptet wird, kann gar nicht die Rede sein. Vielmehr bin ich der Meinung, daß der Gesetzgeber nicht beabsichtigt hat, noch auch in der Lage war, einen bestimmten Wert herauszugreifen und bindend vorzuschreiben. Es liegt in der Wendung: „zu dem Werte, der ihnen... beizulegen ist" gerade die Aufforderung oder doch zum mindesten die Erlaubnis, daß der Bilanzierende den Wert erst schaffen soll nach subjektivem Ermessen, wobei nur erwartet wird, daß er die Sorgfalt eines ordentlichen Kaufmannes anwendet. Nicht der Wert, den die Gegenstände objektiv haben, den es gar nicht gibt, sondern der Wert, der ihnen beizulegen ist, und zwar von dem Bilanzierenden, ist gemeint. — Freilich ist das nicht schlechthin ein beliebiger Wert, sondern ein solcher, der gegebenenfalls verantwortet werden kann."

Mit der Darlegung der vorgeschilderten Auffassungen, deren Aufzählung sich weiter fortsetzen ließe, soll dieses Kapitel beendet werden. Allerdings ist zu der vorstehenden Meinung *Riegers* noch zu bemerken, daß es nicht unbedenklich ist, die Bewertung eines Wirtschaftsgutes in das Ermessen des Bilanzierenden zu stellen, auch wenn der Wert „verantwortet" werden soll.

Bei rein wörtlicher Auslegung des Paragraphen kommt man zum betriebswirtschaftlichen Begriff des Zeitwerts, auch Abschlußstichtagswert genannt[4]. Bei diesem Bewertungsmaßstab ist vom Beschaffungsmarkt auszugehen oder gegebenenfalls vom Absatzmarkt.

Bei unnotierten Anteilen, also Anteilen, für die weder ein Börsen- noch ein Marktwert festgestellt ist, sind die Wiederbeschaffungs- oder Reproduktionskosten zu ermitteln. Man geht hierbei von den Kosten oder Preisen aus, die bei einer Anschaffung zum Bilanzstichtag entstehen würden. Lassen sich nun die Anteile zu einem niedrigeren Preis wiederbeschaffen, als die ursprünglichen Anschaffungskosten betrugen, so kann der Kaufmann diese neuen Werte zugrunde legen, es ist ihm dagegen auch nicht verwehrt, bei seinen höheren Anschaffungskosten zu verbleiben. In diesem Sinne erging die Reichsgerichtsentscheidung[5] vom 5. Januar 1912.

Sind die Wiederbeschaffungskosten höher als der originäre Anschaffungspreis, so ist es nach dem weniger strengen Grundsatz des § 40 HGB möglich, einen solchen, nicht realisierten Gewinn in der Bilanz auszuweisen!

Diese Regelung des HGB ist im Interesse der Bilanzwahrheit abzulehnen, da dem Kaufmann dadurch die Möglichkeit gegeben wird, vom Niederstwertprinzip, wie es das Aktienrecht kennt, abzuweichen

---

[3] *Rieger*, Einführung in die Privatwirtschaftslehre, S. 221.
[4] Vgl. § 133 Ziff. 3 Satz 3 AktG.
[5] RGZ vom 5. 1. 1912, JW 1912 S. 305.

und die Lage seines Betriebes günstiger darzustellen als sie in Wirklichkeit ist. Gerade bei Einzelkaufleuten, die in ihren Handelsbilanzen oftmals Beteiligungswerte an anderen Firmen ausweisen, deren Geschäftsführung sie häufig selbst noch bestimmen, hilft diese Wertregelung des § 40 Abs. 2 HGB zur Bilanzverschleierung, wenn nicht gar zur Bilanzfälschung bei.

Erfreulicherweise läßt sich jedoch sagen, daß in der Kaufmannschaft die Bilanzierung nach dem Niederstwertprinzip des AktG gerade in neuerer Zeit Eingang gefunden hat. Auch hat der RFH am 14. März 1939[6] in seinem Urteil ausgeführt, daß die §§ 131 und 133 AktG zwar ausdrücklich nur für AG und KGaA gelten, sie jedoch allgemeine Grundsätze der ordnungsmäßigen Buchführung darstellen, die auch für nicht ausdrücklich im Gesetz aufgezählte Unternehmungsformen anzuwenden sind.

Lassen sich nun die Wiederbeschaffungskosten zum Bilanzstichtag nicht feststellen, z. B. weil Anteile dieses Betriebes auf dem Markt überhaupt nicht zu beschaffen sind, so bietet der Absatzmarkt eine weitere Bewertungsgrundlage. Dieser mutmaßliche Verkaufswert deckt sich in etwa mit dem gemeinen Wert des Steuerrechts (vgl. hierzu *Adler-Düring-Schmaltz)*[7]. Dazu ist festzustellen, was bei einem Verkauf des Unternehmens endgültig erzielt würde, abzüglich der Wertminderungen (Provision usw.), also der Erlös. Auf diesem Weg erhält man dann den höchsten realisierbaren Wert.

II. Die Bewertungsvorschriften des AktG
(Gesetz über Aktiengesellschaften und Kommanditgesellschaften auf Aktien vom 30. Januar 1937)

Die Bestimmungen des § 133 Ziff. 2 und 3 AktG, welche für Aktiengesellschaften, Kommanditgesellschaften auf Aktien und gemäß § 36a VAG für Versicherungsvereine auf Gegenseitigkeit gelten (hier sind auch die bergrechtlichen Gewerkschaften — vgl. Allgemeines Preußisches Berggesetz von 1865 — zu nennen), lauten:

„Die im § 131 Abs. 1 A II Nr. 5 bis 7 bezeichneten Gegenstände des Anlagevermögens dürfen höchstens zu den Anschaffungskosten angesetzt werden (§ 131 Abs. 1 A II Nr. 6 führt die Beteiligungen an: eigene Anmerkung). Auch bei geringerem Wert dürfen sie zu den Anschaffungskosten angesetzt werden, wenn nicht die Grundsätze ordnungsmäßiger Buchführung Abschreibungen oder Wertberichtigungen nötig machen."

„Die Gegenstände des Umlaufvermögens (§ 131 Abs. 1 A III) dürfen höchstens zu den Anschaffungs- oder Herstellungskosten angesetzt werden (§ 131 Abs. 1 A III Nr. 4 führt Wertpapiere an: eigene Anmerkung).

---

[6] RFH vom 14. 3. 1939 — I 72/39 — RStBl 1939 S. 746.
[7] *Adler-Düring-Schmaltz*, Rechnungslegung und Prüfung der AG, 2. Auflage, S. 337.

Sind die Anschaffungs- oder Herstellungskosten höher als der Börsen- oder Marktpreis am Abschlußstichtag, so ist höchstens dieser Preis anzusetzen.

Ist ein Börsen- oder Marktpreis nicht festzustellen und übersteigen die Anschaffungs- oder Herstellungskosten den Wert, der den Gegenständen am Abschlußstichtag beizulegen ist, so ist höchstens dieser Wert anzusetzen."

Bei der Bewertung ist also zunächst zwischen Anlage- und Umlaufvermögen zu unterscheiden.

a) Anlagevermögen:

Wann eine Beteiligung gegeben ist, legt der Gesetzestext nicht eindeutig fest, entscheidend ist hier die Betriebsauffassung. Im Gesetz wird nur die widerlegbare Vermutung ausgesprochen, daß im Zweifelsfalle das Eigentum *eines Viertels* des Grundkapitals eine Beteiligung darstellt. Im übrigen ist es in diesem Zusammenhang von Interesse, daß im „Referentenentwurf eines Aktiengesetzes" (Broschüre, veröffentlicht durch das Bundesjustizministerium, Köln 1958) in § 148 unter II Anlagevermögen B Finanzanlagevermögen der Ausweis von Beteiligungen vorgesehen ist, und zwar gelten nach Maßgabe des § 148 Abs. 2 *„als Beteiligungen im Zweifel Anteile an einer Kapitalgesellschaft, deren Nennbeträge insgesamt den fünften Teil des Nennkapitals dieser Gesellschaft erreichen, sowie Kuxe einer bergrechtlichen Gewerkschaft, deren Zahl insgesamt den fünften Teil der Kuxe dieser Gewerkschaft erreicht"*.

In Ansehung der zur Zeit geltenden Bestimmungen wird man nach Vorstehendem davon ausgehen müssen, ob diese kapitalmäßigen Rechte an einem anderen Unternehmen dazu bestimmt sind, dauernd bei der Gesellschaft zu verbleiben und ob diese Rechte mehr oder weniger eine wirtschaftliche Verbindung mit dem anderen Unternehmen bezwecken. Kommt man zu dem Ergebnis, daß eine Beteiligung vorliegt, so ist diese nach dem Gesetz mit den Anschaffungskosten als Höchstwert anzusetzen. Unter den Anschaffungskosten versteht man die tatsächlichen Aufwendungen oder Ausgaben, die durch den Ankauf entstanden sind; bei Anteilen ist es also der Kaufpreis, die Kapitalverkehr-Steuer, der Stempel und eventuell bezahlte Provisionen oder Vermittlungsgebühren[1].

Die Bewertung zu dem jeweiligen Bilanzstichtag hat nach den Grundsätzen ordnungsmäßiger Buchführung zu erfolgen, d. h. etwaige Werterhöhungen der Anteile z. B. durch Nachschüsse bei Gewerkschaften oder Zuwendungen der Mutter- an die Tochtergesellschaft,

---

[1] *Adler-Düring-Schmaltz*, Rechnungslegung und Prüfung der AG, 2. Auflage, S. 208.

werden zu berücksichtigen sein, jedoch nur dann, wenn derartige Aufwendungen zu einer dauernden Wertsteigerung der Beteiligung führen.
Ein absolutes Gebot, eine Wertsteigerung zu aktivieren, besteht nicht. Es kann immer bei dem Ansatz der Anschaffungskosten verblieben werden[2].

Haben die Anteile eine dauernde Wertminderung erfahren, etwa durch hohe Verluste der Beteiligungsgesellschaft, so ist durch Ansatz einer Abschreibung auf einen entsprechenden Teilwert herunterzugehen. Die Abschreibungsquote richtet sich nach dem gesunkenen neuen Bilanzwert und Ertragswert der Beteiligungsgesellschaft.

Hat die Beteiligungsgesellschaft nur unbedeutende und vorübergehende Verluste erfahren, so kann die Aktiengesellschaft bei ihren Anschaffungskosten bleiben. Eine zwingende Vorschrift zur Wertberichtigung besteht also nicht.

Bühler folgert daraus, daß im Aktienrecht für Gegenstände des Anlagevermögens das Prinzip des gemilderten Niederstwertes mit Annäherung an das strenge Niederstwertprinzip gilt[3].

Eine Abschreibung wird ferner dann vorzunehmen sein, wenn sich die Einflußmöglichkeiten auf die Beteiligungsgesellschaft infolge eines hohen Beteiligungsgrads, mit Rücksicht auf das Entstehen einer neuen fremden Beteiligungsmajorität vermindern oder ganz wegfallen[4].

Nun findet sich in Wirtschaftskreisen eine weitere Auffassung, die den Standpunkt vertritt, eine Verteilung nachhaltiger Wertminderungen auf sämtliche folgende Perioden sei nicht verboten (gestützt wird diese Ansicht im Gesetzestext durch die Wendung „... *wenn nicht die Grundsätze ordnungsmäßiger Buchführung Abschreibungen oder Wertberichtigungen nötig machen.*" Die Betonung liegt dabei auf Abschrei*bungen* oder Wertberichtig*ungen*).

Diese Auffassung erscheint sehr bedenklich. Ein Wertverlust stellt keine verteilbare Größe dar; er ist der Rechnungsperiode zu belasten, in der er anfällt. Es muß unbedingt zu falschen Ergebnissen führen, wenn effektive Verluste, gleich anteiligen Abnutzungsabsetzungen, eine Aufteilung auf Rechnungsabschnitte erfahren, deren Zahl an sich unbestimmbar ist (Lebensdauer der Unternehmung) und höchstens fiktiv festgesetzt werden kann.

b) *Umlaufvermögen:*
Für Anteile, die unter dem Umlaufvermögen ausgewiesen werden — wobei es sich regelmäßig um die kurzfristige Anlage von

---
[2] *Adler-Düring-Schmaltz*, Rechnungslegung und Prüfung der AG, 2. Auflage, S. 347.
[3] *Bühler*, Bilanz und Steuer bei der Einkommen-, Gewerbe- und Vermögen-Besteuerung, S. 211.
[4] *Adler-Düring-Schmaltz*, Rechnungslegung und Prüfung der AG, 2. Auflage, S. 347.

flüssigen Mitteln handeln wird — gilt aktienrechtlich streng das Niederstwertprinzip, d. h. sind die Anschaffungskosten höher als „*der Wert, der den Gegenständen am Abschlußstichtag beizulegen ist*", so ist höchstens dieser niedrigere Wert anzusetzen. Hier sind also eventuelle Verluste der Beteiligungsgesellschaft sofort in der Bewertung zu berücksichtigen.

Zu a) und b):
In der Praxis läßt sich — einfache Verhältnisse vorausgesetzt — der Bilanzkurs wie folgt bestimmen:
Beträgt das Kapital der Beteiligungsgesellschaft DM 400 000,—, die Reserven DM 80 000,— und der erzielte Gewinn DM 20 000,—, so gilt

$$400\,000 : 100$$
$$100\,000 : X$$
$$X = \frac{400\,000}{100\,000 \cdot 100} = 25$$

Der Bilanzkurs ist in diesem Falle 125.

Liegt ein Verlust vor, so ist dieser entsprechend negativ zu berücksichtigen[5].

III. Die Bewertungsvorschriften des GmbHG
(Gesetz betreffend die Gesellschaften mit beschränkter Haftung vom 20. April 1892)

Die Bestimmungen des § 42 GmbHG, welche für Gesellschaften mit beschränkter Haftung gelten, lauten:

„*Für die Aufstellung der Bilanz kommen die Vorschriften des § 40 des Handelsgesetzbuches mit folgenden Maßgaben zur Anwendung:*
1. *Anlagen und sonstige Vermögensgegenstände, welche nicht zur Weiterveräußerung, sondern dauernd zum Betriebe des Unternehmens bestimmt sind, dürfen höchstens zu dem Anschaffungs- oder Herstellungspreise angesetzt werden; sie können ohne Rücksicht auf einen geringeren Wert zu diesem Preise angesetzt werden, sofern ein der Abnutzung gleichkommender Betrag in Abzug oder ein derselben entsprechender Erneuerungsfonds in Ansatz gebracht wird; . . .*"

Das GmbHG gibt — wie aus dem Gesetzestext ersichtlich — nur Vorschriften für das Anlagevermögen, die allerdings den Bestimmungen des § 133 AktG voll entsprechen („*höchstens zu dem Anschaffungs- oder Herstellungspreise*"). Somit herrscht also im GmbHG ebenfalls das gemilderte Niederstwertprinzip; die Bewertung von Anteilen erfolgt also in gleicher Weise wie nach dem AktG.

Daß für das Umlaufvermögen keine spezielle Regelung getroffen worden ist, darf nun aber nicht zu dem Schluß führen, man könne die weit gefaßten Bewertungsgrundsätze des § 40 HGB zugrunde legen.

---

[5] *Ruth-Schmaltz*, Die neue Bilanz der AG in rechtlicher und betriebswirtschaftlicher Beleuchtung, S. 46.

Der RFH hat vielmehr in der bereits erwähnten Entscheidung vom 14. März 1939[1] ausdrücklich die analoge Anwendung der Grundsätze des § 133 Ziff. 3 AktG auch für die Unternehmungsformen, die nicht Aktiengesellschaften darstellen, anerkannt.

Daraus folgt, daß Anteile mit dem niedrigsten der existierenden Werte anzusetzen sind. Verluste der Beteiligungsgesellschaft oder sonstige Wertminderungen z. B. infolge Verlusts der Beteiligungsmajorität sind also sofort voll im Bilanzansatz zu berücksichtigen.

IV. Die Bewertungsvorschriften des GenG
(Gesetz betreffend die Erwerbs- und Wirtschaftsgenossenschaften vom 1. Mai 1889)

Die Bestimmungen des § 33 c GenG, welche für Genossenschaften gelten, lauten:

„*1. Anlagen und andere Vermögensgegenstände einschließlich Wertpapiere, die dauernd zum Geschäftsbetrieb der Genossenschaft bestimmt sind, dürfen höchstens zu den Anschaffungs- oder Herstellungskosten angesetzt werden...*

Anlagen und andere Vermögensgegenstände, die dauernd zum Geschäftsbetriebe der Genossenschaft bestimmt sind, dürfen ohne Rücksicht auf einen geringeren Wert zu den Anschaffungs- oder Herstellungskosten angesetzt werden, wenn der Anteil an dem etwaigen Wertverlust, der sich bei seiner Verteilung auf die mutmaßliche Gesamtdauer der Verwendung oder Nutzung für den einzelnen Bilanzabschnitt ergibt, in Abzug oder in der Form von Wertberichtigungsposten in Ansatz gebracht wird...

Wertpapiere, die dauernd zum Geschäftsbetriebe der Genossenschaft bestimmt sind, dürfen ohne Rücksicht auf einen geringeren Wert zu den Anschaffungskosten angesetzt werden, soweit nicht die Grundsätze ordnungsmäßiger Buchführung Abschreibungen auf die Anschaffungskosten erforderlich machen.

Wertpapiere und andere Vermögensgegenstände, die nicht dauernd zum Geschäftsbetriebe der Genossenschaft bestimmt sind sowie Waren dürfen höchstens zu den Anschaffungs- oder Herstellungskosten angesetzt werden...

Übersteigen die Anschaffungs- oder Herstellungskosten, falls ein Börsen- oder Marktpreis nicht festzustellen ist, den Wert, der den Gegenständen am Bilanzstichtage beizulegen ist, so ist höchstens dieser Wert anzusetzen."

Das GenG unterscheidet — gleich dem AktG, welches eine Unterscheidung zwischen Anlage- und Umlaufvermögen trifft — zwischen Vermögensgegenständen, die dauernd dem Geschäftsbetrieb zu dienen bestimmt sind, und solchen, die nur vorübergehend, z. B. zur kurzfristigen Anlage flüssiger Mittel, dem Geschäftsbetrieb zu dienen bestimmt sind. Dementsprechend gilt — wie im AktG — einerseits das

---
[1] RFH v. 14. 3. 1939 — I 72/39 — RStBl 1939, S. 747.

gemilderte Niederstwertprinzip mit Annäherung an das strenge Niederstwertprinzip und andererseits das strenge Niederstwertprinzip.

V. Zusammenfassende Betrachtung der handelsrechtlichen Bewertungsvorschriften

Als Grundtendenz der Bewertungsvorschriften des HGB, AktG, GmbHG und GenG ist das Bestreben festzustellen, möglichst hohe stille Reserven zu bilden. Die rechtliche Zulässigkeit stille Reserven zu legen steht damit also außer Frage. Sieht man jedoch davon ab, daß die Bewertung als „Schätzung" immer einen gewissen Spielraum zwischen möglichen konkreten Wertansätzen (z. B. Bankguthaben usw.) lassen wird, so ist vor allem vieles gegen die Legung und Auflösung *versteckter* stiller Reserven einzuwenden. Sicherlich ist es nicht im Interesse der Bilanzwahrheit und am wenigsten im Interesse der vielen sogenannten „*kleinen Aktionäre*", die „*wahre*" Lage einer Gesellschaft zu einem bestimmten Stichtag durch „*Bilanzkunststücke*" zu verschleiern. Es wird Aufgabe der seit langen Jahren geforderten und — sieht man von der sogenannten „*kleinen Aktienrechtsreform*"[1] ab — immer noch im Stadium der Vorarbeiten und Vorentwürfe befindlichen Reform des AktG sein, gerade in dieser Richtung gesetzliche Vorschriften zu schaffen, welche die verantwortlichen Gesellschaftsleiter zwingen, in den publizierten Abschlußrechnungen die Erfolge der Unternehmung objektiv darzustellen.

Doch darf das Problem andererseits nicht zu einseitig betrachtet werden. Ursprünglich wollte man mit den handelsrechtlichen Bewertungsvorschriften einen größtmöglichen Schutz der Gläubiger erreichen. Um dies zu ermöglichen, schuf man, auf den Erfahrungen der Inflationszeit basierend, eine Bewertungsregelung, die eine weitestgehende Bildung stiller Reserven sehr stark begünstigt. Zwar versuchte der Gesetzgeber, der dadurch naturgemäß entstehenden Neigung im Übermaß stille Reserven zu bilden, entgegenzuwirken, indem er die Publikationspflichten wesentlich verschärfte. Jedoch ist trotz dieser Kontrollmöglichkeiten durch die Öffentlichkeit der Ruf nach strengeren Bewertungsvorschriften mit Recht nie ganz verstummt. Bilanzklarheit und Bilanzwahrheit sind Begriffe, deren genaueste Beachtung immer wieder gefordert worden ist und gefordert werden wird.

Mit dieser Forderung wird das Kapitel der handelsrechtlichen Bewertungsnormen abgeschlossen. Immerhin hat es der Verfasser — wie bereits in den Vorbemerkungen zu dieser Arbeit erwähnt — für not-

---
[1] Gesetz über die Kapitalerhöhung aus Gesellschaftsmitteln und über die Gewinn- und Verlustrechnung vom 23. 12. 1959, BGBl 1959 S. 789.

wendig gehalten, zur Abrundung der Darstellung auch die handelsrechtlichen Vorschriften kurz zu streifen, um so mehr, als schon aus historischer Sicht der Weg, der zur Entwicklung der Bewertungsnormen des Steuerrechts geführt hat, aufgezeigt werden mußte.

Die nun folgenden Abschnitte befassen sich mit der eigentlichen Aufgabe dieser Arbeit, die Bewertungsvorschriften des Steuerrechts mit besonderer Beleuchtung der vermögensteuerlichen Behandlung darzustellen.

B. Die Bewertung unnotierter Anteile und Aktien nach den Vorschriften des Steuerrechts

I. Die Bewertungsvorschriften des BewG (Bewertungsgesetz vom 16. Oktober 1934)

Den umfassenden Bewertungsrahmen für sämtliche Steuern „*des Bundes, der Länder, der Gemeinden, der Gemeindeverbände und der Religionsgesellschaften des öffentlichen Rechts*" gibt das Bewertungsgesetz vom 16. Oktober 1934. Dieses Gesetz, seit seiner Bekanntgabe nur unwesentlich verändert[1], ist für den Zweck geschaffen worden, einheitliche Vorschriften für möglichst viele Steuern zu geben.

Naturgemäß ließ sich für die Vielfalt der die unterschiedlichsten Zwecke verfolgenden Steuergesetze nicht eine einzige allgemeingültige Grundlage entwickeln. Aus der Notwendigkeit heraus, mehrere Möglichkeiten für die Bewertung einräumen zu müssen, erklärt sich deshalb auch die Gliederung des BewG in zwei klar voneinander abgegrenzte Hauptteile.

Der erste Teil umfaßt in den §§ 1—17 die allgemeinen Bewertungsvorschriften mit dem bereits eingangs erwähnten Geltungsbereich für die Steuern „*des Bundes (Reichs), der Länder, der Gemeinden, der Gemeindeverbände und der Religionsgesellschaften des öffentlichen Rechts*"; die dort niedergelegten Vorschriften treten jedoch gegenüber den Sondervorschriften des zweiten Teiles des Gesetzes und gegenüber etwaigen Sonderregelungen der Einzelsteuergesetze (beispielsweise § 6 EStG) zurück.

Der zweite Teil mit den „*Besonderen Bewertungsvorschriften*" besitzt Geltung für die Vermögensteuer, die Gewerbesteuer, die Erbschaftsteuer, die Grundsteuer, die Grunderwerbsteuer usw.

Um für die Bewertung für Zwecke der aufgezählten Steuergesetze ein gewisses System zu schaffen, sind vier Arten von Vermögen durch den Gesetzgeber unterschieden worden, und zwar

---

[1] Durch § 30 des Einführungsgesetzes zu den Realsteuergesetzen vom 1. 12. 1936 — RStBl 1936 S. 1137; durch Abschnitt I § 1 und Abschnitt IV § 13 Abs. 1 des Gesetzes zur Bewertung des Vermögens für die Kalenderjahre 1949 bis 1951 vom 16. 1. 1952 (BGBl I 1952, S. 22);
durch Gesetz zur Änderung steuerrechtlicher Vorschriften vom 26. 7. 1957 (BGBl I 1957 S. 848);
durch Gesetz zur Änderung vermögen-steuerrechtlicher Vorschriften vom 24. 7. 1958 (BGBl I 1958 S. 538).

a) das land- und forstwirtschaftliche Vermögen
b) das Grundvermögen
c) das Betriebsvermögen
d) das sonstige Vermögen,

wobei die ersten drei Vermögensarten in einem gesonderten Abschnitt zusammengefaßt worden sind (Einheitsbewertung).

Die Bewertungsvorschriften für die vierte Vermögensart bilden zusammen mit den Bestimmungen für die Ermittlung des Gesamtvermögens und des Inlandvermögens einen zweiten Unterabschnitt.

Um der Vollständigkeit des hier gegebenen Überblickes willen sei noch auf „*die Durchführungsverordnung zum Bewertungsgesetz*" vom 2. Februar 1935 mit den jeweiligen späteren Änderungen[2] hingewiesen, die in der Hauptsache Bedeutung für die Einheitsbewertung und die Vermögensbesteuerung besitzt.

Allgemein darf festgestellt werden, daß die Bewertungsnormen des BewG als lex generalis überwiegendenteils für die ziffernmäßige Festsetzung von Wertgrößen für Zwecke der Substanzbesteuerung gelten.

1. Der gemeine Wert

Für die Bewertung von unnotierten Anteilen schreibt § 13 Abs. 2 BewG den gemeinen Wert als maßgebend vor.

Infolgedessen ist es bei Behandlung des vorliegenden Themas unerläßlich, den Betrachtungen über den gemeinen Wert einen verhältnismäßig weiten Raum zu widmen.

2. Begriff des gemeinen Werts

Nach dem Wortlaut des § 10 Abs. 2 BewG wird der gemeine Wert „*durch den Preis bestimmt, der im gewöhnlichen Geschäftsverkehr nach der Beschaffenheit des Wirtschaftsgutes bei einer Veräußerung zu erzielen wäre*" und zwar unter Berücksichtigung aller Umstände, die den Preis zu beeinflussen geeignet sind. Dabei sind ungewöhnliche oder persönliche Verhältnisse nicht zu berücksichtigen.

Im nachstehenden sollen die einzelnen Forderungen, die das Gesetz zur Voraussetzung macht, beleuchtet werden.

---

[2] Verordnung zur Änderung der Durchführungsbestimmungen des Grundsteuergesetzes für den ersten Hauptveranlagungszeitraum vom 1. Juli 1937 (RGBl I S. 733) mit Wirkung vom 1. Januar 1938;
Verordnung zur Änderung der Durchführungsbestimmungen zum RBewG und VStG vom 22. November 1939 (RGBl I S. 2271) mit Wirkung vom 1. Januar 1940;
Verordnung zur Einheitsbewertung zur Vermögensbesteuerung zur Erbschaftssteuer und zur Grunderwerbssteuer vom 4. April 1943 (RGBl I S. 177) mit Wirkung vom 16. April 1943;
Gesetz zur Bewertung des Vermögens für die Kalenderjahre 1949 bis 1951 (Hauptveranlagung 1949) vom 16. Januar 1952 (BGBl I S. 22) mit Wirkung vom 18. Januar 1952;

a) Der erzielte Preis

Nach dem Wortlaut des Gesetzes ist der Ausgangspunkt für den gemeinen Wert der Verkaufspreis und zwar der Preis, der erzielt würde, wenn das betreffende Wirtschaftsgut im normalen Geschäftsverkehr zur Veräußerung käme.

Da jedoch Verkaufspreise durch die unterschiedlichsten Verhältnisse, welche in den folgenden Abschnitten noch näher zu besprechen sind, beeinflußt werden, dementsprechend also keinen objektiven Wertmaßstab bilden können, erhebt sich die Frage nach der Bedeutung, welche dem erzielbaren Verkaufspreis für die Ermittlung des gemeinen Wertes überhaupt zukommt.

Die ältere Rechtsprechung des RFH[3] hat den Verkaufspreis als bedeutsamen Ausgangspunkt für die Festsetzung des gemeinen Wertes betrachtet, von dem abzuweichen nur bei Vorliegen triftiger Gründe gerechtfertigt ist.

Auf der gleichen Linie liegt eine RFH-Entscheidung[4] vom 18. Dezember 1925, die zwar die Bemessung des gemeinen Wertes nach dem erzielten Verkaufspreis nicht ohne weiteres als bindend erklärt, auf der anderen Seite jedoch empfiehlt, von diesem Preise auszugehen, da er einer mehr oder weniger willkürlichen Schätzung des Wertes vorzuziehen sei. Dabei sind auch Preise heranzuziehen, welche nicht am Bewertungsstichtag selbst gezahlt worden sind, wenn nur etwa unterdessen erfolgte Preisschwankungen berücksichtigt werden.

Demgegenüber ist ein RFH-Urteil vom 28. April 1938[5] beachtenswert, in welchem festgelegt ist, daß der gemeine Wert eines Grundstückes nicht aus dem Verkaufspreis eben dieses Grundstückes abgeleitet werden könne, da ein *einziger* Verkauf keine genügende Grundlage für die Feststellung des im gewöhnlichen Geschäftsverkehrs erzielbaren Preises bildet. In der gleichen Richtung erging ein weiteres Urteil vom 20. Oktober 1938[6].

Ein speziell für die vorliegende Arbeit bedeutsames Urteil fällte der RFH am 23. September 1937[7]. In diesem wird ausgeführt — entgegen den in vorstehend aufgeführten Urteilen gefällten Entscheidungen —, daß der beim Kauf von Anteilen erzielte Preis nicht dem wirklichen Wert des Unternehmens zu entsprechen brauche. Zum Beispiel

---

Verordnung zur Änderung der Durchführungsverordnung zum BewG vom 10. April 1954 (BGBl I S. 83) mit Wirkung bei der Hauptfeststellung der Einheitswerte für gewerbliche Betriebe bzw. der Hauptveranlagung nach dem Stande vom 1. Januar 1953.

[3] RFH — vom 13. 2. 1923 — II A 165/3 — Amtl. Sammlung Band 11 S. 260.
[4] RFH — vom 18. 12. 1925 — II A 627/25 — Kartei AO § 138 Abs. 1 R 32.
[5] RFH — vom 28. 4. 1938 — III 345/37 — RStBl 1938 S. 716.
[6] RFH — vom 20. 10. 1938 — III 351/37 — RStBl 1938 S. 1106.
[7] RFH — vom 23. 9. 1937 — III A 85/37 — RStBl 1938 S. 57.

könnten bei Bemessung des Kaufpreises für die Anteile die Ertragsaussichten des Unternehmens eine größere Rolle gespielt haben als der Wert des Vermögens, und sie könnten in höherem Maße berücksichtigt worden sein, als es bei der steuerlichen Bewertung des Betriebsvermögens zulässig ist. Es wäre ferner denkbar, daß die Gesellschafter sich nicht über die Geschäftsführung einigen können und daher den Wunsch haben, die Anteile um jeden Preis abzustoßen. Auch wird ein ganz oder zum Teil in Aktien der übernehmenden Gesellschaft gezahlter Kaufpreis oft mit Vorsicht als Bewertungsgrundlage zu verwenden sein, denn die Aktien könnten für den Verkäufer einen höheren Wert haben als der Kurswert angibt. In der gleichen Richtung erging ein weiteres Urteil am 17. Juli 1941[8].

Bei Betrachtung der vorbesprochenen höchstrichterlichen Entscheidungen ist in zeitlicher Folge deutlich die Tendenz einer sinkenden Bedeutung des Verkaufspreises als Wertmaßstab für die Festsetzung des gemeinen Wertes zu beobachten.

Auch im Schrifttum findet die Bestimmung des gemeinen Wertes als Einzelveräußerungspreis viele Gegner.

Schmalenbach schreibt in seiner „Dynamischen Bilanz"[9], daß die Bezeichnung „gemeiner Wert" aus dem „Preußischen Allgemeinen Landrecht" von 1791[10] übernommen worden ist, welches aber — im Gegensatz zur heutigen Auslegung — unter diesem Begriff den Gebrauchswert verstanden habe, den *eine* Sache für *jedermann* hat und zwar den Wert, für welchen eine Sache zu beschaffen war. Dementsprechend interpretiert *Schmalenbach* den gemeinen Wert als Anschaffungspreis.

Diese Auffassung wird von *Schmidt*[11] geteilt, der sich dagegen wendet, daß schon vor einem Verkauf, ja wenn ein Verkauf gar nicht beabsichtigt ist, der Verkaufswert als Wertmaßstab benutzt wird. Das — so schreibt er — würde für die Unternehmung bedeuten, daß unrealisierte Gewinne als Vermögen auszuweisen wären.

Er möchte den gemeinen Wert als Beschaffungswert (Anschaffungswert des Steuerrechts) definiert wissen und gibt auch gleichzeitig die von ihm vorgeschlagene Umschreibung dieses Wertes[12], die sowohl den

---
[8] RFH — vom 17. 7. 1941 — III 12/40 — RStBl 1941 S. 869.
[9] *Schmalenbach*, Dynamische Bilanz, S. 22 (11. Auflage).
[10] § 112 I 2 dieses Gesetzes (pretium commune).
[11] *Schmidt*, Die organische Tageswertbilanz, S. 371 (3. Auflage, unveränderter Nachdruck).
[12] „Der gemeine Wert wird durch den Preis bestimmt, der im gewöhnlichen Geschäftsverkehr nach der Beschaffenheit des Gegenstandes unter Berücksichtigung aller den Preis und bei Ertragsgütern den Ertrag beeinflussenden Umstände bei einem Einkauf (in dem für den Eigentümer gewöhnlich in Betracht kommenden Markt) zu zahlen wäre. Ungewöhnliche oder lediglich persönliche Beeinflussungen des Marktpreises sind nicht zu berücksichtigen."

Tagesbeschaffungswert, wie den Kurswert, den objektivierten Ertragswert und den einfachen Marktpreis der Konsumgüter decken und umfassen würde. Die von *Schmidt* hier hereingebrachte Beziehung zwischen Ertragswert und gemeinem Wert des Steuerrechts geht von der Überlegung aus, daß ein Käufer, welcher ein Wirtschaftsgut erwirbt, immer nur den Ertrag, der in der Unternehmung gebundenen Vermögensteile kapitalisieren und als Kaufpreis entrichten wird.

Das bedeutet aber, daß kein Preis ohne Ertrag möglich ist.

Zwar wird man im allgemeinen davon ausgehen können, daß der Erwerber von Anteilen an einer Unternehmung diese im Hinblick auf die zu erwartenden Erträge ankauft, in manchen Fällen jedoch spielt dieser Gesichtspunkt keine oder nur eine untergeordnete Rolle. Die Motive für derartige Käufe sind in vielen Fällen in *„Unwägbarkeiten"* zu suchen, durch welche sich eine Objektivierung des Kaufpreises durch Berücksichtigung der Ertragsaussichten niemals ermöglichen läßt.

Gerade die Beeinflussung eines Verkaufspreises durch „Unwägbarkeiten" macht es erforderlich — vor allem für die Zwecke einer gerechten, d. h. die Einhaltung des Grundsatzes der Gleichmäßigkeit der Besteuerung garantierenden Bewertung — eine im Rahmen des möglichen objektive Bewertungsmethode zu schaffen. Diese Methode ist durch die Praxis in der Kombination zweier Wertgrößen gefunden worden, nämlich dem auf normaler Sachbewertung aufgebauten Vermögenswert und dem die zukünftige Entwicklung berücksichtigenden Ertragswert; auf diese Methode wird an anderer Stelle näher eingegangen werden.

Die vorstehenden Betrachtungen lassen erkennen, daß dem Verkaufspreis für die Ermittlung des gemeinen Wertes, insbesondere bei dem hier vorliegenden Bewertungsproblem keine allzugroße Bedeutung beizumessen ist. Gestützt wird diese Behauptung u. a. durch die in den VStR bzw. AntBewR genannten und entwickelten Verfahren zur Bestimmung des gemeinen Wertes, welche unabhängig von etwa erzielten Verkaufspreisen den Wert zu bestimmen versuchen.

b) Gewöhnlicher Geschäftsverkehr

Der im Gesetzestext geprägte Begriff des *„gewöhnlichen Geschäftsverkehrs"* setzt das Vorhandensein eines Marktes voraus, auf welchem die Preisbildung durch das Zusammenwirken von Angebot und Nachfrage zustande kommt.

Der RFH selbst hat den freien Markt als eine Verkehrslage definiert, bei der die unter nicht wesentlich veränderten Verhältnissen getätigten Käufe nach Zahl und Umständen in den erzielten Preisen die

Brauchbarkeit des Wirtschaftsgutes für die Wirtschaftsgestaltung in allen möglichen Beziehungen zum Ausdruck zu bringen vermögen[13].

Dementsprechend kann die dem Gesetzgeber vorgeschwebte objektive Preisbildung nur dort zum Zuge kommen, wo das sogenannte *„Gesetz von Angebot und Nachfrage"* infolge eines mengenmäßig hohen Umsatzes zu einer wertmäßigen Entsprechung der ausgetauschten Wirtschaftsgüter führt. Wirtschaftsgüter, welche infolge ihrer Seltenheit nur spärlich auf dem Markte erscheinen — dessen Verkäufer- und Käuferkreis demgemäß sehr klein ist — werden grundsätzlich durch die individuelle Einschätzung — also Bewertung durch den Einzelnen — bewertet.

Zur Veranschaulichung der Darlegungen mag die beispielsweise Gegenüberstellung der Voraussetzungen für die Preisbildung von Fahrrädern auf der einen Seite und die Preisbildung für unnotierte Anteile auf der anderen Seite dienen. Bei ersteren ergibt sich durch das Vorhandensein ständigen Angebots und ständiger Nachfrage eine ausgeglichene Preissituation, während demgegenüber bei dem Verkauf bzw. Ankauf unnotierter Anteile durch das Fehlen eines entsprechenden *„Geschäftsverkehrs"*, also eines Marktes, auf dem ein „Handel" nach einheitlichen Grundsätzen erfolgen könnte, eine völlig unterschiedliche Preisgestaltung festzustellen ist.

Neben dem Einfluß der Seltenheit des Umsatzvorganges darf die Einwirkung besonderer Ereignisse auf das Marktgeschehen nicht verkannt werden. In diesem Zusammenhang braucht nur an die Umstände erinnert zu werden, unter denen gewisse Beteiligungen — vor allem in der Grundstoffindustrie — durch den Zwang alliierter Gesetzgebung in der Nachkriegszeit veräußert werden mußten. Auch wird ein Preis, der bei einem Verkauf aus einer Konkursmasse[14] entsteht, nicht als im gewöhnlichen Geschäftsverkehr erzielt angesehen werden können, von Zwangsverkäufen bei Erbauseinandersetzungen und von Verkäufen aus spekulativen Erwägungen ganz zu schweigen.

Als weiteres Beispiel für die Unmöglichkeit, einen gewöhnlichen Geschäftsverkehr für die Bewertung unnotierter Anteile zu fordern, soll hier noch ein Hinweis auf das Wertpapierbereinigungsverfahren dienen. Durch das Wertpapierbereinigungsgesetz[15] wurde nämlich erst eine Klärung der Eigentumsverhältnisse herbeigeführt, die durch die Kriegsfolgen in Verwirrung geraten waren. Auch dieser Grund hat wesentlich dazu beigetragen, einen gewöhnlichen Geschäftsverkehr in An-

---

[13] *Gürsching-Stenger,* Kommentar zum Bewertungsgesetz und Vermögensteuergesetz, § 10 BewG S. 5.
[14] RFH — vom 7. 8. 1928 — II A 323/28 — StW 1928 Nr. 639.
[15] Wertpapiergesetz vom 19. August 1949 (Gesetzblatt der Verwaltung des Vereinigten Wirtschaftsgebietes, S. 295) mit den dazu ergangenen Änderungen und Ergänzungen.

teilen oder Wertpapieren zu verhindern, wozu außerdem noch der Mangel an flüssigen Mitteln trat, bedingt durch die Währungsreform 1948.

Die Reihe dieser Aufzählungen ließe sich noch beliebig fortsetzen, jedoch dürfte das Geschilderte schon genügen, um die Feststellung zu untermauern, daß das vom Gesetz aufgestellte Postulat eines gewöhnlichen Geschäftsverkehrs in bezug auf die Wertbestimmung unnotierter Anteile nicht zu erfüllen ist. Verschärft wird diese Folgerung durch die Erkenntnisse der Nachkriegsjahre, in welchen man infolge des Fehlens eines Kapitalmarktes aus den geschilderten Gründen fast nur unzuverlässige Wertfestsetzungen im *„Geschäftsverkehr"* kannte.

Interessant in der Sicht des hier behandelten Themas ist noch ein RFH-Urteil vom 25. November 1937[16], welches festlegt, daß nicht ein dem gewöhnlichen Geschäftsverkehr entsprechender Preis angenommen werden kann, wenn sich bei einem Verkauf von Anteilen herausstellt, daß sich der Verkäufer mit einem Preis zufrieden gibt, der seine eigenen Kosten beim Kauf der Anteile deckt, ohne hierbei Erwägungen darüber anzustellen, ob dieser Preis dem inneren Wert der Anteile entspricht.

Dieses eben zitierte Urteil, welches zu der Erkenntnis führt, daß die Wertbestimmung nur auf der Grundlage des Gesamtvermögens und der Ertragsaussichten erfolgen kann, zeigt — ähnlich wie die unter Abschnitt a) gezogene Folgerung —, daß es unmöglich ist, bei einem Verkauf unnotierter Anteile vom gewöhnlichen Geschäftsverkehr auszugehen. Daß der Gesetzgeber bei der Formulierung des § 10 BewG und der darin gegebenen Definition des gemeinen Wertes sicherlich nicht so sehr an die Möglichkeit der Bewertung von Anteilen gedacht hat, sondern vielmehr an die Bewertung von Sachgütern, für welche ein Markt besteht, darf nach Würdigung der hier aufgeführten Gesichtspunkte wohl angenommen werden.

c) Beschaffenheit des Wirtschaftsgutes

Der Preis eines Wirtschaftsgutes wird durch die Beschaffenheit desselben sehr wesentlich beeinflußt, mithin ist die Beschaffenheit des Wirtschaftsgutes *„Anteil"* für das hier vorliegende Problem ebenfalls von Bedeutung.

Bei unnotierten Anteilen wird es dabei in erster Linie auf das Vorliegen einwandfreier Rechtsverhältnisse ankommen.

Das Teileigentum an einer Unternehmung — sei sie nun Kapital- oder Personalgesellschaft — wird in der Regel durch einen Vertrag dokumentiert, der oftmals notarielle Beglaubigung besitzt. Die Dokumentierung in Wertpapieren, d. h. Urkunden, bei welchen das darin ver-

---

[16] RFH — vom 25. 11. 1937 — III 309/37 — RStBl 1938 S. 59.

briefte Recht derart an das Papier gebunden ist, daß die Geltendmachung des Rechts aus dem Wertpapier von dem Besitz desselben abhängt, ist bei unnotierten Anteilen nicht oder doch nur sehr selten der Fall. Allenfalls kann auch noch die Möglichkeit bestehen, daß einzig auf Grund der tatsächlichen Verhältnisse ohne irgendwelche verbriefte Rechte durch Vertrag oder Wertpapier eine Beteiligung an einer Unternehmung besteht. Im Vordergrund wird aber immer die Beweisurkunde als Nachweis eines Anteilrechtes stehen. Dazu muß bemerkt werden, daß bei der Beweisurkunde weder die Übertragung, Entstehung oder Geltendmachung des in ihr verbrieften Rechts von dem Besitz der Urkunde abhängt.

Abgesehen von der rechtlichen Beschaffenheit der Anteile wird das von ihnen repräsentierte Miteigentum an den Sachwerten und den immateriellen Werten einer Unternehmung auch die Frage nach deren Beschaffenheit wichtig erscheinen lassen. In diesem Zusammenhang auf die verschiedenartigsten Möglichkeiten der Beschaffenheit der jeweiligen Einzelgüter einzugehen, erscheint jedoch mit Rücksicht auf deren mannigfaltige Erscheinungsarten unzweckmäßig.

d) Berücksichtigung aller Umstände

Bei Berücksichtigung aller Umstände, welche geeignet sind, den Wert eines Anteiles zu beeinflussen, wird immer danach zu fragen sein, ob die in Frage kommenden Verhältnisse in einem *inneren wirtschaftlichen* Zusammenhang mit der betreffenden Unternehmung stehen. Dabei können die verschiedenartigsten Besonderheiten vorliegen, die durchaus nicht außergewöhnlich zu sein brauchen.

In erster Linie ist hier an die nachstehend aufgezählten Fälle gedacht:

Anteilsbewertung bei Familien- oder Einmanngesellschaften,
Anteilsbewertung bei Kapitalgesellschaften, die eigene Anteile besitzen,
Anteilsbewertung bei Gesellschaften mit nicht voll eingezahltem Grund- oder Stammkapital,
Anteilsbewertung bei in Liquidation befindlichen Gesellschaften,
Anteilsbewertung in Fällen, wo sich Nutzen und Ertragsaussichten nicht übersehen lassen, sei es aus Gründen der herrschenden Marktsituation oder aus Gründen der Unsicherheit der weiteren Entwicklung (z. B. Veränderungen durch technische Neuerungen),
Anteilsbewertung in Fällen, wo branchenmäßig gesehen ein unverhältnismäßig hohes Risiko vorliegt (z. B. Hopfengeschäft).

Eine erschöpfende Aufzählung aller Umstände, die zu berücksichtigen wären, ist nicht möglich. Es soll hier nur aufgezeigt werden, daß durch die unbestrittenermaßen erforderliche Berücksichtigung all dieser Umstände eine so starke Verwässerung des Verkaufspreises herbeigeführt wird, daß es im Endergebnis auf eine mehr oder weniger willkürliche Schätzung des Wertes hinausläuft[17].

e) Ungewöhnliche Verhältnisse

Unter ungewöhnlichen Verhältnissen sind Umstände zu verstehen, die bei der wertmäßigen Einstufung eines Wirtschaftsgutes im Geschäftsverkehr im allgemeinen nicht vorkommen und mit welchen demgemäß auch nicht zu rechnen ist.

Ein in diesem Zusammenhang interessantes RFH-Urteil vom 28. Januar 1938[18] führt aus, daß der Preis von Anteilen maßgebend durch die Tatsache beeinflußt wird, daß sie nur mit Genehmigung der Gesellschafterversammlung verkauft und beim Tod des Anteilbesitzers zum Nennwert von der GmbH zurückverlangt werden können. Diese Verhältnisse betrachtet das Urteil als nicht ungewöhnlich.

Der Gesetzgeber schreibt die Außerachtlassung von ungewöhnlichen Verhältnissen wohl vor, es kann jedoch in Ansehung des hier behandelten Bewertungsproblems festgestellt werden, daß die Veräußerung unnotierter Anteile in der Regel von den mannigfaltigsten subjektiven Erwägungen und ungewöhnlichsten Verhältnissen beeinflußt wird, welche die Erfüllung der vom Gesetz erhobenen Forderungen nach objektiver Abgrenzung schlechterdings unmöglich machen.

f) Persönliche Verhältnisse

Eine klare Herausstellung des Wortinhaltes „persönliche Verhältnisse" ist infolge der Differenziertheit dieses Begriffes sehr schlecht möglich.

Die steuergerichtliche Rechtsprechung ist deshalb gezwungen worden, in zahlreichen Urteilen zu klären, welche Umstände als persönliche Verhältnisse anzusehen sind und demgemäß bei der Ermittlung des gemeinen Wertes außer Ansatz zu bleiben haben.

Im allgemeinen werden persönliche Verhältnisse — abgesehen von den in § 10 Abs. 3 BewG selbst aufgezählten — dann angenommen werden können, wenn verwandtschaftliche Beziehungen zwischen Verkäufer und Käufer bestehen, der Verkäufer sich in einer wirtschaftlichen Notlage befindet oder Sonderabmachungen, die aus persönlichen Gründen abgeschlossen worden sind, vorliegen.

---

[17] Vgl. hierzu auch *Vogt*, Gesamtbewertungsfragen, BB 1959, S. 1224.
[18] RFH — vom 28. 1. 1938 — III 202/37 — RStBl 1938 S. 363.

Eine RFH-Entscheidung aus dem Jahre 1937[19] hat hervorgehoben, daß namentlich bei Familiengesellschaften die leichtere oder schwerere Verkäuflichkeit oder Abtretbarkeit des Anteils keine entscheidende Bedeutung habe, einmal deshalb, weil dieser — aus der Eigenart der Familiengesellschaft sich ergebenden — schwereren Beweglichkeit der Anteile auf der anderen Seite gewisse Vorzüge (innere Stärke, Straffung der Verwaltung, Geschäftspolitik auf lange Sicht) gegenüberständen und zweitens, weil die Bindungen hinsichtlich der Anteile letzten Endes und regelmäßig im Rahmen der nach § 10 BewG nicht zu berücksichtigenden persönlichen Verhältnisse lägen. Jedenfalls wird es auch bei diesem Punkt schwer werden für die Bewertung unnotierter Anteile, eine klare Abgrenzung zu finden. Die Berücksichtigung oder vielmehr Außerachtlassung dieser Umstände ist bei dem in dieser Arbeit behandelten Problem keineswegs von zu unterschätzender Bedeutung. Doch gilt auch hier das bereits im vorhergehenden Abschnitt Gesagte, daß die Erfüllung der dem Gesetzgeber vorschwebenden Genauigkeit gerade in diesem Punkt unmöglich erscheint, weil die Abgrenzung der Umstände, die zwar in der persönlichen Sphäre liegen, jedoch den Preis beeinflußt haben, beinahe unüberwindliche Schwierigkeiten bereitet.

3. Zusammenfassung der vom BewG erhobenen Einzelforderungen

Nach *Bühler*[20] ist man bei der Begriffsbestimmung des gemeinen Wertes im Gesetz von der Meinung ausgegangen, daß sich bei Verkäufen auf dem *„freien Markt"* der *„objektive Wert"* eines Wirtschaftsgutes in den gezahlten Preisen niederschlage.

Daß diese Vorstellung, zum mindesten für das Bewertungsproblem unnotierter Anteile, infolge der in den vorhergehenden Abschnitten dargestellten Gründe nicht zutrifft, ist bewiesen worden. Die Notwendigkeit, an die Stelle einer in der praktischen Auswirkung versagenden Bewertungsvorschrift eine generell brauchbare Methode zu setzen, ist schon sehr bald erkannt worden. Diese Überlegungen führten dann zu der Entwicklung der in den später folgenden Abschnitten näher behandelten Verfahren zur Ermittlung des gemeinen Wertes von unnotierten Anteilen.

Im folgenden sollen nunmehr die einkommensteuerlichen Bewertungsvorschriften, welche sich für die Behandlung dieses Themas im wesentlichen auf die Betrachtung des Teilwertes beschränken können, behandelt werden.

---

[19] RFH — vom 8. 6. 1937 — III A 37/37 — RStBl 1937 S. 929.
[20] *Bühler*, Allgemeines Steuerrecht, S. 275.

II. Die Bewertungsvorschriften des EStG
(Einkommensteuergesetz in der Fassung vom 23. September 1958)

Im Gegensatz zu der am Schluß des Abschnittes B Ziffer I gegebenen Zweckdeutung des BewG ist es das Ziel des EStG, eine genaue periodengerechte Ermittlung des Erfolges für die Gewinnbesteuerung herbeizuführen. Die Bewertung der Aktiva und Passiva verfolgt hier also einzig den Zweck, den „richtigen Gewinn" zu finden, um eine „gerechte Besteuerung" (Grundsatz der Gleichmäßigkeit der Besteuerung) zu ermöglichen.

Das EStG stellt im Gegensatz zum BewG in seiner Eigenschaft als lex specialis Bewertungsvorschriften nur für die Bestands- und Erfolgsrechnung auf. Damit ergibt sich bereits das Anwendungsgebiet der in § 6 des EStG fixierten Bewertungsnormen, die Steuerbilanz. Diese ist gegenüber der Handelsbilanz wesentlich „*straffer*" organisiert und verfolgt als Zeitraumrechnung die Ermittlung und Wiedergabe des wirtschaftlichen Ergebnisses eines Betriebes während eines bestimmten Zeitraumes und zwar in der Regel eines Jahres. Das EStG ist damit auf einen eindeutig bestimmbaren Zweck abgestellt und muß nicht, wie das BewG, eine Vielzahl angestrebter Ziele in den Bewertungsvorschriften „*unter einem Hut*" vereinigen.

Die vom EStG in § 6 zur Anwendung vorgeschriebenen Bewertungsnormen weichen von den im BewG gegebenen ganz erheblich ab. Für ein und dasselbe Wirtschaftsgut existieren also letzten Endes zwei divergierende Werte, eine Tatsache, die einer logischen Betrachtungsweise durchaus fremd zu sein scheint.

Ein wesentliches Anliegen dieser Arbeit wird es sein, die problematische Gegensätzlichkeit der genannten Bewertungsvorschriften und -grundsätze eingehend zu beleuchten.

§ 6 EStG schreibt für die Bewertung der einzelnen Wirtschaftsgüter, soweit sie dem Betrieb dienen, die Anschaffungs- oder Herstellungskosten vermindert um die Absetzung für Abnutzung vor. Dementsprechend soll hier zuerst auf den Anschaffungswert eingegangen werden.

1. Der Anschaffungswert

Diesem Bewertungsmaßstab wird in dem zur Erörterung stehenden Problem nicht die hervorragende Stellung einzuräumen sein, die ihm üblicherweise bei anderen Wirtschaftsgütern des Anlage- oder Umlaufvermögens zukommt, da für die Anschaffungskosten — die ja letzten Endes im wesentlichen den erzielten Verkaufspreis des Verkäufers darstellen — die gleichen Schwierigkeiten gelten, wie sie im vorhergehenden Abschnitt behandelt worden sind.

Als Anschaffungskosten sind alle bei der Anschaffung eines Wirtschaftsgutes entstehenden Aufwendungen zu betrachten. Neben dem

Kaufpreis umfaßt der Begriff Anschaffungskosten auch sämtliche Nebenkosten und die Kosten, die dadurch entstanden sind, daß das betreffende Wirtschaftsgut in den Zustand versetzt worden ist, den es am Stichtag besitzt.

Bei Anteilen wird es sich hierbei im wesentlichen um die Gebühren für die Beurkundung des Vertrages, etwa abzuführende Steuern und öffentliche Abgaben (Kapitalverkehrsteuer), auch Vermittlungsgebühren usw. handeln. Dagegen sind Geldbeschaffungskosten, die aufgewendet werden müssen, um eine Anschaffung überhaupt erst zu ermöglichen — es kommen in Frage Darlehenszinsen oder Agiobeträge, die bei Darlehensaufnahme zu entrichten sind — keine aktivierungspflichtigen Anschaffungskosten. Auch müssen gewährte Nachlässe abgezogen werden, so daß man als Wertansatz zu den Nettoausgaben gelangt. *Kosiol*[1] bezeichnet demgemäß den Anschaffungswert als Ausgabenwert, entsprechend seinem geldmäßigen Zahlungscharakter.

Die hervorragende Bedeutung, die dem Anschaffungswert zukommt, liegt im wesentlichen darin begründet, daß er den feststehenden Ausgangspunkt bildet für das Bilanzwerk, von dem aus bei der ziffernmäßigen Festsetzung der Absetzungen für Abnutzung regelmäßig auszugehen ist. Verschiedentlich ist im einschlägigen Schrifttum die Meinung vertreten worden, die Summe der Anschaffungswerte vermindert um die Abschreibungen ergäbe am ehesten den gesamten Wert einer Unternehmung. Dieser Ansicht ist jedoch grundsätzlich entgegenzutreten. Bei der Bewertung einer Unternehmung wird man immer vom zu erwartenden Erfolg ausgehen müssen, nicht von der Summe der Aufbaukosten, die zur Erstellung des Betriebes notwendig waren, denn ein Erwerber wird sicher nur bereit sein, ein Unternehmen anzukaufen, das in der Zukunft angemessene Erträge bringen wird. Auch etwa später noch aufzuwendende Beträge sind als nachträgliche Anschaffungskosten zuzuschreiben. Damit gelangt man zum Begriff des fortgeführten Anschaffungswertes. Unter diesem Begriff versteht man die ursprünglichen Anschaffungskosten vermehrt um Zugänge und Zuschreibungen und vermindert um Abgänge und Abschreibungen.

Beispielsweise hat der RFH bei Anteilen und Beteiligungen entschieden, daß Zuschüsse zur Deckung von Betriebsausgaben oder zum Ausgleich von Verlusten aktivierungspflichtig sind[2].

Der vom Gesetz als weiterer Bewertungsmaßstab vorgesehene Wertbegriff, welcher gerade bei der Bewertung nichtnotierter Anteile für Zwecke der Einkommensbesteuerung von hoher Bedeutung ist, der Teilwert, soll im folgenden abgehandelt werden.

---
[1] *Kosiol*, Bilanzreform und Einheitsbilanz, S. 46.
[2] RFH — vom 12. 2. 1936 — VI A 21/36 — RStBl 1936 S. 787.

2. Der Teilwert

Unter Teilwert versteht das Gesetz den Betrag, den ein Erwerber des ganzen Betriebes im Rahmen des Gesamtkaufpreises für das einzelne Wirtschaftsgut ansetzen würde; dabei ist davon auszugehen, daß der Erwerber den Betrieb fortführt.

Der Teilwert stellt nach dem Gesetzestext und wie schon der Wortinhalt aussagt, den anteiligen Wert dar, der von einem in der Regel *nur gedachten* Gesamtkaufpreis des Betriebes auf das einzelne Bewertungsobjekt entfällt.

Rein historisch gesehen, ist der Teilwert aus dem *„gemeinen Wert"* entwickelt worden, stellt jedoch im Gegensatz zu der Meinung *Bühlers*[3] keine Unterart oder besondere Ausprägung des gemeinen Wertes für die Zwecke der Gewinnermittlung dar, sondern ist vielmehr eine selbständige Bewertungsform, die sogar als im Gegensatz zu dem Einzelveräußerungspreis des gemeinen Wertes stehend bezeichnet werden kann.

Ziel des Steuerrechtes war und ist es, zu verhindern, daß ein Wirtschaftsgut des Anlage- oder Umlaufvermögens mit dem regelmäßig sehr viel niedriger liegenden Einzelverkaufspreis bewertet wird, denn es bedeutet einen Unterschied, ein Wirtschaftsgut allein und losgelöst vom Betrieb oder im Rahmen der ganzen Unternehmung zu betrachten. Der Teilwert stellt eben den Nutzen dar, den ein Wirtschaftsgut vom Standpunkt des Käufers für die betreffende Unternehmung besitzt. Allerdings kann man davon nicht ableiten, daß der Teilwert kein objektiver Wert sei. Vielmehr gelten alle bereits bei der Behandlung des gemeinen Wertes besprochenen Voraussetzungen auch bei der Bestimmung des Teilwertes, jedoch mit der Maßgabe, daß der Käufer immer bereit sein muß, den Betrieb entsprechend den wirtschaftlichen Gegebenheiten weiterzuführen. (Bei Liquidationsunternehmen scheidet also der Teilwertgedanke aus.) Damit treten jedoch die bereits im vorhergehenden Abschnitt besprochenen Schwierigkeiten auf, die eine eindeutige Bestimmung auch des Teilwertes verhindern und ihm — ebenso wie dem Verkaufspreis des gemeinen Wertes — nur eine hypothetische Exaktheit geben.

In der Meinung des Schrifttums wird der Teilwert sehr unterschiedlich beurteilt.

K o s i o l[4] greift den Teilwertgedanken in aller Schärfe an. Er zeigt den Widerspruch auf, der zwischen dem Grundsatz der Einzelbewertung, wie er für die Bestimmung des Teilwertes in Frage kommt, und dem Prinzip der Gesamtbewertung, wie er im Ertragswert zum Ausdruck gelangt, festzustellen ist. Diesen Überlegungen ist im großen

---

[3] Allgemeines Steuerrecht, S. 275.
[4] *Kosiol*, Bilanzreform und Einheitsbilanz.

und ganzen zu folgen. Man braucht sich hierzu eigentlich nur ein Modell zu konstruieren.

Der von einem Erwerber gezahlte Gesamtkaufpreis umfaßt auch den Geschäftswert (goodwill). Dieser immaterielle Firmenwert ist nur eine vorstellbare Größe in Verbindung mit der ganzen Unternehmung, die unabhängig von ihr kein selbstständiges Dasein führen kann. Bei einer Aufspaltung des Gesamtkaufpreises müßte dieser immaterielle Wert extra erscheinen. Nachdem er jedoch als ein selbständig bewertbares Wirtschaftsgut losgelöst von der Unternehmung nicht gedacht werden kann, müßte praktisch ein anteilmäßige Aufteilung auf die Vielzahl der die Unternehmung repräsentierenden Wirtschaftsgüter vorgenommen werden. Da aber für ein Einzelwirtschaftsgut dieser Mehrwert nicht in Frage kommen kann, weil erstens eine Stückelung des goodwill aus den erwähnten Gründen gar nicht vorstellbar ist und zweitens eben dieser Geschäftswert nur bei einem Zusammenwirken aller zum Vermögen der Unternehmung gehörenden Wirtschaftsgüter zustande kommt, ist die Existenz von Teilwerten unter der Annahme der Fortführung des Betriebes, die in ihrer Summierung wieder den Gesamtkaufpreis ergeben, nicht möglich.

Schmalenbach hat diesen Grundsatz, daß der Wert einer Unternehmung nicht durch einfache Addition der Einzelwerte bestimmt werden kann, ebenfalls immer wieder vertreten (vgl. insbesondere „Die Beteiligungsfinanzierung").

Die Ableitung des Teilwertes aus dem Wert der Gesamtheit des gewerblichen Betriebsvermögens, wie das Gesetz vorschreibt, darf als unglücklich bezeichnet werden, nachdem es relativ schwierig ist, den Gesamtwert eines Unternehmens zu ermitteln. Nach höchstrichterlicher Rechtsprechung soll der Teilwert nach dem Betrag bestimmt werden, den ein Käufer des ganzen Unternehmens weniger für das Unternehmen geben würde, wenn der betreffende Gegenstand nicht zu dem Unternehmen gehörte. Der Gesamtwert ist also immer oberste Forderung. Nun gehört ja die Bewertung einer Unternehmung als ganzes zu den schwierigsten Problemen überhaupt.

Mellerowicz[5] schreibt, daß diese Schwierigkeiten vor allem zwei Gründe hätten:

1. *weil es nicht mit der Summierung der Teilreproduktionskostenwerte getan ist, daß also eine Überprüfung bereits vorhandener Bewertungen nicht ausreicht;*
2. *weil auch eine Orientierung an Marktpreisen entfällt, denn es gibt hierfür keine Marktpreise; es finden relativ wenig derartige Um-*

---

[5] *Mellerowicz*, Vorwort in Lackmann, Theorien und Verfahren der Unternehmungsbewertung.

sätze statt, und die wenigen, die stattgefunden haben, sind nicht vergleichbar.

Damit dürfte auch klargestellt sein, daß es nicht möglich ist, einen absolut objektiven Teilwert zu fixieren.

Nun haben verschiedene Steuerfachleute von einer falschen Definition des Begriffes Teilwert im Gesetz gesprochen. *Zitzlaff*[6] meint, das Gesetz wolle den Wert als Teilwert bezeichnen, der als Folge vernünftigen wirtschaftlichen Wertdenkens gefunden wird und den das Wirtschaftsgut für den Betrieb hat. Also nicht der Wert ist ausschlaggebend, den der Eigentümer oder ein anderer auf Grund seiner persönlichen Auffassung für richtig hält, sondern der Wert, welcher auf der allgemeinen Auffassung beruht, wie sie in der Marktlage am Stichtag ihren Ausdruck findet. Nachdem jedoch der Teilwert fast nicht kraft Empirie aus Verkäufen zu ermitteln ist — denn es soll ja nicht immer gleich verkauft, sondern nur ein Wert bestimmt werden — galt es, gewisse Verfahren zu entwickeln, um den Gesamtwert einer Unternehmung oder den Teilwert eines bestimmten Wirtschaftsgutes in ihr bestimmen zu können. Die Betriebswirtschaft hat wohl in der Ertragswertrechnung, also der Kapitalisierung zukünftigen Ertrages eine brauchbare Methode entwickelt, ist aber in bezug auf den Teilwert nicht über die Gleichstellung des Ausfallwertes[7] mit dem Teilwert hinausgekommen. Dieser Ausfallwert, wie ihn *Kosiol* bezeichnet, wird durch Gegenüberstellung zweier Werte festgestellt. Dabei wird der Gesamtwert der Unternehmung *ohne* das betreffende Wirtschaftsgut von dem Gesamtwert der Unternehmung *mit* dem betreffenden Wirtschaftsgut abgezogen. Als Differenz erhält man dann nach viel vertretener Auffassung den Teilwert (vgl. auch Urteil des Einkommensteuersenats vom 14. Dezember 1926[8]). Gegen diese Methode wendet beispielsweise *Kosiol*[9] ein, daß in dieser Weise nicht der Wert eines vorhandenen, sondern der Wert eines fehlenden Wirtschaftsgutes bestimmt wird. Dadurch, so folgert er, ergibt sich ein Wertverlust — nämlich durch die naturgemäß behinderte Betriebstätigkeit — d. h. eine negative Bewertung, die einen weit höheren Wert ergeben kann, als bei positivem Wertansatz unter objektiver Betrachtung. Daß dieser Folgerung ohne weiteres zuzustimmen ist, ergibt sich aus der Überlegung, daß ein Käufer wohl erst davon ausgehen wird, was auf dem Markt für das in Frage kommende Wirtschaftsgut infolge seiner Eignung und Nutzung für den Betrieb aufzuwenden sein wird. Damit er-

---

[6] *Zitzlaff,* Zur Bewertung unnotierter Anteile an einer Kapitalgesellschaft, StW 1949, Sp. 783.
[7] Diese Bezeichnung prägte *Kosiol* in seinem Buch: Bilanzreform und Einheitsbilanz, S. 78.
[8] RFH — vom 14. 12. 1926 — I/725 — RStBl 1927 S. 102.
[9] *Kosiol,* Bilanzreform und Einheitsbilanz, S. 78.

hebt sich die Frage nach der mehr oder weniger starken Betriebsgebundenheit, die ein Wirtschaftsgut, also auch eine Beteiligung besitzt. Der Teilwert wird dadurch in sehr hohem Maße beeinflußt werden.

Bei einer dementsprechenden Betrachtung des Teilwertproblems darf man jedoch nicht zu erwähnen vergessen, daß dem Teilwert immerhin eine gewisse praktische Bedeutung beizumessen ist. Er verhindert vor allem ein übermäßiges Herabsetzen der Werte von Wirtschaftsgütern, eine Tendenz, welche — hervorgerufen durch hohe Steuertarife — im heutigen Wirtschaftsleben allenthalben zu beobachten ist. Der Fiskus ist aus erklärlichen Gründen bemüht, der immer wieder versuchten Schmälerung des Gewinnes und der Schaffung hoher stiller Reserven entgegenzuwirken, indem er den Begriff des Teilwerts so eng wie nur irgend möglich begrenzt und auslegt. Einer „handelsrechtlichen Betrachtungsweise", in deren Interesse es liegt, große „Fettpolster" in der Bilanz anzusammeln, wird der Teilwert immer lästig sein. Andererseits besitzt der Teilwert für Steuerpflichtige eine angenehme Seite, eine Seite, welche auch die große praktische Bedeutung des Teilwerts im Wirtschaftsleben aufzeigt, nämlich seine Anwendbarkeit auf solche Fälle, in denen die Entwertung eines Wirtschaftsgutes so rasch fortschreitet, daß der Wertverlust mit den Absetzungen für Abnutzung im normalen Rahmen nicht mehr aufgefangen werden kann.

Seine objektive Festsetzung im Sinne des Gesetzes wird jedoch nicht möglich sein.

Der Teilwert in einkommensteuerlicher Sicht, wie er an dieser Stelle interpretiert worden ist, unterscheidet sich von der im Vermögenssteuerrecht gegebenen Definition (§ 12 BewG) in keiner Weise. Zwar spricht das BewG in Abweichung vom EStG von „Unternehmen" statt von „Betrieb", doch dürfte eine sachliche Unterscheidung deshalb nicht vermutet werden.

Für das im Vorliegenden behandelte Thema der Bewertung unnotierter Anteile ist jedoch der Begriff des vermögensteuerlichen Teilwertes von keiner Bedeutung, da ja § 13 Abs. 2 BewG eine eindeutige Bewertungsvorschrift für die Wertfestsetzung unnotierter Anteile gegeben hat.

Nach der Abhandlung des Teilwertes, der im Hinblick auf die einkommensteuerlichen Vorschriften, welche für die Bewertung nichtnotierter Anteile in Frage kommen, dargestellt werden mußte, wird im folgenden Abschnitt eine vergleichende Gegenüberstellung der vermögensteuerlichen und der einkommensteuerlichen Gesetzesnormen vorgenommen.

III. Vergleichende Gegenüberstellung der Bewertungsvorschriften des BewG und des EStG[1]

Die Betrachtung der Bewertungsgrundsätze des Vermögensteuerrechts auf der einen Seite und des Einkommensteuerrechts auf der anderen Seite läßt die Diskrepanz erkennen, die offensichtlich zwischen diesen Bewertungsnormen besteht. *Bühler*[2] spricht von einem regelrechten Nebeneinander zweier voneinander unabhängigen Bewertungen und stellt in diesem Zusammenhang die Frage, inwieweit dieses Faktum zu verstehen und vor allem zu rechtfertigen ist.

Er erklärt das Vorhandensein zweier Wertungen aus historischer Sicht, da nach seiner Auffassung Vermögen- und Grundsteuergesetze als älteste Bestandteile des Steuersystems bereits vor dem Zeitpunkt, an dem die auf der Buchführung aufgebaute Gewinnbesteuerung mit ihren bilanzrechtlichen Bewertungsmaßstäben Eingang in die Steuergesetzgebung fand, andere Verfahrensregeln entwickelt hatten.

Diese Argumentation darf jedoch meines Erachtens als nicht stichhaltig genug bezeichnet werden, nachdem man in den dreißiger Jahren die Möglichkeit gehabt hätte, bei der damals erfolgten Neuordnung der Steuergesetzgebung (RBewG), einheitliche Bewertungsmaßstäbe zu schaffen. Nichtsdestoweniger ist seither das Nebeneinanderbestehen von *„Einheitsbewertung"* und *„Bilanzbewertung"* zu vermerken.

Die Rechtfertigung dieser Feststellung erblickt *Bühler* in den verschiedenen Zielrichtungen, die beide Bewertungsarten verfolgen und zwar meint er, daß die Bilanz dynamischen Charakter trage, dementgegen die Vermögensfeststellung einen statischen Charakter besitze. Es ist demnach festzustellen, daß die Voraussetzung eines Wertzusammenhanges — einer Bewertungskontinuität — für die Substanzbesteuerung völlig ausscheidet. Unabhängig von etwaigen früheren Bewertungen wird also ein Wert zu einem bestimmten Stichtag festgesetzt, welcher den Stand des Vermögens in Geldeinheiten wiedergibt. Auf der anderen Seite führt die strenge Forderung des Bilanzsteuerrechts nach Bilanzzusammenhang und ununterbrochener Wertfortsetzung (mit Einschränkungen) auf die Dauer gesehen zu Werten, die ihrem Verkehrswert zum Stichtag in keiner Weise mehr entsprechen (z. B. Geschäftsgebäude, die bereits verhältnismäßig lange bestehen).

Diesen *„Nachteil"* — wenn man dies so bezeichnen will — kennen die vermögensteuerlichen Bewertungsvorschriften nicht. Sie versuchen, wie bereits ausgeführt, einen möglichst exakten stichtagsgerechten Wertausweis zu geben.

Die praktischen Auswirkungen dieser unterschiedlichen Bewertungsnormen zeigen sich — wie schon oben an einem Beispiel gezeigt

---

[1] Siehe hierzu auch: *Bühler-Scherpf*, Bilanz und Steuer, S. 284.
[2] *Bühler*, Bilanz und Steuer, S. 306.

wurde — darin, daß sich in der Regel bei der Wertfestsetzung unnotierter Anteile für Vermögensteuerzwecke ein höherer Geldbetrag errechnet als im Bilanzansatz ausgewiesen ist. Es werden also Steuerbeträge von ein- und demselben Wirtschaftsgut ausgehend von zwei verschiedenen Bemessungsgrundlagen erhoben. Das scheint ein sehr starker logischer Widerspruch zu sein. Damit drängt sich naturgemäß die Überlegung auf, eine einheitliche Bewertungsmethode für zwei Zweckgesichtspunkte zu ermitteln.

Als maßgebender Wert wird dabei grundsätzlich der Wert nach vermögensteuergesetzlichen Vorschriften anzusehen sein. Er will ja „*den richtigen Wert*", den Stichtagswert, den Tageswert, eines Wirtschaftsgutes wiedergeben.

Wie sieht jedoch die Anwendung dieser Überlegung bei Betrachtung unter dem Gesichtspunkt der Erfolgsrechnung aus?

Es würde bedeuten, daß keine festen Größen mehr bestehen, von welchen der Werteverzehr ziffernmäßig festgesetzt werden kann. Die Abschreibungen würden unter der Voraussetzung eines gleichbleibenden Abschreibungsprozentsatzes je nach dem Tageswert des betreffenden Wirtschaftsgutes höhere oder niedrigere Beträge annehmen und damit beispielsweise die Preiskalkulation vor erhebliche Schwierigkeiten stellen.

Ein Ausweg bietet sich dem Anhänger einer „*einheitlichen Bewertung*", die nur in der Befolgung des Tageswertgrundsatzes liegen kann, in den Überlegungen von Fritz *Schmidt*[3].

Schmidt erarbeitete Verfahren, die eine weitestgehende periodengerechte Erfolgsermittlung auch dann zulassen, wenn die Vermögensrechnung durch Wertschwankungen beeinflußt wird. Auf die von *Schmidt* entwickelten Gedankengänge hier näher einzugehen, insbesondere auch das damit unmittelbar zusammenhängende Problem der Abschreibungen vom Tagesbeschaffungswert des Umsatztages zu erörtern, würde den Rahmen, welcher der vorliegenden Arbeit gesetzt ist, überschreiten. Der Verfasser hat es jedoch für notwendig gehalten, die Richtung aufzuzeigen, in welcher eine Lösung des angeschnittenen Problems gefunden werden könnte. Es wird Aufgabe der Betriebswirtschaft und des Steuerrechts sein, in der Zukunft eine auch für die Praxis brauchbare Lösung der „*einheitlichen Bewertung*" zu finden. Augenblicklich muß man sich jedoch zu der Erkenntnis verstehen, daß beide, die einkommensteuerliche und die vermögensteuerliche Bewertung, zwei unterschiedlichen Zielsetzungen zustreben, welche eine gleiche Methode der Wertbestimmung ausschließen. Auf der einen Seite verfolgt die Vermögensteuer das Ziel, ohne Beachtung früherer Bewertungen, eine möglichst genaue und zutreffende Festsetzung des

---
[3] *Schmidt*, Die organische Tageswertbilanz, S. 90 ff.

Wertes zu einem bestimmten Stichtag zu erreichen, um ausgehend von dieser Grundlage Steuerbeträge festzusetzen. Auf der anderen Seite will die Einkommensteuergesetzgebung eine möglichst genaue Abgrenzung eines innerhalb einer Zeitspanne erwirtschafteten Erfolges erzielen, um gleichfalls eine Basis für die Bemessung von Steuerbeträgen zu erlangen.

Augenscheinlich verhindert also die historische Entwicklung und die Komplexion des Wirtschaftslebens und der Steuergesetzgebung die Existenz einer einheitlichen Wertgröße für ein und dasselbe Wirtschaftsgut.

Mit diesen Betrachtungen wird das Kapital über die Rechtsvorschriften, nach welchen die Bewertung unnotierter Anteile im Steuerrecht zu erfolgen hat, abgeschlossen und die Anwendung dieser Grundsätze auf den speziellen Fall der unnotierten Anteile gezeigt.

IV. Die Bewertung unnotierter Anteile und Aktien nach dem „Berliner Verfahren" und nach dem „Stuttgarter Verfahren"

1. Die historische Entstehung und Entwicklung der beiden Verfahren[1]

Die Bewertung unnotierter Anteile und Aktien erfolgte vor dem Jahre 1935 völlig uneinheitlich. Aus den in den vorhergehenden Abschnitten geschilderten Gründen war eine — auch im Rahmen des Möglichen — gleichmäßige Behandlung, welcher Grundsatz ja die höchste Richtschnur des fiskalischen Handelns sein soll, nicht durchzuführen.

Die Wohnsitzfinanzämter, deren Aufgabe es vor dem genannten Zeitpunkt war, den gemeinen Wert nichtnotierter Anteile unter Berücksichtigung des Gesamtvermögens und der Ertragsaussichten der Gesellschaft zu schätzen (§ 141 Abs. 2 der Abgabenordnung von 1919), versuchten zwar schon ein gewisses Schema anzuwenden, welches von dem Mittel zwischen Vermögens- und Ertragswert ausging, sahen jedoch schließlich davon ab, weil man zur Ansicht gelangt war, diese Bewertungsmethode genüge nicht den gesetzlichen Vorschriften. Um überhaupt eine Wertgröße zu bestimmen, ging man dazu über, die Anteile im Verhandlungsweg mit den Eignern festzusetzen, was naturgemäß zu einer weitestgehenden Angleichung der festgestellten Werte an die subjektive Wertschätzung der Anteilseigner führte.

---

[1] Die Unterlagen zu diesem Teil der Arbeit sind überwiegendenteils aus dem Aufsatz des Reichsrichters a. D. *Zitzlaff* in der 15. Nummer des Jahrgangs 1953 der Wochenschrift „Der Betrieb" entnommen.

Später wurden die Vorschriften des § 141 Abs. 2 AO 1919 in den § 15 des RBewG 1931 übernommen und fanden schließlich in § 13 Abs. 2 RBewG 1934 mit geringfügigen Änderungen ihre endgültige Fixierung.

Im Jahre 1935 erfolgte die Übertragung der Zuständigkeit für die Bewertung nichtnotierter Anteile von den Wohnsitzfinanzämtern auf die Betriebsfinanzämter[2]. Dadurch bedingt nahm die Arbeitslast der die Körperschaftsteuerveranlagung durchführenden Finanzämter beträchtlich zu, so daß sich schließlich nicht mehr vermeiden ließ, eine Art Formel zu schaffen, durch die man in die Lage versetzt wurde, die Überfülle der Arbeit mit geringerem Zeitaufwand zu bewältigen, als es bisher der Fall war.

Das Berliner Zentralfinanzamt griff damals auf die früher bereits in Betracht gezogene Wertbestimmungsformel zurück. Dieses Verfahren beruht auf der Berechnung des arithmetischen Mittels aus dem Vermögens- und dem Ertragswert einer Unternehmung mit Berücksichtigung besonderer Umstände durch den Ansatz gewisser Zu- und Abschläge. In der Folgezeit wurde die Anwendung des genannten Verfahrens — nach dem Entstehungsort das *„Berliner Verfahren"* genannt — auch durch den RFH gebilligt.

Bei der Anwendung dieses sogenannten *„Berliner Verfahrens"* dienten anfangs sowohl bei personenbezogenen als auch bei nichtpersonenbezogenen Unternehmen die erzielten Gewinne als Ausgangspunkt für die Bestimmung des Ertragswertes. Bald jedoch gelangte man im Zentralfinanzamt Berlin zu der Überzeugung, der Wert von Anteilen an einer Kapitalgesellschaft werde nicht durch den erzielten Erfolg, sondern durch die ausgeschütteten Gewinne mitbestimmt. Deshalb ging man in der Folgezeit dazu über, der Ertragswertberechnung für nichtpersonenbezogene Gesellschaften die ausgeschütteten Gewinne zugrunde zu legen, während man bei personenbezogenen Gesellschaften weiterhin von dem erzielten Erfolg ausging. Damit aber schuf man eine unterschiedliche Behandlung zwischen beiden Unternehmungsformen, was letztlich der Anfang dafür war, den Ertragsaussichten einer Unternehmung für das in Rede stehende Bewertungsziel nach und nach keine entscheidende Bedeutung mehr beizumessen. Dieser Tatsache ist schließlich auch bei der Neuregelung der Bewertungsvorschriften für die Bewertung unnotierter Aktien und Anteile auf den 31. Dezember 1953, die Anfang des Jahres 1955 veröffentlicht worden sind, Rechnung getragen worden.

Die VStR 1940 beziehen sich in Abschnitt 43 erstmals wörtlich auf das *„Berliner Verfahren"*. A.a.O. heißt es:

„Wenn sich der gemeine Wert von Anteilen an Kapitalgesellschaften nicht aus Verkäufen ableiten läßt, ist er unter Berücksichtigung des gesamten

---

[2] Siehe hierzu auch: *Bühler-Scherpf*, Bilanz und Steuer, S. 296.

Vermögens und der Ertragsaussichten der Gesellschaft zu schätzen (§ 13 Abs. 2 RBewG und § 57 Abs. 1 Ziff. 3 RBewDVO). Der Oberfinanzpräsident Berlin hat dafür ein Verfahren ausgearbeitet, das sich bewährt hat und vom Reichsfinanzhof in ständiger Rechtsprechung gebilligt worden ist."

Zu diesen Ausführungen brachten die VStErgR 1941 unter Abschnitt 11 weitere Ergänzungen.

In der zwischen dem Ende des zweiten Weltkrieges und der Währungsreform 1948 liegenden Zeit beschränkte man sich mit Rücksicht auf die verworrenen wirtschaftlichen Verhältnisse darauf, die Anteile nur nach dem Gesamtvermögen zu bewerten. Die Ertragsaussichten wurden mit Recht vernachlässigt und bildeten nur dann ausnahmsweise ein Korrektiv, wenn es galt, Anteile oder Aktien einer nicht durch Kriegseinwirkungen beschädigten oder einer infolge der Natur des Geschäftsbetriebes unbehindert durch die Nachkriegserscheinungen weiterarbeitenden Unternehmung zu bewerten.

Die VStR 1949 griffen im wesentlichen auf die Bestimmungen von 1940 und 1941 zurück und schrieben in den Abschnitten 104 bis 108 wiederum die Anwendung des „Berliner Verfahrens" vor, allerdings ohne die Bezeichnung dafür zu wählen.

Abschnitt 105 der VStR 1949 gibt dabei die folgenden Richtlinien:

„Wenn sich der gemeine Wert von Anteilen an Kapitalgesellschaften nicht aus Verkäufen ableiten läßt, ist er unter Berücksichtigung des Gesamtvermögens und der Ertragsaussichten der Gesellschaft zu schätzen (§ 13 Abs. 2 Satz 2 BewG). Der gemeine Wert wird, nachdem der Reichsfinanzhof das Verfahren in zahlreichen Entscheidungen gebilligt hat, in der Regel aus dem Mittel zwischen Vermögenswert und Ertragswert gebildet."

Hierzu ist von *Berg*[3] eingewendet worden, daß der BdF die Bewertung der ganzen Unternehmung und die Bewertung der Anteile an der Unternehmung gleichsetze, was jedoch nicht angängig sei, da die oben zitierten Bewertungsvorschriften für Anteile und nicht für die Wertfestsetzung einer Unternehmung als Ganzes erlassen worden sind.

Diese Auffassung *Bergs*, daß ein Unterschied besteht zwischen der Bewertung eines Unternehmens als solchem und dem Wert der Beteiligung an dem Unternehmen, wird durch *Zintzen*[4] unterstrichen. Er führt u. a. aus, daß der Beteiligung gegenüber dem Unternehmen regelmäßig eine größere Fungibilität zukomme, was besonders deutlich bei den an der Börse offiziell oder im Freiverkehr gehandelten Beteiligungspapieren zum Ausdruck komme. Auf Grund ihrer Fungibilität, so folgert *Zintzen*, unterlägen die Kapitalanteile anderen Preisgesetzen als die Unternehmen als solche. Weiterhin ist — so führt *Zintzen*, ähnlich wie *Berg*, aus — zu beachten, daß die in den Unternehmen als solchen repräsentierten Werte den Anteilseignern nicht ohne weiteres

---

[3] *Berg*, Bewertung unnotierter Anteile, S. 19.
[4] *Zintzen*, Zur Bewertung von Kapitalbeteiligungen, WPg 1957. S. 385.

zur Verfügung stehen. Zwar bestehe ein vermögensrechtlicher Anspruch; der Verteilungsmöglichkeit seien aber zivilrechtlich beachtliche Grenzen gezogen, was sowohl hinsichtlich der Ansprüche auf Gewinnverteilung als auch besonders auf Verteilung des Vermögens gelte, da sowohl das Aktienrecht (§ 126 AktG) als auch das GmbHG (§ 129 GmbHG) den alljährlich verteilbaren Gewinn auf den sich aus der Bilanz ergebenden Reingewinn beschränkt. Eine Verteilung des Vermögens ist ohnedies während des Bestehens der Kapitalgesellschaft auf Grund des § 52 AktG und des § 30 GmbHG verboten, und nur auf den Fall der Liquidation beschränkt.

Von der Seite des Steuerrechts her kommt nach Ansicht von Zintzen belastend und damit wertmindernd hinzu, daß sowohl die Gewinnverteilung als auch die Liquidation zusätzlich steuerliche Belastungen auslösen. Diese Belastung erfolgt in Form der Erfassung des Gewinns durch die KSt und der verteilten Gewinne bei den Anteilseignern durch die ESt sowie in Form der Erfassung der Liquidationserlöse durch die USt, Grunderwerbsteuer und KSt als Liquidationssteuer.

Diese zivilrechtlichen Beschränkungen sowie die steuerlichen Belastungen sind nach Zintzen nicht ohne Einfluß auf die Wert- bzw. Kursbildung von Kapitalanteilen.

Den Meinungen *Bergs* und *Zintzens* kann man sich unbedingt anschließen, wenn auch in Einzelfällen sicherlich die Anteile oder Aktien als *„anteilige Werte"* einer Unternehmung in summa wieder den Wert der ganzen Unternehmung ergeben werden. Die Ansicht der beiden Autoren wird durch die praktische Überlegung noch unterstrichen, daß z. B. durch Gesellschaftsvertrag festgelegte Verkaufsbeschränkungen bei der Anteilsbewertung unbedingt berücksichtigt werden müssen. Immerhin kann man von der berechtigten Annahme ausgehen, daß bei der Formulierung der Richtlinien diese zweifache Betrachtungsmöglichkeit nicht berücksichtigt worden ist.

Die Anteilsbewertungsrichtlinien sprechen im oben zitierten Text davon, daß Anteile nur dann nach dem angeführten Verfahren zu bewerten sind, wenn sich ihr Wert *„nicht aus Verkäufen"* ableiten läßt. Nun ist bereits auf S. 25 ff. erläutert worden, warum es hier praktisch unmöglich ist, Verkäufe als Wertmaßstab heranzuziehen, so daß es hier an dieser Stelle sich erübrigt, noch einmal auf den Verkaufspreis einzugehen. Dementsprechend wird im anschließenden Abschnitt mit der Behandlung des Schätzwertes, im einzelnen also des Vermögens- und des Ertragswertes, begonnen.

Die Angriffe gegen das *„Berliner Verfahren"* in der herrschenden Literatur wurden in den Jahren nach der Währungsreform immer stärker (vgl. hierzu auch nachfolgende Abschnitte). Diese — teils wohldurchdachten — Einwendungen und konstruktiven Vorschläge führten schließlich zur Entwicklung eines neuen Verfahrens, des sogenannten „Stuttgarter Verfahrens", das Anfang des Jahres 1955 in den „Richtlinien zur Bewertung nichtnotierter Aktien und Anteile an Kapitalgesellschaften" (AntBewR 1953)[5] für die Hauptfeststellung 1953 der Einheitswerte von der Bundesregierung mit Zustimmung des Bundesrats erlassen worden ist. Dieses Verfahren ist auch für die Vermögensteuer-Hauptveranlagung 1957 beibehalten worden[6].

Im Anschluß an die Darstellung der historischen Entwicklung der Anteilsbewertungs-Systeme soll nunmehr in die nähere Behandlung des „Berliner Verfahrens" eingetreten werden.

2. Die Bewertung unnotierter Anteile und Aktien auf den 31. Dezember 1948 (VStR 1949) nach dem „Berliner Verfahren"

a) Der Schätzwert

Das „Berliner Verfahren", dessen Entstehung im vorhergehenden Abschnitt geschildert worden ist, beruht auf dem Grundgedanken, daß der gemeine Wert in Ermangelung einer Ableitungsmöglichkeit aus Verkäufen in der Regel aus dem Mittelwert zwischen Vermögens- und Ertragswert gebildet werde. Diese Überlegung ist nach *Berg*[1] aller Wahrscheinlichkeit nach auf die Börse zurückzuführen, an welcher die Kursbildung für notierte Papiere normalerweise durch die genannten Faktoren mitbestimmt wird.

Nachdem sich die Schätzformel des „Berliner Verfahrens" aus den beiden Hauptbestandteilen Vermögenswert und Ertragswert zusammensetzt, ergibt sich bereits die Gliederung der nun folgenden Abschnitte.

Als erstes soll dabei der Vermögenswert behandelt werden.

b) Der Vermögenswert

aa) Begriff des Vermögenswerts

Betriebswirtschaftlich gesehen beinhaltet der Begriff Vermögen die Summe der geldwerten Güter einer Person (Güter im weitesten Sinne). Das Steuerrecht versucht, den Begriff des Vermögens als Rechtsgesamtheit (universitas iuris) „herauszuarbeiten"[2].

Es ist zwischen drei Vermögensbegriffen zu unterscheiden:
Vermögen im Sinne von

---

[5] Siehe Bundessteuerblatt 1955 I S. 97 — Verwaltungsanordnung zur Bewertung nichtnotierter Aktien und Anteile vom 14. 2. 1955.
[6] Siehe BStBl 1958 I S. 25 — Verwaltungsanordnung zur Bewertung nichtnotierter Aktien und Anteile vom 28. 1. 1958.
[1] *Berg*, Bewertung unnotierter Anteile, S. 21.
[2] *Bühler*, Allgemeines Steuerrecht, S. 269.

Gesamtvermögen
steuerbarem Vermögen
Reinvermögen.

Für das in der vorliegenden Arbeit behandelte Thema ist das Reinvermögen von Bedeutung, wobei man unter Reinvermögen das Rohvermögen vermindert um Schulden und Lasten versteht.

Nun muß man bei der Bewertung unnotierter Aktien und Anteile von einer dementsprechenden zweiseitigen Aufstellung[3] dieser sogenannten Aktiva und Passiva — nämlich der Bilanz — ausgehen, um das „Reinvermögen" zu erhalten. Es erscheint in diesem Zusammenhang empfehlenswert, auch die betriebswirtschaftliche Auffassung zu Wort kommen zu lassen.

Dort wird nun gegen die Bezeichnung „Reinvermögen" von Kosiol[4] scharf Front gemacht. Der Autor schreibt zu dem Begriff „Reinvermögen": *„Wenn auch durch diese leider eingebürgerte Ausdrucksweise eine sprachliche Vereinfachung erzielt wird, so ist sie doch irreführend und wissenschaftlich unhaltbar... Die Auffassung Schulden als negativer Wirtschaftsgüter bedeutet eine gekünstelte Konstruktion, die gedanklich abwegig ist, da sie dem Begriff des wirtschaftlichen Gutes als werthabenden Gegenstand zuwiderläuft... Eine Subtraktion von Aktiv- und Passivposten voneinander ist zudem — abgesehen von Wertberichtigungsposten, die ihrem Wert nach Subtrahenden darstellen — grundsätzlich widerspruchsvoll, da es sich um heterogene Wertgrößen handelt. ... Unter dem Vermögen einer Unternehmung (Betriebsvermögen) ist die Gesamtheit der ihr gehörigen Wirtschaftsgüter zu verstehen. Dabei ist unerheblich, ob es mit fremden Mitteln (Gläubigerkapital) oder mit sogenannten eigenen Mitteln (Unternehmerkapital) finanziert ist... Der Begriff des Reinvermögens ist dagegen ein Widerspruch in sich. Es handelt sich um gar keine Gesamtheit individuell aufzählbarer Wirtschaftsgüter. Eine Zurechnung der Schulden auf bestimmte Vermögensteile ist prinzipiell unmöglich. Man kann daher nicht angeben, woraus das sogenannte Reinvermögen im einzelnen besteht."*

In der weiteren Abhandlung dieses Themas gelangt dann Kosiol zu der Erkenntnis, daß sich „Reinvermögen" eigentlich mit dem Begriff Eigenkapital deckt.

Diesen Überlegungen darf unbedingt gefolgt werden, da man ja praktisch zur Ermittlung des entsprechenden Postens in beiden Fällen das Gesamtkapital um das Fremdkapital vermindert. Damit ist also festzustellen, daß das „Reinvermögen" des Vermögensteuerrechts nichts anderes ist als das Eigenkapital der bewerteten Unternehmung[5].

---

[3] *Kosiol*, Bilanzreform und Einheitsbilanz, S. 12.
[4] Ebenda, S. 39.
[5] *Bühler*, Bilanz und Steuer, S. 9.

bb) Ermittlung des Reinvermögens

Die Ermittlung dieses sogenannten „Reinvermögens" für Zwecke des Berliner Verfahrens regeln die VStR 1949 in Abschnitt 105 Abs. 3 und 4 für den Feststellungszeitpunkt wie folgt:

„Der Vermögenswert ist auf der Grundlage des Reinvermögens der DM-Eröffnungsbilanz zu ermitteln. Von dem Reinvermögen ist die Lastenausgleichsschuld mit einem Zeitwert von einheitlich 40 vH des sich aus der DMEB ergebenden Reinvermögens abzusetzen.

Das nach Absatz 3 (vorhergehender Absatz: eigene Anmerkung) errechnete Vermögen der Gesellschaft ist mit dem Nennbetrag des Grund- oder Stammkapitals zu vergleichen. Ein bei der Gründung der Gesellschaft gezahltes Aufgeld bleibt dabei außer Betracht (RFH v. 25. Februar 1943 RStBl 1943, S. 404)[6]*".*

Ferner bestimmen die VStErgR 1949 in Ziff. 17, daß von dem ermittelten Reinvermögen zunächst eventuelle Umstellungsgrundschulden abzusetzen sind. Anschließend ist der noch vorhandene Betrag um 40 vH, in Berücksichtigung der Lastenausgleichsschuld, zu kürzen. Der dann verbleibende Betrag stellt den Vergleichswert dar, welcher dem Grund- und Stammkapital gegenüberzustellen ist.

Die Formel kann dazu wie folgt entwickelt werden:

$$\frac{V}{100} = \frac{RV}{K}$$

$$V = \frac{RV \cdot 100}{K}$$

dabei bedeutet:

V = Vermögenswert
RV = Reinvermögen
K = Grund- oder Stammkapital.

In diesem Zusammenhang erkennt *Berg*[7] richtig, daß mit diesen Bestimmungen aus dem Vermögenswert einer GmbH ein davon unabhängiger Wert abgeleitet wird, nämlich der Vermögenswert der Anteile an dieser Gesellschaft. Man kann sich seiner Argumentation nicht verschließen, die feststellt, daß einer Verflüssigung der GmbH-Anteile die Trennung des Anteileigners und der Gesellschaft in zwei unabhängig voneinander bestehende juristische Personen entgegenstehen wird, ein willkürliches Ausscheiden unter gleichzeitigem Neueintritt eines Dritten in der Regel also nicht möglich ist. Daraus folgt wieder-

---

[6] In dem Urteil wird angeführt, daß „gewichtige Gründe dafür sprechen, für den Fall der Überzahlung des Grundkapitals oder Stammkapitals die Berechnung auf 100 RM des Nennkapitals vorzunehmen". Das Urteil begründet auch die unterschiedliche Behandlung der Gesellschaften mit nicht voll eingezahltem Grundkapital oder Stammkapital einerseits und der Gesellschaften mit Überzahlungen auf das Grundkapital oder Stammkapital andererseits. Bekanntlich ist ersteres in Abschnitt 106 VStR 1949 Buchstabe a) ausdrücklich geregelt (vgl. hierzu S. 106 der vorliegenden Arbeit).

[7] *Berg*, Bewertung unnotierter Anteile, S. 31.

um die Unmöglichkeit, Vermögenswert der Gesellschaft und Vermögenswert der Anteile an dieser zu identifizieren (vgl. die Ausführungen auf S. 44 hierzu). Allerdings muß hierbei bedacht werden, daß die Verhältnisse bei Aktiengesellschaften größtenteils entgegengesetzt liegen.

Abgesehen von dieser grundsätzlichen Feststellung kann bezweifelt werden, ob die Wertansätze in der DMEB den echten Substanzwert darstellen. Man wird mit *van der Velde*[8] sagen können, daß der Substanzwert je nach Bewertungsgrundlage überhöht bzw. unterschritten ist.

Eine Überhöhung wird in der Regel in den Fällen vorliegen, in welchen die Höchstwerte nach DMBG zum Ansatz gelangt sind. Unterschreitungen sind fallweise bei niedrigeren Bewertungsansätzen, als sie das DMBG festlegt, gegeben.

Die bei der Ermittlung des Vermögenswertes nach dem Berliner Verfahren mit einzubeziehenden Rücklagen sind als Fettpolster für Notzeiten gedacht — um in einem Vergleich zu sprechen. Der Zweck dieses *„zusätzlichen Vermögens"* liegt in der Überbrückung von Krisenzeiten[9]. Zieht man nun Teile dieser vorhandenen Rücklagen zur Festsetzung des Vermögenswertes heran, so wird gegebenenfalls die betreffende Unternehmung bei Eintritt von Krisen in ihrem Bestand erschüttert. Insofern können gebildete Reserven sicherlich nicht als Teil des Vermögenswertes der Anteile gelten. In diesem Zusammenhang ist auf das Beispiel der schweizerischen Steuerverwaltung zu verweisen, die in Ansehung der vorstehenden Argumente in der *„Wegleitung für die Bewertung nichtkotierter Wertpapiere"*[10] bestimmt, daß Reserven erst dann zu erfassen sind, wenn sie 20 vH des einbezahlten Aktienkapitals übersteigen. Darüber hinaus werden in der Schweiz die nach Berücksichtigung der 20-vH-Grenze verbleibenden Beträge nur mit einem Bruchteil ihres Wertes herangezogen.

Bei der Betrachtung des vorliegenden Problems, ob überhaupt — und gegebenenfalls in welcher Form — die geschaffenen Rücklagen für die Wertfestsetzung herangezogen werden sollen, darf man jedoch meines Erachtens nicht die Tatsache außer acht lassen, daß das Branchenrisiko, und damit die mehr oder weniger große Notwendigkeit über Rücklagen verfügen zu müssen, mit vielfältigsten Erscheinungsformen in der Wirtschaft existiert; daß die Berücksichtigung dieses Punktes von Bedeutung ist, wird an anderer Stelle, insbesondere bei der Behandlung des Ertragswertes, zu besprechen sein. Dieses Problem spielt jedoch auch hier eine gewisse Rolle und soll deshalb nicht unerwähnt bleiben.

---
[8] *van der Velde*, Steuerberaterjahrbuch 1952, S. 282.
[9] *Berg*, Bewertung unnotierter Anteile, S. 31.
[10] Steuerrevue vom Januar 1953, Cosmosverlag in Bern (nichtkotiert bedeutet unnotiert: eigene Anmerkung).

Berg, welcher die Zurechnung der Reserven zum Vermögenswert immer wieder scharf angreift, führt einen weiteren Punkt an in seiner Schrift[11], der gegen eine Heranziehung für Zwecke der Festsetzung des Substanzwertes spricht und zwar die überaus hohe Steuerbelastung (*Berg* errechnet für die damalige Zeit eine Zahl von 70 vH), welche die Ausschüttung einer solchen Rücklage praktisch verbietet. Somit, so argumentiert *Berg*, kann eine Zurechnung gar nicht vorgenommen werden, weil der einzelne Anteilseigner gar keine Möglichkeit hat, über derartige Beträge durch Verflüssigung zu verfügen. Dem Anteilseigner kann man nur das anrechnen, was ihm nach Abzug aller Minderungen verbleibt. Bei weiterer Behandlung der Frage, ob es zweckmäßig ist, Rücklagen für die Ableitung eines zusätzlichen Vermögenswertes heranzuziehen, kommt man ferner zu der Überlegung, daß in einer Vielzahl von Fällen vorhandene Reserven nicht unbedingt Ausweis einer besonderen Vermögenskraft sein müssen. Vielfach war ja gerade in den Jahren nach der Währungsreform der Nachhol-, Erneuerungs- und Erweiterungsbedarf zu groß, als daß die angesammelten Reserven zur Befriedigung des Bedarfs ausgereicht hätten.

Man muß zwangsläufig bei diesen Betrachtungen auch die Struktur einer Unternehmung berücksichtigen. Die Kapazität eines Betriebes kann unter Umständen die Haltung hoher Reserven dringend erfordern, weil meist das Stamm- oder Grundkapital gar nicht mehr ausreichend bemessen ist, um den reibungslosen Ablauf der Produktion zu gewährleisten. Für derartige „*unterkapitalisierte*" Unternehmungen ist es lebenswichtig, Rücklagen zu schaffen und zu besitzen.

Es darf angenommen werden, die vorstehenden Ausführungen sind geeignet zu beweisen, daß die Heranziehung von Rücklagen zur Festsetzung eines zusätzlichen Vermögenswertes einer Unternehmung — zumindest soweit sie in voller Höhe angesetzt werden — problematischer Natur ist.

Nach der Abhandlung der rein wirtschaftlichen Überlegungen, welche gegen eine Festsetzung von Zusatzvermögen im gewissen Umfange sprechen, behandelt der nun folgende Teil das Problem der Berücksichtigung des pauschalen Abzuges der Vermögensabgabe.

Die Richtlinien 1949 fixieren in dem Abschnitt 105 Abs. 3 ein Abzugsglied in Höhe von 40 vH des ermittelten Reinvermögens. Dieser Satz 40 vH errechnet sich nach den Ausführungen *Bergs*[12] auf Grund des steuerlichen Zeitwerts, der sich bei einer Abzinsung von $5^1/_2$ vH p. a. unter Berücksichtigung von Zins und Zinseszins ergibt.

---

[11] *Berg*, Bewertung unnotierter Anteile, S. 32.
[12] *Berg*, Bewertung unnotierter Anteile, S. 34.

Nach vielfach vertretener Auffassung[13] ist der von den VStR genannte Hundertsatz zu gering bemessen. Berg[14] meint dazu, es sei sinnvoller, die Lastenausgleichsabgabe mit 50 vH anzusetzen, nachdem sie nun einmal vom Gesetzgeber grundsätzlich so bemessen worden sei und im übrigen zum 21. Juni 1948 bei Ansatz eines Abzinsungsfaktors von 4,5 vH auf die Vierteljahresbeträge gerechnet höher als 50 vH liege. Boettcher[15] unterstreicht diese Auffassung in gleicher Weise wie auch *van der Velde*[16], wobei die genannten Autoren auch auf die bereits von Berg angestellten Überlegungen eingehen, daß die Vermögensabgabe unter dem Bilanzstrich regelmäßig zu niedrig ausgewiesen ist, weil die Schuld real gesehen um die darauf entfallenden Steuern (nach Boettcher etwa 70 vH auf zwei Drittel der Raten) höher ist. Dagegen spricht sich Ellinger[17] aus, der argumentiert, daß der Gegenwartswert einer in 30 Raten zu entrichtenden Abgabe infolge der Abzinsung geringer ist als der Barwert zum Stichtag; darüber hinaus gibt seiner Meinung nach die Wirtschaft mit dem Ansatz der Schuld unter dem Bilanzstrich klar zu erkennen, daß die Lastenausgleichsabgaben ohne wesentliche Schwierigkeiten aus den erzielten Erträgen geleistet werden können. Aus diesen Gründen heraus dürften die von Berg, Boettcher und van der Velde erhobenen Einwendungen nicht stichhaltig genug sein; sie würden auch den wirtschaftlichen Gegebenheiten nicht Rechnung tragen.

Dem muß jedoch entgegengehalten werden, daß Berg[18] meines Erachtens mit Recht darauf hinweist, eine so langfristige Schuld, wie sie die Lastenausgleichsabgabe darstellt, sollte mit einem niedrigeren Zinsfuß abgezinst werden, als er bei der Ertragswertberechnung angesetzt wird. Es darf in diesem Zusammenhang nur an die Lebensversicherungsunternehmen erinnert werden, deren Deckungsrückstellungen aufsichtsbehördlich, also von Gesetzes wegen, nur unter der Annahme einer 3prozentigen Verzinsung gerechnet werden dürfen. Berg schlägt, wie bereits oben ausgeführt wurde, in Anlehnung an § 218 LAG 4,5 vH als Abzinsungsfaktor für die Vermögensabgabe vor, wobei sich ein Satz von etwas über 50 vH der gesamten Lastenausgleichsabgabe als Abzugsglied ergibt.

---

[13] z. B. ebenda, S. 34; Boettcher, Zur Bewertung unnotierter Anteile, besonders an Familiengesellschaften, StW 1953, Sp. 510.
[14] *Berg*, Bewertung unnotierter Anteile, S. 34.
[15] *Boettcher*, Zur Bewertung unnotierter Anteile, besonders an Familiengesellschaften, StW 1953 Sp. 509.
[16] *van der Velde*, Steuerberaterjahrbuch 1952, S. 282.
[17] *Ellinger*, Bewertung unnotierter Anteile, DStZ 1953, S. 370 ff.
[18] *Berg*, Zum Meinungsstreit um die Bewertung von GmbH-Anteilen, GmbH-Rdsch. 1954, S. 5.

Dieser Betrag würde bei objektiver Betrachtungsweise den wirtschaftlichen Gegebenheiten im ausreichenden Maße Rechnung tragen und deshalb als Lösung der Frage, in welcher Höhe der Lastenausgleich berücksichtigt werden soll, angesehen werden können.

Berg[19] schießt allerdings noch über die Forderung des Ansatzes der Lastenausgleichsabgabe mit 50 vH hinaus. Er schlägt vor, mit Rücksicht darauf, daß die Bestreitung der Vermögensabgabe aus laufenden Mitteln erfolgt, die einer hohen Steuerbelastung unterliegen, die Hälfte des Betrages zusätzlich vom Vermögenswert zu kürzen, um den die Lastenausgleichsabgabe die vorhandenen Rücklagen übersteigt. Für den Fall, daß nach Abzug der Vermögensabgabe noch Rücklagen vorhanden sind, will Berg diese mit 80 vH vom Vermögenswert abziehen. Die Begründung dieses Vorschlages sieht er darin, daß bei einer Ausschüttung nach Abzug der hohen Steuern im Durchschnitt nur ein Betrag von 80 vH übrigbleibt. Boettcher[20] und van der Velde[21] folgen diesem Vorschlag, der allerdings meiner Meinung nach zu weit über die wirtschaftlichen Notwendigkeiten hinausgeht, denn es darf ja auch nicht vergessen werden, daß beispielsweise bei der Ertragswertberechnung die Vermögensabgaberaten gewinnmindernd berücksichtigt werden, der Ertragswert dementsprechend also niedriger festgesetzt wird. Von einer weiteren Behandlung des Themas *„Abzug der Lastenausgleichsabgabe"* wird hier abgesehen, um noch einmal zu der Festsetzung des *„Reinvermögens"* zurückzukehren.

cc) Ermittlung des Reinvermögens auf der Grundlage der DM-Eröffnungsbilanz

Wie bereits ausgeführt, ist der Vermögenswert auf der *„Grundlage"* des Reinvermögens der DM-Eröffnungsbilanz zu ermitteln. Besondere Beachtung ist hierbei dem Wort *„Grundlage"* zu schenken. Bekanntlich ist in Zeiten vor der Währungsreform der Einheitswert des Unternehmens Ausgangspunkt der Anteilsbewertung. Dieser Einheitswert ist größtenteils Berichtigungen zu unterwerfen. Es müssen alle Verbindlichkeiten und Rückstellungen, welche vermögensmindernden Charakter tragen, ausgeschert werden, um zum eigentlichen Substanzwert zu gelangen. Das bedeutet, daß unter Umständen von dem in der DMEB ausgewiesenen *„Reinvermögen"* abgewichen werden muß. Aus diesem Grund gewinnt das Wort *„Grundlage"* in den VStR 1949 erhöhte Bedeutung; der Vermögenswert ist *„nur auf der Grundlage"* der DMEB zu ermitteln.

---

[19] *Berg*, Bewertung unnotierter Anteile, S. 34.
[20] *Boettcher*, Zur Bewertung unnotierter Anteile, besonders an Familiengesellschaften, StW 1953, Sp. 510.
[21] *van der Velde*, Steuerberaterjahrbuch 1952, S. 283.

Die Bewertung nach dem „Berliner" und „Stuttgarter Verfahren"   53

α) Berücksichtigung betrieblicher Pensionsverpflichtungen, der Rückstellungen für Garantieverpflichtungen, für ausgegebene Rabattmarken, für Ausgleichsansprüche gemäß § 89 b HGB

Ein Käufer der Anteile wird sicher in den meisten Fällen nach betriebswirtschaftlichen Grundsätzen urteilen, um die Vermögenslage der betreffenden Unternehmung „richtig" zu erkennen. Es gilt also primär wirtschaftliche Belange und Notwendigkeiten zu berücksichtigen. Als Beispiel möge folgendes dienen: In der DMEB ist die Pensionsrückstellung vielfach unterdotiert, wozu das DMBG vom 30. August 1949 in Verbindung mit dem 3. DMBEG vom 21. Juni 1955 die rechtlichen Bestimmungen fixierte[22].

Ein Käufer wird jedoch, wie oben bereits festgestellt, in aller Regel wirtschaftliche Gesichtspunkte gelten lassen und die Belastung des von ihm zum Ankauf vorgesehenen Unternehmens bzw. vor dem Kauf der Anteile dieses Unternehmens, die den Betriebsangehörigen oder sonstigen Personen zugesicherten Ruhegehaltsansprüche als Vermögensminderung berücksichtigt wissen wollen. Nachdem die Unternehmen in der Regel von den Möglichkeiten des DMBG und des DMBEG Versorgungsverpflichtungen nicht unbedingt voll auffüllen zu müssen Gebrauch gemacht haben, spielt dieser Punkt bei der Bewertung unnotierter Anteile zur Hauptveranlagung 1949 eine nicht zu unterschätzende Rolle, um so mehr, als es sich oftmals um nicht unbedeutende Fehlbeträge handelt, die gegenüber einer versicherungsmathematisch exakten Berechnung festgestellt werden müssen. *Berg*[23] streift in seiner Schrift mit kurzen Worten dieses Problem; ausführlicher äußert sich dazu *Boettcher*[24]. Er schreibt:

„Es ist selbstverständlich, daß aber Pensionsverpflichtungen auch gegenüber noch im Dienst befindlichen Angestellten und Arbeitern bei der Ermittlung des Substanzwertes berücksichtigt werden müssen (vorher spricht Boettcher von der begrenzten Abzugsfähigkeit bzw. der Nichtabzugsfähigkeit der Pensionsrückstellungen bei der Vermögensteuer — vgl. in diesem Zusammenhang § 8 VBewG vom 16. 1. 1952, wonach Pensionsrückstellungen

---

[22] § 29 DMBG in der Fassung des 3. DMBEG (auszugsweise): .... „Die Passivierungspflicht (nämlich für die Pensionsrückstellungen für laufende Renten: eigene Anmerkung) für bereits am 21. Juni 1948 laufende Pensionen in der Eröffnungsbilanz und in den künftigen Jahresbilanzen besteht insoweit nicht, als bei vorsichtiger Beurteilung der künftigen Entwicklung des Unternehmens anzunehmen ist, daß die Pensionsverpflichtungen aus den Jahreserträgen erfüllt werden können; Absatz 3 bleibt unberührt.
Für die am 21. Juni 1948 bestehenden Anwartschaften auf Pensionen (Versorgungsansprüche von Personen, bei denen der Versorgungsfall noch nicht eingetreten ist) *braucht* in der Eröffnungsbilanz eine Rückstellung nicht ausgewiesen zu werden...."
[23] *Berg*, Bewertung unnotierter Anteile, S. 33.
[24] *Boettcher*, Zur Bewertung unnotierter Anteile, besonders an Familiengesellschaften, StW 1953, Sp. 507/508.

nur in der Höhe abzugsfähig waren, mit welcher sie in die DM-Eröffnungsbilanz eingestellt waren), weil derartige Verpflichtungen von einem Käufer von unnotierten Anteilen bei der Preisvereinbarung berücksichtigt werden."

Den Ausführungen Boettchers, wie auch denen Bergs, hinsichtlich der vorstehend behandelten Frage der Abzugsfähigkeit von Pensionsrückstellungen in der versicherungsmathematisch erforderlichen Höhe, kann uneingeschränkt zugestimmt werden, was auch durch die Stellungnahme des DIHT bekräftigt wird.

Nach Anhörung zahlreicher Sachverständiger hat sich der DIHT auf Grund einer Anfrage des BFH vom 24. April 1956 in einer Stellungnahme vom 20. Dezember 1956 positiv zur Frage der Abzugsfähigkeit von Pensionsanwartschaften bei der Einheitsbewertung geäußert und zwar folgendermaßen[25]:

1. *Bei der Bewertung des Betriebsvermögens unterliegen die Schulden und Lasten nicht der Einzelbewertung des § 66 BewG für die Wirtschaftsgüter, sondern der Gesamtbewertung. § 6 BewG ist daher nicht anwendbar.*
2. *Pensionsanwartschaften sind keine aufschiebend bedingten Lasten im Sinne von § 6 BewG.*
3. *Auch nach dem Gesetz der Großen Zahl sind Pensionsanwartschaften bei der Einheitsbewertung als abzugsfähige Lasten anzusehen.*
4. *Nach wirtschaftlicher Betrachtungsweise sind Pensionsanwartschaften und deren Auswirkungen Bestandteile der Vertragsabschlüsse zwischen Arbeitnehmer und Arbeitgeber. Es werden daher Pensionsanwartschaften im Falle der Veräußerung des Betriebes mit berücksichtigt.*
5. *Die sonstigen gegen die wirtschaftliche Betrachtungsweise geltend gemachten Bedenken sind nicht zutreffend. Die wirtschaftliche Betrachtungsweise zwingt zu einer Berücksichtigung von Pensionsanwartschaften als wirtschaftliche Last.*
6. *Die Bewertung von Pensionsanwartschaften nach versicherungsmathematischen Grundsätzen stellt den Wert der Pensionslast exakt fest.*
7. *Das Wahlrecht nach § 6 a EStG wird durch die Abzugsfähigkeit von Pensionsanwartschaften bei der Einheitsbewertung nicht berührt.*

---

[25] Anlaß der Stellungnahme war eine dem BFH vorliegende Rechtsbeschwerde betreffend die Einheitsbewertung des Betriebsvermögens einer Aktiengesellschaft auf den 1. Januar 1950, in der die Frage strittig ist, ob und gegebenenfalls in welcher Höhe Pensionsanwartschaften bei Unternehmen, die ihrer Belegschaft die verbindliche Zusage einer Altersversorgung gegeben haben, steuerlich schon vor Eintritt des Pensionsfalles durch einen Abzug zu berücksichtigen sind. (Die Ausführungen des DIHT sind der Zeitschrift „Die Wirtschaftsprüfung" 1957, S. 175, entnommen.)

Die Bewertung nach dem „Berliner" und „Stuttgarter Verfahren" 55

Der oben bereits gemachte Hinweis auf die Formulierung, daß der Vermögenswert *„nur auf der Grundlage"* der DMEB zu ermitteln ist, gewinnt damit wieder an Bedeutung, da es nach diesem Wortlaut nicht ausgeschlossen sein kann, Gesichtspunkte wie die oben erwähnten zu berücksichtigen, die sich aus wirtschaftlichen Erwägungen heraus ergeben und eine Abweichung von dem *„Reinvermögen"* bedeuten, das sich nach der DMEB ergibt. Gerade an dem im vorstehenden gebrachten Beispiel der Pensionsrückstellungen, das im übrigen nunmehr eine gewisse — wenn auch nicht ganz befriedigende — Lösung gefunden hat[26], läßt sich überzeugend darstellen, daß einer wirtschaftlichen Betrachtungsweise unbedingt Rechnung getragen werden muß. Dabei kommt den Worten *„nur auf der Grundlage"* entscheidendes Gewicht zu bei der Beurteilung der Frage, ob es tunlich ist, Abzugsposten, wie beispielsweise eine Rückstellung für Pensionsverpflichtungen, abweichend von der erstellten DMEB anzusetzen. Nach Meinung des Verfassers kann sich ein positiver Entschluß in sehr wesentlichem Maße auf den Wortlaut der Richtlinien stützen, um so mehr als in Abschnitt 105 Abs. 2 ausdrücklich ausgeführt wird, daß das Berliner Verfahren zur Ermittlung des gemeinen Wertes nur als Richtlinie dienen soll, es nicht zu starr gehandhabt werden darf und die Einzelberechnungen nur ein Hilfsmittel sind, um eine Unterlage für die Beurteilung des angemessenen Wertes zu gewinnen.

In diesem Zusammenhang kann eine Vielzahl von Posten genannt werden, deren Abzugsfähigkeit unter wirtschaftlichen Gesichtspunkten unbestritten ist, obwohl das Bewertungsgesetz gegensätzliche Bestimmungen trifft. In erster Linie sind hier aufschiebend bedingte Lasten zu nennen, die nach Maßgabe des § 6 BewG keine Berücksichtigung finden können, z. B. Pensionsverpflichtungen gegenüber Angestellten und Arbeitern, die sich noch im Dienst befinden — mit den durch das BFH-Urteil[27] gegebenen Erleichterungen — oder Rückstellungen für Garantieverpflichtungen. Was die Vermögensbesteuerung eines derartigen Postens anlangt, so erfolgt die steuerliche Anerkennung nur dann, wenn die Bedingung eintritt. In diesem Fall wird die Festsetzung der nicht laufend veranlagten Steuern auf Antrag nach dem tatsächlichen Wert des Erwerbes berichtigt (§ 5 Abs. 2 BewG).

Eine Wendung entsprechend dem vom BFH angeforderten und vom DIHT erstatteten Gutachten (siehe oben) hat sich mit dem Ergehen des BFH-Urteils[27] angebahnt, wiewohl sich das Problem des Umfangs

---

[26] BFH vom 26. 7. 1957 — III 161/54 S — BStBl 1957 III S. 314 ff. (Auszug aus dem Tenor des Urteils): „.... Das Gesetz der großen Zahl rechtfertigt grundsätzlich bei der Einheitsbewertung des Betriebsvermögens die Bildung einer Rückstellung für Pensionsanwartschaften dem Grunde nach. Als große Zahl ist die Zahl 100 anzusehen. ...."
[27] BFH — vom 26. 7. 1957 — III 161/54 S — BStBl 1957 III S. 314 ff.

der Berücksichtigung von Pensionsanwartschaftsverpflichtungen besser lösen ließe, wenn nach den Vorschlägen, die Dr. *Gübbels* in einem Gutachten[28] unterbreitet, verfahren würde. Der Vorschlag lautet: „*Rechtsverbindliche Pensionszusagen an noch im Betrieb befindliche Arbeitnehmer werden ... in der Weise berücksichtigt, daß der am Bewertungsstichtag bei 5,5prozentiger Abzinsung nach dem BewG zu errechnende kapitalisierte Betrag (Barwert zum Pensionstag) um einen Prozentsatz gekürzt wird, der der doppelten Anzahl der Jahre zwischen dem Bewertungsstichtag und dem zugesagten Eintritt der Pension entspricht.*"

Bezüglich der als Beispiel hingestellten Garantieverpflichtungen gilt jedoch im übrigen genau das für die Pensionsrückstellungen Gesagte; denn ein jeweiliger Kaufinteressent einer Unternehmung oder deren Anteile wird nicht darauf verzichten, eine Garantieverpflichtung, deren Geltendmachung von dem Eintritt ungewisser Ereignisse abhängt, und auf Grund deren Zubilligung er gegebenenfalls von seinen Kunden in Anspruch genommen werden kann, als kaufpreismindernd zu betrachten. Die Abzugsfähigkeit eines derartigen Postens bejaht übrigens sowohl *Boettcher*[29] als auch *Berg*[30]. Daß ein derartiger Posten als Abzugsglied grundsätzlich zugelassen werden sollte, steht also nach überwiegend geäußerter Meinung fest. Es wird sich grundsätzlich nur um die Frage der Höhe des Betrages drehen. Hier müßten allerdings unbedingt gewisse Erfahrungssätze aufgestellt werden, etwa an Hand der in zurückliegenden Zeiträumen registrierten Ausfälle, welche zu einer Inanspruchnahme der Garantieverpflichtung führten, um einer willkürlichen Minderung des Vermögens je nach dem, wie es gerade zweckmäßig erscheint, nicht Tür und Tor zu öffnen. Hinsichtlich der Rückstellungen für ausgegebene Rabattmarken wird berechtigterweise die Meinung[31] vertreten, daß auch diese — obwohl sie nach der Verwaltungsauffassung nicht als Abzugsposten bei der Einheitsbewertung des Betriebsvermögens anerkannt werden — das Vermögen mindern. Das gleiche gilt für die Rückstellungen für Ausgleichsansprüche nach § 89 b HGB. Dem steht allerdings das Urteil des BFH vom 4. Februar 1958[32] entgegen, in welchem entschieden ist, daß in der Ertragsteuerbilanz Rückstellungen für derartige Eventualverpflichtungen vor Auf-

---

[28] *Gübbels*, Zur Frage der Gesamtbewertung der wirtschaftlichen Einheit des Betriebsvermögens, BB 1959, S. 523.
[29] *Boettcher*, Zur Bewertung unnotierter Anteile, besonders..., a.a.O., StW 1953, Sp. 508.
[30] *Berg*, Bewertung unnotierter Anteile, S. 33, und *Berg*, Zum Meinungsstreit um die Bewertung von GmbH-Anteilen, GmbH-Rdsch. 1954, S. 5.
[31] *Henninger*, Weitere Einzelfragen zur Bewertung nichtnotierter Anteile, GmbH-Rdsch. 1959, S. 262.
[32] BFH — vom 4. 2. 1958 — I 326/56 U — BStBl 1958 III S. 110.

lösung der Vertragsverhältnisse mit Vertretern nicht eingestellt werden dürfen. Immerhin ist dazu zu sagen, daß diese vom Eintritt eines zukünftigen Ereignisses abhängigen Zahlungen bereits den Vermögenswert eines Unternehmens zum gegenwärtigen Zeitpunkt negativ beeinflussen.

β) Berücksichtigung von Steuerschulden

Severin[33] bringt über die im vorstehenden Absatz behandelte Abzugsfähigkeit der Garantieverpflichtungen hinaus die Forderung vor, alle Steuerschulden zu berücksichtigen, und zwar nicht nur die laufenden, welche am Stichtag fällig waren oder bei späterer Fälligkeit für einen Zeitraum erhoben werden, der am Bewertungsstichtag endete, sondern auch alle Nachforderungen für frühere Jahre, die insbesondere auch durch Betriebsprüfungen ausgelöst werden können. Nun ist es wohl richtig, daß Steuerbeträge, soweit sie feststehen bzw. soweit sich ihre Nachforderung mit einigermaßen großer Sicherheit voraussehen läßt, abzugsfähig sein sollen, es geht jedoch meines Erachtens zu weit, Beträge absetzen zu wollen, deren Höhe einzig und allein von der Geschicklichkeit oder auch dem Glück eines Betriebsprüfers abhängt und die bei der Anteilsbewertung zu einem Stichtag unmöglich zu überblicken sind. Mit derartig weitgehenden Forderungen hinsichtlich der Abzugsfähigkeit sogenannter Vermögensminderungen zerstört man eine Methode, welche zugegebenerweise nicht immer den tatsächlichen Verhältnissen Rechnung getragen hat, im übrigen aber bis zur Entwicklung eines neuen Systems in der Regel brauchbare Werte lieferte. Auch legt ein RFH-Urteil[34] fest, daß den Anteilseignern das Vermögen des Unternehmens nur insoweit zur Verfügung steht, als es nicht wirtschafts- und finanzpolitisch für die Unternehmung gebunden ist. Damit ist die Kürzung des Reinvermögens — wie es das Urteil ausdrücklich aufführt — um Rückstellungen für die Nachholung unterbliebener Instandsetzungen, für unvorhersehbare Rückschläge, für Forschung, für Umstellung auf Friedensproduktion möglich. Man kann mit *Boettcher*[35] sagen, alle Verbindlichkeiten und Rückstellungen, die der Kaufmann als vermögensmindernd ansieht, müssen bei der Ermittlung des Substanzwertes Berücksichtigung finden, wobei man meiner Ansicht nach noch hinzufügen sollte — soweit es nach wirtschaftlicher Betrachtungsweise vertretbar erscheint.

Nach den in den vorstehenden Abschnitten beschriebenen „Korrekturposten" des „Reinvermögens" — deren Behandlung vorweg durch das Ordnungsprinzip des Textes der Richtlinien bedingt ist,

---
[33] *Severin*, Bewertung von Geschäftsanteilen im Vermögensteuerrecht, GmbH-Rdsch. 1947, S. 39 ff.
[34] RFH — vom 25. 5. 1944 — III 30/43 — StW 1953, S. 293.
[35] *Boettcher*, Zur Bewertung unnotierter Anteile, besonders an Familiengesellschaften, StW 1953, Sp. 507.

welche als Abzugsposten zuerst die Lastenausgleichsschuld nennen und an die sich logischerweise die Erörterung weiterer Glieder, deren Abzug strittig ist, anschloß — soll nunmehr zu der Behandlung der Vermögenswerte (also die Aktivseite der Bilanz) zurückgekehrt werden.

γ) Die Bewertungsvorschriften des DMBG
(Gesetz über die Eröffnungsbilanz in Deutscher Mark und die Kapitalneufestsetzung vom 21. August 1949)

Es ist in diesem Zusammenhang tunlich, sich noch einmal den Wortlaut der VStR 1949 ins Gedächtnis zu rufen. Es heißt in Abschnitt 105 Abs. 3 und 4: *„Der Vermögenswert ist auf der Grundlage des Reinvermögens der DMEB zu ermitteln."* Damit wird es notwendig, sich dem *„Gesetz über die Eröffnungsbilanz in Deutscher Mark und die Kapitalneufestsetzung (DMBG)" vom 21. August 1949*[36] zuzuwenden.

αα) Bewertung der Grundstücke

Nachdem die erste Bilanzposition auf der Aktivseite einer Unternehmung in der Regel die Grundstücke beinhaltet, soll mit der Behandlung der Fragen über den Ansatz des Grundvermögens für Zwecke der Bewertung unnotierter Anteile begonnen werden.

§ 16 DMBG bestimmt, daß Grundstücke innerhalb des Währungsgebietes höchstens mit dem Einheitswert anzusetzen sind, der auf den letzten Feststellungszeitpunkt festgesetzt worden ist. Für den Fall, daß Grundstücke in der steurlichen RMSB mit einem höheren Wert als dem Einheitswert, der auf den letzten Feststellungszeitpunkt festgesetzt worden ist, angesetzt sind, können sie bis zu diesem höheren Wert, jedoch höchstens mit dem Wert angesetzt werden, der ihnen am Stichtag der Eröffnungsbilanz (also Zeitwert) beizulegen ist.

Grundsätzlich räumt also das DMBG die Wahlmöglichkeit zwischen zwei Bewertungen ein, nämlich dem Einheitswert auf der einen Seite und einem Wert zwischen Einheitswert und Zeitwert auf der anderen Seite. Damit bestand zum Währungsstichtag die Möglichkeit, die Grundstückswerte unter einem realen Gegenwartswert ansetzen zu können, was auch größtenteils geschah, allerdings — von den meisten nicht bedacht — zum Vorteil des Fiskus. Infolge des niedrigen Ansatzes der Grundstücke verminderte sich nämlich naturgemäß die laufende Abschreibung und bei Verkäufen entstehen hohe Veräußerungsgewinne. Eine durch den niedrigen Ansatz der Grundstücke hervorgerufene Ersparnis an GrSt, VSt und VA vermag diese Nachteile nicht auszugleichen, insbesondere mit Rücksicht auf die in der Folgezeit eingetretene bedeutende Steigerung der Grundstückspreise.

---

[36] Das DMBG wurde verkündet im Gesetzblatt der Verwaltung des Vereinigten Wirtschaftsgebietes Nr. 32 vom 30. August 1949.

Betrachtet man nun dies Bestimmungen in bezug auf die Aussagen der VStR 1949, die den Vermögenswert auf der Grundlage des Reinvermögens der DMEB ermittelt wissen wollen, so ergibt sich hier schon eine dem Grundsatz der Gleichmäßigkeit der Besteuerung widersprechende Diskrepanz, die auch schon darin festzustellen ist, daß nach § 75 DMBG die Steuern vom Vermögen unter Zugrundelegung der nach dem DMBG ermittelten Wertansätze bemessen werden, was je nach gewähltem Wert eine unterschiedliche Besteuerung nach sich zieht.

Ein Interessent, welcher eine Unternehmung anzukaufen beabsichtigt, wird den Wert der für einen ordnungsgemäßen Betrieb des jeweiligen Geschäftes notwendigen Grundstücke nach deren Teilwert einschätzen, also einer objektiven Wertgröße, den die Grundstücke ungeachtet etwaiger besonderer Umstände für ihn besitzen. Dieser Wert ist es auch, der für den betriebsnotwendigen Grundbesitz eines Unternehmens, dessen Anteile es zu bewerten gilt, angesetzt werden sollte. Für Grundstücke, welche nicht betriebsnotwendiges Vermögen darstellen, kann meines Erachtens dann logisch der Einheitswert als Basis der Wertfestsetzung genommen werden.

Die Meinung *Bergs*[37], daß eine ungeheuerliche, völlig einseitige Einstellung zu den Bewertungsproblemen um die unnotierten Anteile zum Ausdruck komme, wenn bei der Ermittlung des Vermögenswertes die in den Ertragsteuerbilanzen teilweise vorkommenden höheren (höher als der Einheitswert) Grundstückswerte berücksichtigt würden, ist meines Erachtens zu sehr von den Überlegungen mitbestimmt worden, einmal gewählte Wertansätze, die steuerlich zulässig entstanden sind, unter keinen Umständen bei irgendwelchen Besteuerungsmomenten, wo sich die getroffene Wahl nachteilig auswirkt, beibehalten zu wollen. Dieser Auffassung kann nicht gefolgt werden, wenn man schon die Forderung anerkennen will, der Wert eines Unternehmens bzw. die Anteile an diesem sind entsprechend objektiven Feststellungen und Wertmaßstäben anzusetzen.

Interessant ist auch in diesem Zusammenhang die Meinung *Bühlers*[38], welcher ausführt, daß seiner Ansicht nach der Einheitswert des § 16 DMBG, der Wert zum 21. Juni 1948 sei. Das *„Gesetz vom 10. März 1949 betreffend Fortschreibungen und Nachfeststellungen von Einheitswerten des Grundbesitzes auf den 21. Juni 1948"* schreibt bekanntlich bei Vorliegen noch nicht berücksichtigter Kriegsschäden vor — und empfiehlt bei sonstigen Wertänderungen um mehr als ein Fünftel — eine Fortschreibung und Nachfeststellung der Einheitswerte des Grund-

---
[37] *Berg*, Aus der Diskussion um die Bewertung von GmbH-Anteilen, GmbH-Rdsch. 1954, S. 166.
[38] *Bühler*, Bilanz und Steuer, S. 354/355.

besitzes. Überflüssig ist demnach, wie *Bühler* a.a.O. richtig bemerkt, die Bestimmung des § 16 Abs. 3 DMBG, daß Kriegsschäden durch Wertfortschreibungen zu berücksichtigen seien. *Bühler* führt ferner noch aus, daß mit den Bestimmungen des § 16 in Verbindung mit § 74 DMBG eine Koppelung der Vermögensteuer mit der Erfolgsbesteuerung herbeigeführt worden ist, praktisch also die Idee der Einheitsbilanz verwirklicht worden ist, wenn auch in der Folge wieder eine Trennung stattgefunden hat.

Nach Behandlung dieser interessanten Gedankengänge *Bühlers*, die im übrigen keinerlei Abweichung von der in einem der vorhergehenden Absätze gefaßten Meinung Anlaß geben, daß für Zwecke der Wertfestsetzung unnotierter Anteile und Aktien, der betriebsnotwendige Grundbesitz mit dem Teilwert anzusetzen ist, da unter Umständen je nach Ansatz dieses Wirtschaftsgutes das „*Reinvermögen*" einer Unternehmung maßgeblich beeinflußt wird, soll als nächste Position die bedeutsame Frage der Bewertung des beweglichen Anlagevermögens beschrieben werden.

ββ) Bewertung des beweglichen Anlagevermögens

Um — mit dem Wortlaut der VStR 1949 zu sprechen — wieder auf die „*Grundlage der DMEB*" zurückzukommen, ist es erforderlich, die Bestimmungen des § 18 DMBG zu zitieren, welche den Ansatz des beweglichen Anlagevermögens in der DMEB regeln. Es heißt dort:

„1. Bewegliche Gegenstände des Anlagevermögens sind höchstens mit dem Wert anzusetzen, der sich auf der Grundlage der am 31. August 1948 in der amerikanischen und britischen Zone geltenden gewöhnlichen Wiederbeschaffungs- und Herstellungskosten (Neuwert) unter Berücksichtigung der tatsächlichen Gesamtnutzungsdauer im Verhältnis zur bisherigen, tatsächlichen Nutzung ergibt.

2. Ist der Neuwert am letzten Tag des Monats, in dem dieses Gesetz in Kraft tritt (verkündet wurde das Gesetz am 30. August 1949, also ist der 31. August 1949 maßgebend: eigene Anmerkung) niedriger, so ist höchstens dieser an Stelle des nach Abs. 1 für den 31. August 1948 errechneten Neuwerts dem Wertansatz zu Grunde zu legen...."

Vor der Behandlung der in dem zitierten Paragraphen festgelegten Grundsätze ist es meiner Auffassung nach notwendig darauf hinzuweisen, daß gegebenenfalls die Werte des § 18 erheblich über den in § 5 des gleichen Gesetzes bestimmten Höchstwerten zum Stichtag (also dem Zeitwert zum 21. Juni 1948) liegen können. Vielfach wurde dadurch die Auffassung vertreten, daß dieser höhere Ansatz nicht zulässig ist, obwohl § 5 durch die Formulierung „*soweit sich nicht ... etwas anderes ergibt*" Einschränkungen des Stichtagwertes einräumt. Nach meiner Ansicht sind solche Überlegungen jedoch ohne Bedeutung, da es einem Schätzer ebenso schlecht oder ebenso gut wie dem Finanzamt möglich sein wird, durch die Bewertung nach § 18 im Vergleich zur Bewertung nach § 5 eine Verletzung der Höchstwertvorschriften festzustellen.

Unter die beweglichen Gegenstände des Anlagevermögens im Sinne des eben zitierten § 18 DMBG fallen die in § 131 Buchstabe A, Ziff. II Nr. 3 und 4 AktG aufgezählten Werte, das sind also Maschinen und maschinelle Anlagen sowie Werkzeuge, Betriebs- und Geschäftsausstattung. Bei der Bestimmung des Höchstwertes dieses Anlagevermögens ist von zwei Stichtagswerten auszugehen, nämlich dem zum 31. August 1948 und dem zum 31. August 1949. Vom niedrigsten dieser Neuwerte sind anschließend Abschläge entsprechend der bisherigen Nutzungsdauer zur voraussichtlichen Gesamtnutzungsdauer zu machen. Grundlage der Werte waren die in der amerikanischen und britischen Zone geltenden Preise, die für den Wiedererwerb oder für die Herstellung aufgewendet werden mußten.

Wie stand es aber mit diesen Preisen kurz nach der Währungsreform?

Die Wirtschaft stand noch fast vollständig unter dem Zeichen der Bewirtschaftung; teilweise war weder Herstellung noch Beschaffung von Maschinen — auch nicht durch Einfuhr — möglich. Darüber hinaus waren die vorhandenen Maschinen von alter Bauart; oft waren es auch umgebaute Typen, die früher für Zwecke der Rüstungsindustrie verwendet worden waren, so daß Vergleichspreise in den wenigsten Fällen zu ermitteln waren. So war die allgemeine Tendenz festzustellen, die Wirtschaftsgüter des Anlagevermögens — mit Rücksicht darauf, daß Vergleiche nicht gezogen werden konnten — überhöht anzusetzen, um infolge der hohen Ausgangswerte in den Genuß ansehnlicher Abschreibungen zu gelangen, die naturgemäß den steuerlichen Gewinn verringern. Der Gedanke, diese rein von Zweckmäßigkeitsgesichtspunkten bestimmten Wertansätze als Ausgangspunkt für die Bewertung von Anteilen und Aktien zu wählen, ist meines Erachtens auszuschließen, um so mehr in den Fällen, in denen § 18 Abs. 3 DMBG die Möglichkeit gibt, völlig abgeschriebene Anlagen mit einem Drittel des Neuwertes zu aktivieren. Gerade in diesem Punkt wird ein Erwerber nur die Anlagewerte berücksichtigen, welche für die Fortsetzung des Betriebs unumgänglich notwendig sind, wobei er ihre voraussichtliche Nutzungsdauer vorsichtig einschätzen wird. Damit tritt jedoch wieder der Teilwert auf den Plan. Bewegliche Gegenstände des Anlagevermögens sind auf Grund vorstehender Erwägungen unbedingt mit dem Teilwert anzusetzen, wenn es gilt, das *Reinvermögen* einer Unternehmung für Zwecke der Festsetzung des Substanzwertes zu bestimmen. Diese Folgerung wird noch durch die Überlegungen unterstrichen, daß in der Zeit vor dem Währungsstichtag, als bereits allerorts fest mit einer Währungsumstellung gerechnet wurde und nur Stichtag und Durchführungsweise unbekannt waren, eine Flucht in Sachwerte einsetzte. Dabei wurden teilweise Waren eingekauft, vor allem von Firmen, die geeignete Kompensationsmöglichkeiten zu bieten hatten, die auf Grund schlechter Qualität der Rohstoffe oder mangelhafter Be- und Verarbeitung so gut wie wertlos waren, sobald eine vernünftige und gesunde Geldwirtschaft wieder geschaffen war. Diese Gegenstände, häufig alte Maschinen und maschinelle Anlagen, auch Werkzeuge und behelfsmäßige Büroeinrichtungen, mußten zum Währungsstichtag bewertet werden. Dies geschah — wie bereits erwähnt — vielfach in überhöhten Ansätzen, eben aus der Erwägung heraus, wünschenswert hohe Abschreibungen in Anspruch nehmen zu können. Es ist unwahrscheinlich, daß ein Kaufinteressent diese *„Ladenhüter"* mit den in der DMEB ausgewiesenen Werten berücksichtigen wird. So kann auch bei den beweglichen Gegenständen des Anlagevermögens das Postulat erhoben werden, daß die Werte der DMEB für Zwecke der Substanzwertermittlung unnotierter Anteile und Aktien zu vernachlässigen sind, vielmehr unter allen Umständen die Teilwerte der betreffenden Wirtschaftsgüter angesetzt werden müssen, um selbstverständlichen wirtschaftlichen Überlegungen Rechnung zu tragen.

γγ) Bewertung von Beteiligungen und anderen Wertpapieren des Anlagevermögens

Fährt man fort, die Bilanzwerte der DMEB in der Reihenfolge der Paragraphenordnung des DMBG zu behandeln, so müßten nunmehr die Beteiligungen und anderen Wertpapiere des Anlagevermögens besprochen werden (§ 19 DMBG). Mit Rücksicht darauf, daß die Wertbestimmung der diesbezüglichen Vermögensteile, soweit es sich um notierte Werte handelt, durch das 3. DMBEG vom 21. Juni 1955[39] und den Erlaß betreffend endgültige steuerliche Höchstwerte für notierte Anteile nach § 2 des 3. DMBEG vom 15. Dezember 1955[40] geregelt ist und im übrigen sich die vorliegende Arbeit mit dem Problem der unnotierten Anteile und Aktien befaßt, wird hier nur vermerkt, daß unnotierte Anteile und Aktien gemäß § 3 Abs. 1 3. DMBEG grundsätzlich mit 70 vH des Betrages angesetzt werden, der von dem Eigenkapital der Kapitalgesellschaft anteilig auf sie entfällt. Genauso wie bei den notierten Anteilen und Aktien besteht jedoch auch bei den nichtnotierten Anteilen und Aktien eine Möglichkeit der Änderung nach oben, wenn sich für den Stichtag 31. Dezember 1948 ein höherer Wert ergeben hatte. Für den Fall, daß der nach § 13 Abs. 2 BewG auf den 31. Dezember 1948 für Zwecke der Vermögensteuer festgesetzte Wert

---
[39] BStBl 1955 I S. 222.
[40] Beilage zum BAnz Nr. 244 v. 17. 12. 1955.

für solche Anteile höher ist, kann als endgültiger Wert dieser Wert angesetzt werden[41].

Zu erwähnen ist noch in diesem Zusammenhang, daß es für einen Käufer einer Unternehmung von sehr wesentlicher Bedeutung sein wird, ob eine Beteiligung oder andere Wertpapiere des Anlagevermögens zum notwendigen Betriebsvermögen im wirtschaftlichen Sinn gehören oder nicht.

Bezüglich der sonstigen Wertpapiere und Anteile des Umlaufvermögens, deren Bewertung in § 22 DMBG geregelt ist, gilt das eben Gesagte in gleicher Weise, um so mehr als das DMBG bei der Bewertung von Anteilen und Aktien grundsätzlich die Prinzipien, welche für die Bewertung des Umlaufvermögens gelten, anwendet (also auch für die Anteile und Aktien des Anlagevermögens). Das Gesetz sagt ja in § 19:

"Beteiligungen im Sinne des § 131 Abs. 1 A II 6 des AktG sowie andere Werte des Anlagevermögens sind nach den für Wertpapiere des Umlaufvermögens (§ 21, § 22) geltenden Vorschriften anzusetzen, soweit nicht besondere Gründe einen höheren Ansatz rechtfertigen."

δδ) Bewertung der Gegenstände des Vorratsvermögens

Die Weiterbehandlung der Vermögenswerte, die *„auf der Grundlage der DMEB"* die Bestimmung des *„Reinvermögens"* für Zwecke der Festsetzung des Substanzwertes beeinflussen, führt in der Reihenfolge der Paragraphen des DMBG zum Vorratsvermögen. Hier bestimmt § 20 Abs. 1 DMBG, daß

„Gegenstände des Vorratsvermögens (insbesondere Roh-, Hilfs- und Betriebsstoffe, halbfertige und fertige Erzeugnisse sowie Waren) höchstens mit dem Wert anzusetzen sind, der sich auf der Grundlage der am 31. August 1948 in der amerikanischen und britischen Zone geltenden gewöhnlichen Wiederbeschaffungs- oder Herstellungskosten ergibt (Neuwert). Ist der Neuwert am letzten Tag des Monats, in dem dieses Gesetz in Kraft tritt (also der 31. 8. 1949) niedriger, so ist höchstens dieser zu Grunde zu legen."

Die Bestimmungen dieses Paragraphen sind in Ansehung der uneinheitlichen Preisbewegungen, welche in der Zeit vom 21. Juni 1948 bis 31. August 1949 — diese Stichtage sind nach dem Wortlaut des Gesetzes zu beachten — stattgefunden haben, sehr schwierig zu erfüllen, insbesondere gerade dann, wenn das zu bewertende Vorratsvermögen aus den differenziertesten Gütern bestand. Wiederbeschaffungspreise waren für solche Waren, welche am Währungsstichtag vorhanden waren, in der Regel am 31. August des Jahres 1949 gar nicht mehr gegeben, da vergleichbare Waren infolge der Nachkriegsverhältnisse überhaupt nicht mehr auf dem Markt gehandelt wurden. Die Bewertung war demnach in das subjektive Ermessen der Bewertenden gestellt, die größtenteils ähnlich wie beim Anlagevermögen überhöhte Ansätze wählten, um die Warenerlöse möglichst niedrig zu halten.

---
[41] *Bühler-Scherpf*, Bilanz und Steuer, S. 453/454.

Man darf behaupten, daß die Fälle, in welchen vertretbare und gleichartige Waren durch das Vorliegen vergleichbarer Preise „richtig" bewertet wurden, zu den Seltenheiten gehören.

Bei den Herstellungskosten lassen sich im übrigen die gleichen unbefriedigenden Feststellungen treffen wie bei den Wiederbeschaffungskosten. Für die Bewertung selbst hergestellter Güter ist die Erstellung einer Selbstkostenrechnung zu den Stichtagen notwendig, deren Ergebnisse mit Rücksicht darauf, daß sie mit ihren Rechengrundlagen wiederum auf die Werte der DMEB angewiesen sind (z. B. Wert des Materialeinsatzes, Abschreibungen auf Anlagewerte usw.), bestreitbare Werte darstellen. Das Vorratsvermögen, das ja beiträgt, das „Reinvermögen" einer Unternehmung für Zwecke der Einheitsbewertung zum 1. Januar 1949 zu bestimmen, ist auf Grund der vorstehenden Überlegungen nur mit Vorsicht für den eben genannten Zweck heranzuziehen. Letzten Endes wird man wiederum auf die Wertschätzung dieser Güter durch einen Käufer zurückgreifen müssen, um — wenn auch sicherlich etwas subjektiv beeinflußt — zu einigermaßen vertretbaren Werten zu gelangen.

Abs. 2 des § 20 DMBG regelt die Bewertung von Gegenständen des Vorratsvermögens, welche vor dem 1. September 1948 veräußert worden sind, dergestalt, daß er vorschreibt, sie höchstens mit dem Wert anzusetzen, der sich ergibt, wenn vom Verkaufserlös die handelsüblichen Gewinnspannen abgezogen werden, falls dieser Wert niedriger ist als die Höchstwerte nach Abs. 1 des gleichen Paragraphen. Diese Bestimmung bedeutet, abgesehen von der Kompliziertheit des Verfahrens, die den Bewertenden zwingt, drei Werte zu ermitteln (Nennwerte zum 31. August 1948 und 31. August 1949 sowie tatsächlicher Verkaufserlös abzüglich handelsüblicher Gewinnspanne), daß ausschließlich für Gegenstände, welche im gleichen Zustand, in dem sie sich am Stichtag befanden, vor dem 1. September 1948 veräußert wurden, Sonderwerte angesetzt werden müssen. Gegenstände des Vorratsvermögens, welche im Betrieb verbraucht, be- oder verarbeitet wurden, scheiden nach dem Wortlaut des Gesetzes aus; denn nur bei nicht weiterbe- oder verarbeiteten Gütern ist die Unterstellung richtig, daß der Stichtagswert dem um die Handelsspanne gekürzten Erlös entspricht. Mit dieser Anordnung beabsichtigte der Gesetzgeber zweifellos, die Kaufleute zu treffen, die ihre in der RM-Zeit „gehorteten" Waren in DM bis zum 1. September 1948 verkauft hatten. Denn auch die in dieser Zeitspanne entstandenen Gewinne werden damit erfaßt, welche sich in Ansehung der Bestimmungen des § 20 Abs. 1 unter Umständen nicht in der Gewinn- und Verlustrechnung niedergeschlagen hätten.

Dieses in der praktischen Durchführung sehr schwierige Verfahren führt jedoch für die Zwecke der Feststellung des „Reinvermögens" —

obgleich dieser Gesichtspunkt keine Rolle bei der Formulierung des Gesetzes gespielt haben dürfte — zu „richtigen" Werten, da hierbei ein Wert errechnet wird, welcher der „Wertschätzung" der Käufer auf dem Markt und damit dem „objektiven Wert" entspricht. Zweifelhaft bleibt die Frage der Bewertung der in der Zeit vom 21. Juni 1948 bis 1. September 1948 verkauften Gegenstände des Vorratsvermögens allerdings in den Fällen, in welchen der Verkauf mit Verlust erfolgte. Diese Möglichkeit ist wahrscheinlich häufig aufgetreten, da in den Monaten nach der Währungsreform in Anbetracht der großen Geldknappheit oftmals Verkäufe zu äußerst niedrigen Preisen getätigt worden sein dürften, welche vielleicht nicht einmal die Selbstkosten der nach liquiden Mitteln strebenden Unternehmen deckten. Ein solcher Fall führt zur Scheingewinnbesteuerung, letzten Endes also zu einem echten Substanzverlust. Derartige Werte sind meines Erachtens im Rahmen der Ermittlung des Vermögenswertes auf der Grundlage des Reinvermögens der DMEB selbstverständlich ebensowenig verwendungsfähig, als es in der Regel die nach Abs. 1 des § 20 DMBG festgesetzten sein werden.

εε) Bewertung der Wertpapiere des Reichs und der sonstigen Forderungen gegen das Reich

In Fortführung der Besprechung des Vermögenswertes „auf der Grundlage des Reinvermögens der DMEB" kommt § 21 DMBG zum Zuge, der sich mit Rücksicht auf die klaren Bewertungsvorschriften für die Wertpapiere des Reichs und der sonstigen Forderungen gegen das Reich kurz abtun läßt. Die Bestimmungen schreiben im wesentlichen vor, daß derartige Forderungen gegen das Reich mit Erinnerungsposten von einer Deutschen Mark anzusetzen sind. Diese Behandlung zeigt an, daß die Rechte gegen das Reich nicht erloschen, vielmehr nur nicht realisierbar sind. Mittlerweile ist durch das „*Gesetz zur allgemeinen Regelung durch den Krieg und den Zusammenbruch des Deutschen Reiches entstandener Schäden (Allgemeines Kriegsfolgengesetz)" vom 5. November 1957*[42] das Recht auf Ablösung für die Gläubiger eines Anspruchs an das Reich (§ 30 des Gesetzes) gegeben. § 33 AKG legt die Voraussetzungen für eine derartige Ablösung fest. § 47 DMBG gibt in Verbindung mit § 74 DMBG die Möglichkeit, Änderungen der DMEB auf Grund des vorbezeichneten Gesetzes auch mit steuerlicher Wirkung vorzunehmen.

Die praktischen Auswirkungen des AKG auf die Bewertung unnotierter Anteile dürfte allerdings nicht sehr bedeutsam sein, da für den Fall, daß ein Unternehmen überhaupt solche Ansprüche besitzt, diese in der Regel im Hinblick auf ihre Geringfügigkeit zu vernach-

---

[42] BGBl 1957 I S. 1747.

lässigen sein werden. Bekanntlich beträgt die Aufwertung derartiger Ansprüche 10 vH des Nennbetrags (§ 35 AKG). Die Möglichkeit einer Berichtigung ist jedoch, wie schon erwähnt, gegeben.

§ 22 DMBG wird aus den bereits auf S. 62 dieser Arbeit dargelegten Gründen nicht näher behandelt.

ζζ) Bewertung eigener Aktien oder Geschäftsanteile

Das DMBG regelt in dem nun folgenden § 23 den Ansatz der eigenen Aktien oder Geschäftsanteile in der DMEB.

Zuerst zur Klärung des Begriffs eigene Anteile und Aktien: Darunter versteht man die von der eigenen Gesellschaft erworbenen eigenen Anteile oder Aktien, für welche, solange sie sich im Eigentum der eigenen Gesellschaft befinden, keine Mitgliedschaftsrechte wie Stimmrecht, Beteiligung am Gewinn und am Vermögen, ausgeübt werden können[43]. Diese eigenen Aktien oder Anteile dürfen höchstens mit dem nach der Umstellung sich ergebenden neuen Nennbetrag angesetzt werden, falls jedoch der Betrag der freien Rücklagen geringer ist, nur mit diesem. Hat ein Verkauf eigener Aktien oder Geschäftsanteile vor dem 1. September 1949 stattgefunden, so kann an Stelle der vorgenannten Höchstwerte der Veräußerungserlös als Höchstwert angesetzt werden. Bevor diese Bestimmungen über die Bewertung eigener Aktien oder Anteile, deren Erwerb bekanntlich nach Maßgabe des § 65 AktG und des § 33 GmbHG gestattet ist, im einzelnen behandelt werden, sollen vorweg die Vorschriften des § 43 DMBG beleuchtet werden, nachdem sicherlich die Mehrzahl der Unternehmen, für welche die genannten Bestimmungen zum Zuge kommen, davon Gebrauch gemacht haben. Nach § 43 DMBG kann die Hauptversammlung bzw. die Gesellschafterversammlung, die über die Eröffnungsbilanz und die Neufestsetzung beschließt, die Einziehung eigener Anteile beschließen, wobei auch Anteile eingezogen werden können, die in der Zeit vom 21. Juni 1948 bis 1. September 1949 erworben worden sind. Die Einziehung gilt für die Neufestsetzung als bereits am Stichtag der Eröffnungsbilanz erfolgt.

Mit der vorstehenden Gesetzesbestimmung ist die Möglichkeit geschaffen worden, die wahrscheinlich auch von einem Großteil der Gesellschaften gewählt worden sein dürfte, ungeachtet des § 192 AktG und des § 58 GmbHG und der darin fixierten strengen Vorschriften, nach welchen eine Kapitalherabsetzung durchgeführt werden kann.

Für die Unternehmen, deren Geschäftsleitungen sich für die Beibehaltung eigener Aktien oder Anteile entschieden, um sie gegebenenfalls als Mittel zur Beschaffung von Kapital wieder veräußern zu kön-

---

[43] Höchstrichterliche Rechtsprechung zu § 33 GmbHG und § 65 Abs. VII AktG.

Die Bewertung nach dem „Berliner" und „Stuttgarter Verfahren"

nen, gilt § 23 DMBG mit den bereits oben dargestellten Vorschriften. Für gewöhnlich erfolgt ja die Bewertung eigener Aktien und Anteile nach dem Niederstwertprinzip, primär also nach den Anschaffungskosten. Diese Bestimmung, wie sie in § 133 Nr. 1 bis 3 AktG, in § 42 Nr. 1 GmbHG sowie in § 33 c Nr. 1 und 2 GenG niedergelegt ist, kommt also nicht zum Zuge, nachdem als Höchstwerte die in der Eröffnungsbilanz ausgewiesenen freien Rücklagen und der Nennbetrag der Anteile festgesetzt sind. Der Zweck, der mit den Gesetzesbestimmungen verfolgt wurde, war ohne Zweifel der, zu verhindern, daß bei notwendig werdender Abschreibung der eigenen Anteile nicht das Nennkapital und die gesetzliche Rücklage angegriffen werden müssen, daß also das „Reinvermögen" ohne Berücksichtigung eigener Anteile das Nennkapital und die gesetzliche Rücklage deckt. Ist jedoch überhaupt keine freie Rücklage in der Eröffnungsbilanz ausgewiesen, was der Fall ist, wenn eine freie Rücklage in der Reichsmarkschlußbilanz nicht gebildet war, dann scheidet ein Wertansatz für eigene Anteile ganz aus. Das gleiche gilt für den Fall, daß entsprechend § 36 DMBG ein Kapitalentwertungskonto gebildet worden ist, da dann weder gesetzliche noch freie Rücklagen eingesetzt werden dürfen und damit natürlich auch die Möglichkeit der Bewertung und des Ansatzes eigener Anteile entfällt.

Bei der Betrachtung der durch § 23 DMBG getroffenen Regelung über die Bewertung eigener Aktien oder Geschäftsanteile in der DMEB entsteht der Eindruck, der Gesetzgeber wollte die Gesellschaften mit *sanftem Zwang* veranlassen, eigene Anteile aus der Bilanz zu streichen, d. h. letzten Endes einzuziehen, denn es konnte ja keine Bilanzposition — sogar nicht einmal ein Merkposten — angesetzt werden. Für diese Annahme, daß der Gesetzgeber auf die Gesellschaften wirken wollte, die Einziehung vorzunehmen, spricht auch die Überlegung, die sicherlich seitens der Unternehmen angestellt worden ist, nämlich, daß bei Verkauf von unbewerteten Eigenanteilen nach dem 1. September 1949 der Erlös voll der Steuer zu unterwerfen gewesen wäre; ein für die betroffenen Unternehmen zweifelsohne unwillkommener Effekt.

Die Frage der Bewertung eigener Anteile und Aktien ist im Rahmen der Ermittlung des *Reinvermögens* zur Feststellung des Substanzwerts von nicht zu unterschätzender Bedeutung, der die VStR 1949 in Abschnitt 106 Buchstabe b) Abs. 5 einen gesonderten Absatz gewidmet haben. A.a.O. heißt es:

„Eigene Aktien oder Anteile, die eine Kapitalgesellschaft besitzt, sind bei der Ermittlung des Vermögenswertes der Anteile nicht zu berücksichtigen. Das Vermögen dieser Gesellschaft ist in diesem Fall nur den Aktien oder Anteilen im Fremdbesitz gegenüberzustellen. Der Ertragswert der Anteile ist dagegen unter Berücksichtigung des gesamten Grundkapitals oder Stammkapitals zu ermitteln (RFH vom 29. 10. 1937, RStBl 1938 S. 58)."

Dementsprechend ist also eine Berücksichtigung eigener Aktien und Anteile für Zwecke der Ermittlung des Substanzwertes, unbeschadet der Behandlung dieser Positionen in der DMEB, nicht möglich. Bei der Formulierung der Richtlinien ist man, was auch aus der Zitierung des Urteils im Text selbst zu ersehen ist, von der RFH-Entscheidung vom 29. Oktober 1937 — III 150/37 — ausgegangen, die sinngemäß davon spricht, daß es eine zu verwickelte Berechnung erfordern würde, von der man aus Zweckmäßigkeitsgründen absehen werde, wenn man beim Vermögen der Gesellschaft auch ihre eigenen Anteile berücksichtigen würde. Bei näherer Betrachtung des Problems wird man jedoch kaum sagen können, daß mit der Ausklammerung der eigenen Anteile bei der Ermittlung des Vermögenswertes eine ausreichende und erschöpfende Klarstellung erreicht ist. Die Entscheidung ist meines Erachtens viel zu summarisch und zu sehr auf den dem Urteil zugrunde gelegenen Fall abgestellt, als daß man daraus die allgemein gültige Anwendung dieses Grundsatzes folgern könnte.

Troll[44] hat diesem Fragenkomplex einen eigenen Artikel gewidmet. Er führt aus, das — bei der Bewertung der Anteile übliche — Verfahren, so zu rechnen, als ob die eigenen Anteile bereits von der Gesellschaft eingezogen worden wären, könne nur dann vertreten werden, solange die eigenen Anteile nur einen geringen Anteil am Nennkapital der Gesellschaft ausmachen. Sobald jedoch die eigenen Anteile im Verhältnis eine gewisse Größe erreichen, führt ihre Vernachlässigung zu ungünstigeren Ergebnissen für die Anteilseigner. Diesen Schluß untermauert *Troll* mit der mathematischen Behandlung eines Beispiels über die Anteilsbewertung, einmal unter Berücksichtigung der eigenen Anteile, einmal ohne Berücksichtigung der eigenen Anteile. Dabei zeigen sich je nach der Höhe des Anteils der eigenen Anteile an dem Nennkapital sehr wesentliche Unterschiede. In dem gewählten Beispiel ergibt sich für den Fall, daß die eigenen Anteile 10 vH des Nennkapitals betragen, ein Prozentsatz von 880, wenn die eigenen Anteile nicht berücksichtigt werden, gegenüber einem Prozentsatz von 478, wenn die eigenen Anteile mitberücksichtigt werden. Auf 100 bezogen errechnet sich daraus, daß bei Berücksichtigung der eigenen Anteile ein um 3,5 vH geringerer Vermögenswert entsteht, also ein verhältnismäßig geringer Betrag, der im Rahmen eines Schätzverfahrens ohne weiteres tragbar erscheint. Betragen die eigenen Anteile dagegen 90 vH des Nennkapitals, so ermittelt sich in dem Musterbeispiel ein Prozentsatz von 4400 bei Nichtberücksichtigung der eigenen Anteile gegenüber 1571 bei Berücksichtigung eigener Anteile. Auf 100 bezogen ergibt sich aus diesen Zahlen, daß sich bei Ansatz

---

[44] *Troll*, Die vermögensteuerliche Bewertung von eigenen GmbH-Anteilen, GmbH-Rdsch. 1956, S. 39 ff.

Die Bewertung nach dem „Berliner" und „Stuttgarter Verfahren" 69

der eigenen Anteile ein um 35,7 vH geringerer Vermögenswert errechnet, ein Satz, der in Anbetracht seiner Höhe durchaus Veranlassung gibt, sich eingehend mit dem Problem zu befassen, ob eigene Anteile bei der Anteilsbewertung zu berücksichtigen sind oder nicht. *Troll* führt in seinem Artikel hierzu weiter aus, daß es in diesem Zusammenhang vor allem auch gelte, die unterschiedliche Behandlungsweise der eigenen Anteile zu beseitigen. Bekanntlich werden ja eigene Anteile bei der Gesellschaft selbst mit dem nach Maßgabe des § 13 Abs. 2 BewG in Verbindung mit § 10 Abs. 2 BewG (persönliche Umstände) festgestellten gemeinen Wert angesetzt (den es jedoch durch das Anteilbewertungsverfahren erst zu ermitteln gilt), während sie lt. Abschnitt 106 Abs. 5 VStR 1949 außer Betracht zu lassen sind. *Troll*, a.a.O., schlägt dazu vor, wenn die eigenen Anteile als Fremdanteile zu bewerten sind, was auf Grund der anschließend näher behandelten Merkmale zu unterscheiden ist, dann sollten sie sowohl bei der Anteilsbewertung als auch bei der Bewertung des GmbH-Vermögens wie Fremdanteile behandelt werden; sind jedoch die eigenen Anteile nicht zu bewerten, dann sollten sie sowohl bei der Anteilsbewertung als auch bei der Bewertung des GmbH-Vermögens außer Betracht bleiben (Behandlung wie eingezogene Anteile). Als Maßstab, anhand dessen festzustellen ist, ob eigene Anteile zu bewerten sind oder nicht, legt *Troll* in Fortführung seines Artikels die Behandlung in der Handels- und Steuerbilanz fest. Er weist nämlich darauf hin, daß nach Maßgabe des § 131 AktG die eigenen Anteile in der Handelsbilanz als ein Sonderposten des Umlaufvermögens ausgewiesen werden müssen, was dann nicht mehr erforderlich ist, wenn es sich um zur Einziehung bestimmte eigene Anteile handelt. Die Steuerbilanz, in der gemäß § 6 EStG 1958/1959 die eigenen Anteile mit ihren Anschaffungskosten oder ihrem Teilwert zu aktivieren sind, wird in diesem Fall nur noch einen Erinnerungsposten ausweisen. Wenn dies, so folgert *Troll*, zutrifft, dann wird schon im Hinblick auf die vom eventuellen Verkaufserlös zu entrichtenden, unter Umständen sehr hohen Ertragsteuern, eine Veräußerung kaum noch in Betracht kommen, so daß damit die Anteile praktisch schon als eingezogen angesehen werden können.

Den vorstehenden Überlegungen *Trolls* ist meines Erachtens schon in Anbetracht ihrer praktischen Realisierbarkeit zuzustimmen, um so mehr als durch diese eindeutige Abgrenzung die Ungerechtigkeiten, wie sie durch die bisherige Behandlungsweise hervorgerufen worden sind, und die — wie anhand des vorstehend behandelten Beispiels zu ersehen ist — je nach der Höhe der eigenen Anteile im Verhältnis zum Nennkapital einen beträchtlichen Umfang mit dementsprechenden materiellen Auswirkungen annehmen können, vermieden werden.

Im Anschluß an die vorstehenden Ausführungen, die gezeigt haben, daß das „*Reinvermögen der DM-Eröffnungsbilanz*" im Hinblick auf den Ansatz der eigenen Anteile gemäß § 23 DMBG nicht als „*Grundlage*" des Vermögenswertes für die Bewertung unnotierter Anteile herangezogen werden kann, man vielmehr, um zu richtigen Werten zu gelangen, die Grundsätze anwenden sollte, wie sie *Troll*, a.a.O., aufgestellt hat, wird § 24 DMBG, der den Wertansatz von Forderungen regelt, behandelt.

ηη) Bewertung von Forderungen

§ 24 DMBG bestimmt in Abs. 1, daß Forderungen entsprechend den Vorschriften des UG zu bewerten sind. Abs. 2 des zitierten Paragraphen regelt die Bewertung zweifelhafter bzw. uneinbringlicher Forderungen, die nach ihrem wahrscheinlichen Wert anzusetzen bzw. vollständig abzuschreiben sind. Abs. 3 schreibt die Behandlung der Forderungen vor, die nach dem 20. Juni 1948 bis zur Aufstellung der Eröffnungsbilanz im Wege der Vertragshilfe herabgesetzt wurden, sowie auch derjenigen vor, die durch Parteivereinbarung höher oder niedriger festgesetzt werden, als dem gesetzlichen Umstellungsverhältnis entspricht. Die vorgeschilderten Umstände sind nach dem Wortlaut dieses Absatzes bei der Wertfestsetzung zu berücksichtigen.

Der zitierte Paragraph befaßt sich also, wie dargestellt, ausschließlich mit der Bewertung umgestellter Forderungen. Solange diese Forderungen entsprechend dem Umstellungsgesetz bewertet worden sind und die Zahlungsfähigkeit der Schuldner als gut angesehen werden konnte, bestehen keine Einwendungen, diese Grundsätze auch im Hinblick auf die Ermittlung des Reinvermögens anzuwenden, entsprechen sie doch auch völlig den Bestimmungen des § 14 BewG, daß Kapitalforderungen mit ihrem Nennwert anzusetzen sind. Nachdem das DMBG — neben der Regelung des Ansatzes von Kapitalforderungen zum Nennwert — nur noch Bestimmungen über die Bewertung zweifelhafter und uneinbringlicher Forderungen sowie über Forderungen, die entsprechend Parteivereinbarung höher oder niedriger als dem gesetzlichen Umstellungsverhältnis entspricht, vorsieht, muß an dieser Stelle auf die Grundsätze des § 14 BewG über die Bewertung bei Vorliegen besonderer Umstände hingewiesen werden. Damit soll allerdings nicht gesagt sein, daß angenommen wird, der Gesetzgeber wollte mit der Formulierung in Abschnitt 105 der VStR 1949 („*der Vermögenswert ist auf der Grundlage des Reinvermögens der DMEB zu ermitteln*") zum Ausdruck bringen, daß im Rahmen der Errechnung des Substanzwertes alle Forderungen entsprechend den Bewertungsvorschriften des DMBG anzusetzen seien. Bedenken in dieser Richtung sind schon von dem Wortlaut[45] des § 75 DMBG her auszuräumen. Der Verfasser hält es nur für richtig, in diesem Zusammenhang auf die Fälle aufmerksam zu machen, in denen wegen besonderer Umstände von dem in der DMEB eingestellten Nennwert abgewichen werden muß.

Eine Abweichung über den Nennwert einer Kapitalforderung in der DMEB hinaus ist nur bei außergewöhnlichen Verhältnissen denkbar, beispielsweise etwa dann, wenn ein Darlehen unverhältnismäßig hoch verzinst wird. Ein Ansatz unter dem Nennwert ist dementgegen in einer größeren Zahl von Fällen vorstellbar. So kann die geringe Verzinslichkeit bzw. die Unverzinslichkeit einer Forderung, wie sie beispielsweise eine Hypothek darstellt, den Ansatz eines niedrigeren Werts als des Nominalwerts rechtfertigen[46]. Die Bewertung unverzinslicher Forderungen ist durch § 14 Abs. 3 BewG besonders geregelt, so daß an diesem Ort nichts weiteres darüber ausgesagt zu werden braucht, um so mehr als hier nur der Vollständigkeit halber auf die Möglichkeit der Abweichung von den Wertansätzen der DMEB hingewiesen werden sollte. Letzten Endes wird ja — wie immer wieder betont werden muß — die Bewertung einer Forderung davon abhängen, wie ein Erwerber des Unternehmens diese einstufen würde.

ιι) Bewertung von Forderungen aus schwebenden Geschäften

Das DMBG behandelt in § 25 die Bewertung von Lieferungsansprüchen aus Kauf- und Werkverträgen, für die die Gegenleistung bereits vor dem 21. Juni 1948 bewirkt war (sogenannte schwebende Geschäfte). Schwebende Geschäfte sind ja nach allgemein gültigen Bilanzierungsregeln in der Bilanz nur dann zu bewerten, wenn mit der Erfüllung seitens des einen Teils schon begonnen ist oder aber, falls noch von keinem Teil mit der Erfüllung angefangen ist, ein Verlust schon am Stichtag zu erkennen ist.

Der Gesetzestext spricht hier erstaunlicherweise ausschließlich von Kauf- und Werkverträgen und zwar darüber hinaus nur von Aktivposten (*„Lieferungsansprüche"*). Daraus muß geschlossen werden, daß die Bilanzierung aller übrigen schwebenden Geschäfte sowie auch der

---

[45] § 75 DMBG: Ausgangswerte für die Vermögensteuer
„(1) Die für die einzelnen Vermögensgegenstände nach den Vorschriften dieses Gesetzes in die Eröffnungsbilanz eingestellten Werte sind auch für die Steuern vom Vermögen maßgebend, die unter Zugrundelegung des Stichtages vom 21. Juni 1948 veranlagt werden. Für diese Steuern sind jedoch mindestens die nach den Bestimmungen des Reichsbewertungsgesetzes maßgebenden Werte oder, wenn die sich nach diesem Gesetz ergebenden Höchstwerte niedriger sind, diese Werte anzusetzen. § 74 Abs. 2 und 3 findet entsprechende Anwendung.
(2) Die Bestimmungen des Absatzes 1 sind für die in § 74 Abs. 4 genannten Steuerpflichtigen sinngemäß anzuwenden."
[46] RFH — vom 19. 1. 1939 — III 129/38 — RStBl 1939 S. 523.

Lieferungsverpflichtungen nach den Grundsätzen des § 5 DMBG (Stichtagswert) zu erfolgen hat. Das heißt also, an die Lieferungsansprüche, die vor der Währungsreform entstanden sind, können grundsätzlich die Wertmaßstäbe der DM-Zeit angelegt werden. Im übrigen ist jedoch zu diesem Punkt wenig mehr zu sagen, nachdem die schwebenden Geschäfte — und hier sogar nur die Lieferungsansprüche aus Kauf- und Werkverträgen — regelmäßig keine bedeutende Rolle im Rahmen der Bilanz spielen.

χχ) Bewertung von Forderungen gegen Schuldner in Deutschland außerhalb des Währungsgebietes

Das eben Ausgeführte gilt auch für § 26 DMBG, wo in Abs. 1 die Bewertung der Forderungen gegen Schuldner in Deutschland außerhalb des Währungsgebietes geregelt wird. Nach dem Paragraphen können diese Forderungen mit einem Erinnerungsposten von einer Deutschen Mark angesetzt werden. Diese Kannvorschrift dürfte in der überwiegenden Mehrzahl der Fälle angewendet worden sein, sind doch infolge der Zweiteilung Deutschlands Werte in der Ostzone fast immer für die in Westdeutschland ansässigen bzw. angesiedelten Betriebe verloren gegangen. Demzufolge spielen vorhandene — beziehungsweise besser — ehemals vorhandene Werte vorgenannter Art keine Rolle in bezug auf das hier abgehandelte Thema.

§ 26 Abs. 2 DMBG bestimmt die Anwendung der §§ 5 und 24 Abs. 2 und 3 DMBG für Forderungen, die nach den in dem französischen, britischen und amerikanischen Sektor von Groß-Berlin geltenden Vorschriften zur Neuordnung des Geldwesens umgestellt sind sowie für Forderungen an Schuldner im Saargebiet.

Zum Schluß der Bewertungsvorschriften für Aktivposten in der DM-Eröffnungsbilanz bringt § 27 DMBG Vorschriften über den Wertansatz von Rechnungsabgrenzungsposten.

λλ) Bewertung der Posten, die der aktiven Rechnungsabgrenzung dienen

Als aktive Rechnungsabgrenzungsposten können danach für periodische Einnahmen und Ausgaben, die sich auf einen Zeitraum beziehen, in den der 20. Juni 1948 fällt, die Ausgaben vor dem 21. Juni 1948 angesetzt werden, soweit sie Aufwand für die Zeit nach dem 20. Juni 1948 darstellen (transitorische Aktiva). Desgleichen können so behandelt werden Einnahmen nach dem 20. Juni 1948, soweit sie Ertrag für die Zeit vor dem 21. Juni 1948 darstellen (antizipative Aktiva). Dabei sind die transitorischen Aktiva höchstens mit dem Betrag anzusetzen, um den sich die Ausgaben nach dem 21. Juni 1948 tatsächlich vermindern; die antizipativen Aktiva sind mit dem Betrag anzusetzen, um den sich die Einnahmen nach dem 20. Juni 1948 tatsächlich erhöhen. Daran anschließend bestimmt Abs. 3 des zitierten Paragraphen, daß für anteilige Zinsen sowie für sonstige wiederkehrende Leistungen Abs. 1 und 2 sinngemäß gelten. Diese letztere Formulierung befremdet, denn damit wird meines Erachtens genau das wiederholt, was in Abs. 1 unter der Bezeichnung *„periodische Einnahmen und Ausgaben"* ausgedrückt worden ist. Wahrscheinlich beabsichtigte der Gesetzgeber mit dieser Formulierung nur eine zusätzliche Klarstellung zu geben.

Hinsichtlich der Anwendung vorstehender Regelungen ist nur zu sagen, daß es entsprechend den Grundsätzen der periodengerechten Ermittlung des Erfolgs, ungeachtet der Wertansätze in der RMSB, gilt, Aufwand und Ertrag in der DMEB periodengerecht auszuweisen. Diesem Grundsatz ist im Hinblick auf die Feststellung des Reinvermögens voll und ganz zu folgen, wird doch auch der Käufer einer Unternehmung nur die Posten anerkennen, deren Auswirkungen in der zukünftigen Erfolgsrechnung, welche nach erfolgtem Übergang aufzustellen ist, sachlich gerechtfertigt sind.

μμ) Bewertung betrieblicher Pensionsverpflichtungen

Mit der Besprechung der aktiven Rechnungsabgrenzungsposten schließen die Bewertungsvorschriften des DMBG in bezug auf die Aktivseite der Bilanz ab. Die nun folgenden Paragraphen regeln die Bewertung der Passivposten, was im Wortlaut des § 28[47] DMBG auch zum Ausdruck kommt.

Bevor jedoch die Anordnungen in der Reihenfolge der Paragraphen besprochen werden, soll in aller Kürze einiges über die *„Festsetzung"* des Eigenkapitals (Grundkapital der AG, Stammkapital der GmbH, Geschäftsguthaben und Geschäftsanteile der Genossenschaft — gesetzliche und freie Rücklagen) aus Anlaß der Währungsreform ausgesagt werden. Dabei ist entsprechend dem Wortlaut des Gesetzes die Bezeichnung *„Festsetzung"* deshalb gewählt worden, um auszudrücken, daß hier nicht bewertet, sondern vielmehr neu festgesetzt wird. Die diesbezüglichen Bestimmungen sind insbesondere in den §§ 35 bis 38 DMBG zusammengestellt. Dort wird vorgeschrieben, in welcher Form das Nennkapital, für dessen Bemessung die DMEB die Grundlage bildet, neu festzusetzen ist[48]. Nachdem im Zusammenhang mit den durch die Neufestsetzung des DM-Nennkapitals aufgetauchten Fragen von höchster wirtschaftlicher und steuerlicher Bedeutung die Ent-

---

[47] § 28 DMBG: „Für den Ansatz der einzelnen Posten auf der Passivseite der Eröffnungsbilanz gelten §§ 29 bis 34."
[48] Vgl. dazu § 35 Abs. 2 DMBG: „Das neue Nennkapital ist, wenn nicht von der Befugnis der §§ 36 bis 38 Gebrauch gemacht wird, in Höhe des Betrages des bei der Aufstellung der Eröffnungsbilanz nach Abzug der Schulden sich ergebenden Vermögens festzusetzen, soweit der Betrag nicht in Rücklage gestellt wird."

schlüsse unter Erwägung aller — mannigfaltigen — Gesichtspunkte gefällt worden sind, dürfte die DMEB hinsichtlich der Bemessung des Nennkapitals die denkbar „*richtigste*" Nennkapitaldecke aufweisen. Ein näheres Eingehen auf die Bewertungsvorschriften über die Festsetzung des Nennkapitals würde jedoch den Rahmen des abgehandelten Themas sprengen. Der Verfasser wollte die vorstehenden Überlegungen hier nur wiedergeben, um die im Bilanzschema an dieser Stelle stehenden Kapitalposten etwas zu beleuchten.

Nunmehr werden die Bestimmungen über den Ansatz der Passivpositionen beschrieben. § 29 DMBG regelt die Bewertung von Pensionsrückstellungen. Dieser Paragraph ist in den Absätzen 1, 2 und 4 durch das 3. DMBEG geändert worden.

Nach wie vor gilt jedoch das folgende:

Dem Grundsatz nach schreibt das Gesetz die Bildung einer Rückstellung für die am Stichtag schon laufenden Pensionen und die bestehenden Anwartschaften auf Pensionen vor, billigt aber Ausnahmen davon, die darauf hinauslaufen, daß die Bildung praktisch von jedem Unternehmen unterlassen werden kann[49].

Damit ist die Möglichkeit eingeräumt, einen für die Großzahl der Kapitalgesellschaften maßgebenden Posten in der Bilanz überhaupt nicht zu berücksichtigen. Daß man von der Vorstellung, derartige Belastungen stellten keine bewertungsfähige Verpflichtung dar, mittlerweile schon fast vollständig abgerückt ist, macht das schon angezogene Urteil des BFH vom 26. Juli 1957[50] klar, dessen wesentlichste Punkte später noch eingehender behandelt werden (vgl. S. 141). An dieser Stelle soll nur noch einmal zum Ausdruck gebracht werden, daß von der durch das Gesetz gegebenen Möglichkeit, Rückstellungen für Pensionsanwartschaften in der DMEB nicht bilden zu müssen, viele Unternehmen Gebrauch gemacht haben, um in den Nachjahren mit ertragsteuerlicher Wirkung die Fehlbeträge auffüllen zu können. Dabei kann sicherlich mit unterstellt werden, daß diese Bestrebungen durch das Wissen unterstützt worden sind, keine Abzugsmöglichkeiten in bezug auf die Vermögensteuer zu besitzen.

Mit dieser Sachbehandlung ist bedauerlicherweise der Grundsatz, Aktiv- und Passivpositionen eines Unternehmens im Interesse der

---

[49] § 29 DMBG in der Fassung des 3. DMBEG sagt unter anderem: „... Die Passivierungspflicht für bereits am 21. Juni 1948 *laufende Pensionen* in der Eröffnungsbilanz und in den künftigen Jahresbilanzen besteht insoweit nicht, als bei vorsichtiger Beurteilung der künftigen Entwicklung des Unternehmens anzunehmen ist, daß die Pensionsverpflichtungen aus den Jahreserträgen erfüllt werden können;....

Für die am 21. Juni 1948 bestehenden *Anwartschaften auf Pensionen* (Versorgungsansprüche von Personen, bei denen der Versorgungsfall noch nicht eingetreten ist) braucht in der Eröffnungsbilanz eine Rückstellung nicht ausgewiesen zu werden;...."

[50] BFH — vom 26. 7. 1957 — III 161/54 S — BStBl 1957 III S. 314 ff.

immer wieder geforderten Bilanzwahrheit und der getreuen und gewissenhaften Rechenschaftslegung lückenlos aufzuführen, verlassen worden. Ein möglichst sicherer Einblick in die Lage der Gesellschaft, wie er bei einer derartigen Zäsur, wie sie die Umstellung auf eine neue Währungseinheit darstellt, erwartet werden konnte, ist damit nicht mehr gewährleistet, widerspricht es doch aller Praxis des Wirtschaftslebens und betriebswirtschaftlicher Überlegung, Ruhegeldverpflichtungen, die jeder Erwerber eines Unternehmens bei der Ermittlung des Kaufpreises mit Recht berücksichtigt, außer Ansatz zu lassen. Daß, wie schon erwähnt, inzwischen eine fast völlige Abkehr von dieser Handhabung erfolgte, darf nicht darüber hinwegtäuschen, daß bei der Anteilsbewertung auf den 1. Januar 1949 die Berücksichtigung dieser — teilweise in ihrer Höhe und finanziellen Auswirkung sehr bedeutenden — Position unterblieben ist. Eine oftmals ungerechtfertigt hohe Einstufung unnotierter Anteile mit allen steuerlichen Folgen — auch bei der Einheitsbewertung des Unternehmens — war die Folge.

ʋʋ) Bewertung von Verbindlichkeiten

In weiterer Verfolgung der Bestimmungen des DMBG gelangt man zu den Grundsätzen des § 30 mit den darin fixierten Wertbestimmungen über den Ansatz von Verbindlichkeiten. § 30 Abs. 1 DMBG schreibt — analog § 24 DMBG für Forderungen — die Bewertung der Verbindlichkeiten entsprechend dem UG vor, während Abs. 2 den Stichtagswert festlegt. Abs. 3 regelt die Bewertung von Verbindlichkeiten, die nach dem 20. Juni 1948 bis zur Aufstellung der Eröffnungsbilanz im Wege der Vertragshilfe herabgesetzt worden sind, gleichzeitig auch der Verbindlichkeiten, die infolge Parteivereinbarung höher oder niedriger als dem gesetzlichen Umstellungsverhältnis entsprechen würde, festgesetzt worden sind.

Wie bereits im Zusammenhang mit der Besprechung des § 24 DMBG erwähnt wurde, dessen Gegenstück der hier behandelte Paragraph bildet, ist schon aus den Bestimmungen des § 14 BewG heraus gegen eine Umstellung der Verbindlichkeiten auf Grund des UG nichts einzuwenden. Der Stichtagswert des Abs. 2 entspricht dem in § 5 DMBG aufgestellten allgemeinen Bewertungsgrundsatz; demnach ist die Verbindlichkeit mit dem Betrag anzusetzen, der nach gewissenhafter Schätzung zur Wegfertigung aufzubringen ist. Eine Abweichung von dem Nennwert einer Kapitalverbindlichkeit, wie es beispielsweise hinsichtlich Forderungen bei Vorliegen außergewöhnlicher Verhältnisse in bezug auf die Vermögensteuer gerechtfertigt und zugelassen ist (vgl. S. 71) greift hier nicht Platz. Unverzinslichkeit bzw. eventuelle Aussichten auf Nachlaß eines bestimmten Teiles durch den Gläubiger berechtigen nicht zu einer Unterbewertung von Verbindlichkeiten. § 30

Abs. 3 DMBG gibt fast wörtlich die Vorschriften des § 24 für Forderungen wieder. Wesentlich ist hier nur, sich vor Augen zu halten, daß besondere Verhältnisse bei der Bewertung von Verbindlichkeiten eine andere Bedeutung besitzen als bei der Bewertung von Forderungen. Wird z. B. erwogen, eine Verbindlichkeit durch Parteivereinbarung abweichend vom Nennwert anzusetzen, ohne daß innerhalb der Zeit vom 20. Juni 1948 bis zur Aufstellung der DMEB eine klare Entscheidung vorliegt, so wird zwar der Gläubiger durch niedrige Bewertung diese Verhältnisse berücksichtigen müssen, nicht jedoch der Schuldner. Dieser ist unter diesen Umständen immer noch verpflichtet, die Verbindlichkeit mit ihrem Nennwert auszuweisen. § 30 Abs. 3 kommt also erst bei Vorliegen unumstößlicher Entscheidungen zum Zuge.

ξξ) Bewertung von Verbindlichkeiten gegenüber ausländischen Gläubigern — Bewertung von RM-Verbindlichkeiten gegenüber Angehörigen der Vereinten Nationen

§ 31 DMBG sagt aus über die Bewertung von Verbindlichkeiten gegenüber ausländischen Gläubigern. Diese Bestimmung wird wohl nur in seltenen Fällen zur Anwendung gelangen, deshalb soll an dieser Stelle nur kurz das Wesentlichste dargestellt werden.

Mit dem genannten Paragraphen wird die Bilanzierungsfähigkeit von Schulden an ausländische Gläubiger geregelt, wobei bestimmt ist, daß teils nur nachrichtlich in der Bilanz zu berichten ist, teils im Bericht über die Neufestsetzung (bei AG bzw. KGaA gemäß § 48 DMBG) entsprechende Vermerke anzubringen sind. Die Bewertung der Valuta-Verbindlichkeiten selbst ist schon durch die Bestimmungen des § 10 DMBG klargelegt.

§ 32 DMBG, der infolge seines inneren Zusammenhangs mit § 31 DMBG gleich an dieser Stelle mitbehandelt werden muß, trifft Regelungen für die Bewertung von Reichsmarkverbindlichkeiten gegenüber Angehörigen der Vereinten Nationen. Hier wird angeordnet, daß gegebenenfalls trotz des Widerspruchs ausländischer Gläubiger Reichsmarkverpflichtungen des Schuldners mit einem Zehntel des Reichsmarknennbetrages anzusetzen sind. Auch hier sind im Bericht über die Neufestsetzung Angaben zu machen über die Beträge, gegen deren Umstellung Widerspruch eingelegt worden ist, bzw. deren Annahme der Gläubiger verweigert hat. Diese Sonderbestimmungen für RM-Schulden gegenüber Angehörigen der Vereinten Nationen haben anscheinend den Zweck, den Schuldner von den Verbindlichkeiten freizustellen, die ihm über die durch das UG festgelegten Beträge hinaus auferlegt werden, weil der Gläubiger sich vorbehält, eine höhere Aufwertung seiner Forderungen geltend zu machen.

Die im vorstehenden kurz erläuterten Vorschriften sind hier nur um der Vollständigkeit willen beleuchtet worden, im übrigen spielen sie im

Gegensatz zu dem nun folgenden § 33 des DMBG im Rahmen dieses Themas keine bedeutsame Rolle.

οο) Bewertung von Verbindlichkeiten gegenüber geschlossenen Geldinstituten

§ 33 DMBG bestimmt den Ansatz von Verbindlichkeiten gegenüber geschlossenen Geldinstituten.

Zunächst soll einiges über den Begriff *„geschlossene Geldinstitute"* ausgesagt werden. Der Ausdruck ist darauf zurückzuführen, daß in der Ostzone und in Berlin im Anschluß an die Besetzung durch die Sowjetunion im Jahre 1945 alle Geldinstitute geschlossen wurden. Nachdem jedoch in der Regel von allen größeren Banken auch in den Westzonen Zweigstellen unterhalten worden sind, sollten die Bestimungen des § 33 DMBG dazu dienen, festzulegen, daß die Verbindlichkeiten gegenüber Geldinstituten entsprechend dem Umstellungsgesetz zu bewerten sind, um eine Tilgung dieser Beträge an die zur Entgegennahme befugten Institute nach westzonalem Umstellungsrecht zu ermöglichen.

Von der besprochenen Anordnung ist wohl ein Großteil von Unternehmen betroffen worden, insbesondere solche, die ihr Domizil nach Kriegsende nach dem Westen verlegten. Dadurch wurden sie — wie schon ausgeführt — in die Lage versetzt, bestehende Verbindlichkeiten der bezeichneten Art nach den Grundsätzen des in den Westzonen geltenden Währungsrechts zurückzuzahlen.

Im Hinblick auf das Problem der Feststellung des Substanzwertes besitzt die eben behandelte Gesetzesbestimmung die Bedeutung, daß damit eindeutige Richtlinien, für die Festsetzung der ansonsten Jahre hindurch unbestimmten Höhe der Verbindlichkeiten gegenüber geschlossenen Geldinstituten, gegeben worden sind.

Der anschließende § 34 DMBG regelt wie § 27 DMBG für aktive Rechnungsabgrenzungsposten den Ansatz der passiven Rechnungsabgrenzungsposten in der DMEB.

ππ) Bewertung der Posten, die der passiven Rechnungsabgrenzung dienen

Danach sind für periodische Einnahmen und Ausgaben, die sich auf einen Zeitraum beziehen, in den der 20. Juni 1948 fällt, passive Rechnungsabgrenzungsposten anzusetzen und zwar für Einnahmen vor dem 21. Juni 1948, soweit sie Ertrag für die Zeit nach dem 20. Juni 1948 darstellen (transitorische Passiva) sowie für Ausgaben nach dem 20. Juni 1948, soweit sie Aufwand für die Zeit vor dem 21. Juni 1948 darstellen (antizipative Passiva). Die transitorischen Passiva sind dabei mit dem Betrag anzusetzen, um den sich die Einnahmen nach dem 20. Juni 1948 tatsächlich vermindern; die antizipativen Passiva sind mit dem Betrag anzusetzen, um den sich die Ausgaben nach dem

20. Juni 1948 tatsächlich erhöhen. In Abs. 3 des gleichen Paragraphen findet man, ähnlich wie schon in § 27 DMBG, die an und für sich überflüssige Bestimmung, daß für anteilige Zinsen sowie für Löhne und Gehälter Abs. 1 und Abs. 2 sinngemäß gelten.

Wie bereits zu § 27 DMBG ausgeführt, verfolgen die Anordnungen über die Bildung passiver Rechnungsabgrenzungsposten den Zweck einer periodengerechten Abgrenzung von Aufwand und Ertrag in den DM-Folgebilanzen und Gewinn- und Verlustrechnungen. Demzufolge ist der Ansatz der entsprechenden Werte in der DMEB in bezug auf die Ermittlung des *„Reinvermögens"* zu begrüßen, ist doch dafür Gewähr gegeben, daß die Ertragsaussichten der Gesellschaft, welche eine Rolle bei dem später zu behandelnden Thema des Ertragswertes spielen, leichter abzuschätzen sind und nicht durch Aufwendungen bzw. Erträge beeinflußt werden können, die ihrem Ursprung nach in vergangene Perioden gehören.

Mit dem § 34 werden im DMBG die besonderen Vorschriften für die Bewertung der Bilanzpositionen in der DM-Eröffnungsbilanz abgeschlossen. Damit soll auch hier die Behandlung des DMBG beendet werden, eines Gesetzes, in dem die Bemühungen des Gesetzgebers deutlich werden, handelsrechtliche und steuerrechtliche Bewertungsvorschriften unter einen Hut zu bringen. Dieser Zwiespalt, beiden Richtungen Genüge zu tun, hat dem Bewertenden die Möglichkeiten gegeben, teilweise ziemlich subjektiv zwischen *„hohen"* und *„niedrigen"* Ansätzen wählen zu können. Das kommt in der Bestimmung des Zeitwertes zum Ausdruck. Hier hat man es für nötig befunden, Höchstsätze, bis zu denen der Zeitwert gehen darf, festzulegen, ohne damit einen fest bestimmten Wertbegriff zu schaffen oder zu finden. Der Bewertende schwankt dadurch zwischen der Furcht einen zu hohen oder einen zu niedrigen Wertansatz zu wählen, weil einerseits bei hoher Bemessung des Anfangsvermögens der Gewinn und damit die Ertragsteuern gering, andererseits jedoch Vermögensteuer und Vermögensabgabe um so höher werden, umgekehrt aber bei niedriger Bemessung des Anfangsvermögens der Gewinn und damit die Ertragsteuern hoch, dafür jedoch Vermögensteuer und Vermögensabgabe gering werden.

δ) Zusammenfassende Betrachtung

Hinsichtlich der Bestimmungen des Abschnitts 105 Abs. 3 VStR 1949, in welchen ja die Ermittlung des Vermögenswertes auf der Grundlage des *„Reinvermögens"* der DMEB vorgeschrieben ist, kann gesagt werden, daß sie entsprechend den Ausführungen zu den §§ 16 bis 34 DMBG keinen geeigneten Ausgangspunkt bilden, den *„richtigen"* Vermögenswert für Zwecke der Bewertung unnotierter Anteile festzustellen. Das Gesetz kommt der Forderung nach *„wahren"* Werten nicht nahe und konnte ihr nicht nahekommen, weil zwischen den herkömmlichen handelsrechtlichen und steuerrechtlichen Gesetzesbestimmungen ein Kompromiß — das zweifelsohne getragen wurde von den Bestrebungen, beide Gesichtspunkte zu vereinen — geschlossen wurde. Eine derartige Lösung — ohne sich also freizumachen von den bis zu dem Einschnitt der Währungsreform geltenden und in zwei Richtungen laufenden Gesetzen des Handelsrechts und des Steuerrechts — konnte verständlicherweise nur zu einer nach keiner Seite hin konsequenten Regelung führen. Aus dieser Sicht sind die §§ 74 und 75 DMBG zu beurteilen, welche die Gültigkeit der Wertansätze der DM-Eröffnungs-*handels*bilanz als Ausgangswerte für die Steuern vom Einkommen, vom Ertrag und vom Vermögen (hier mit Einschränkungen) erklären. Hinsichtlich der Gültigkeit der Wertansätze der DMEB für die Vermögensteuer — welche Frage im Zusammenhang mit dem behandelten Thema von besonderem Interesse ist — führt *Bühler*[51] aus, dies sei nur mit der wichtigen Maßgabe der Fall, nämlich, *„daß die Vermögensteuer ein freiwilliges Zurückbleiben hinter den Höchstwerten oder hinter dem Einheitswert nicht mitmacht"*. Ein Vergleich soll die Möglichkeiten der Abweichung zwischen Wertansätzen der DMEB und bei der Einheitsbewertung aufzeigen.

*dd) Vergleichende Gegenüberstellung der Wertansätze
in der DM-Eröffnungsbilanz und bei der Einheitswertfeststellung*

Als Grundsatz des § 75 DMBG kann aufgestellt werden, daß die Aktivwerte der DMEB auch für die Einheitsbewertung gelten; falls jedoch nach dem BewG höhere Werte anzusetzen sind, so sind diese bei der Einheitswertfeststellung maßgebend; an ihrer Stelle wiederum sind, falls die Ansätze in der DMEB niedriger sind, die Werte entsprechend den Bestimmungen des BewG anzusetzen.

Ein Überblick über die Wertebegriffe des BewG hinsichtlich des Betriebsvermögens ergibt kurz folgendes:

Grundsätzlich gilt als Wertmaßstab der Teilwert (§ 12 und § 66 BewG); die Grundstücke sind mit dem Einheitswert zu berücksichtigen, während Wertpapiere, Anteile und Genußscheine mit dem gemeinen Wert bzw. dem Steuerkurswert anzusetzen sind. In Verbindung mit den Bewertungsvorschriften des DMBG läßt sich für die Hauptgruppen von Wirtschaftsgütern in der DMEB zusammenfassend sagen: Der Einheitswert von Grundstücken kann nur dann für die Vermögensteuer überschritten werden, wenn der Ansatz in der DMEB über dem Einheitswert liegt. Für das bewegliche Anlagevermögen ist in jedem Fall der bilanzierte Wert als Mindestbetrag der Vermögensteuer zugrunde zu legen. Das gleiche gilt hinsichtlich des Vorratsvermögens, auch dort

---
[51] *Bühler*, Bilanz und Steuer, S. 343.

ist von dem in der Bilanz ausgewiesenen Wert auszugehen. Bei den Wertpapieren fallen die Werte in der DMEB und für die Vermögensteuer zusammen. Dieser Grundsatz gilt auch bei den Forderungen und Guthaben.

Damit ist der Ansatz der „*Vermögensgegenstände*" (nach § 75 DMBG) für die Einheitsbewertung 1949 dargestellt; ein Abweichen von den Wertbestimmungen des DMBG ist kaum festzustellen. Anders steht es mit den Schuldposten. Für deren Ansatz im Hinblick auf die Vermögensteuerhauptveranlagung 1949 gilt § 75 DMBG nicht. Es darf in diesem Zusammenhang nur auf die Behandlung der Pensions*anwartschaften* aufmerksam gemacht werden. Während ein Ansatz in der DMEB möglich ist, konnte nach Maßgabe der zum Hauptfeststellungszeitpunkt 1949 geltenden Grundsätze eine vermögensteuerliche und damit steuermindernde Berücksichtigung der genannten Bilanzposition nicht erfolgen.

Die Idee der Einheitsbilanz ist also offensichtlich doch in einigen Fällen durchbrochen. Trotzdem kann die Aussage *Bühlers*[52], die DMEB verwirkliche weitgehend die Forderung, daß sie Einheitsbilanz im Sinne einer Identität der Werte für die handelsrechtliche und steuerrechtliche Erfolgsrechnung, zugleich aber auch zu einem gewissen Grad Einheitsbilanz im Sinne der Identität zwischen Erfolgsbilanz und Vermögensaufstellung sei, anerkannt werden. Allerdings hat der in den vorhergehenden Abschnitten gegebene Überblick gezeigt, daß „*der Vermögenswert ermittelt auf der Grundlage des Reinvermögens der DMEB*" nur mit erheblichen Einschränkungen in bezug auf die Bewertung unnotierter Anteile verwendet werden kann. Aus den bei der Besprechung der einzelnen Vermögensgegenstände und der Schuldposten aufgezeigten Gesichtspunkten und angestellten Überlegungen hätte im Interesse einer „gerechten" Bewertung der unnotierten Aktien und Anteile zum Hauptfeststellungszeitpunkt 1949 eine Bewertung unter Berücksichtigung aller geschilderten Momente, welche Einwendungen gegen die im Gesetz bestimmte Handhabung rechtfertigen, stattfinden müssen.

Abschließend wird zu dem Problem der Vermögenswertbestimmung auf die Ausführungen *Boettchers*[53] zurückgegriffen. Er sagt — womit die oben bereits dargelegte Meinung unterstrichen wird — daß neben den von Gesetzes wegen vorgesehenen Abzugsposten, alle anderen Verbindlichkeiten und Rückstellungen, die der Kaufmann als vermögensmindernd ansieht, bei der Ermittlung des Substanzwerts Berücksichtigung finden müssen. Diese Forderung wird, so fährt *Boettcher* fort,

---

[52] *Bühler*, Bilanz und Steuer, S. 343.
[53] *Boettcher*, Zur Bewertung unnotierter Anteile, besonders an Familiengesellschaften, StW 1953, Sp. 507.

unter Umständen bei der Anteilsbewertung auch zu einer Abweichung von dem in der DMEB der Gesellschaft ausgewiesenen Reinvermögen führen, das ja auch nach den VStR 1949 nur die *„Grundlage für die Substanzwertermittlung bilden soll"*. Boettchers Argumentation zu diesen Fragen bringt noch weitere Gesichtspunkte vor, so diese, daß ein Kaufreflektant bei Untersuchung der wahren Vermögenslage des Unternehmens nach betriebswirtschaftlichen Grundsätzen verfahren und wegen Auswirkung von Geschäftsvorgängen der abgelaufenen Jahre auf zukünftige Jahre Rückstellungen berücksichtigen, das heißt zum Abzug bringen wird. Am Beispiel der Behandlung der Pensionsverpflichtungen gegenüber noch im Dienst befindlichen Angestellten und Arbeitern zeigt *Boettcher* das Auseinanderklaffen zwischen der Vermögensermittlung nach der DMEB und derjenigen nach betriebswirtschaftlichen Grundsätzen auf.

Den Ausführungen *Boettchers* kann beigepflichtet werden, wobei man — wie bereits zum Ausdruck gebracht worden ist — die Forderung, sich bei der Vermögenswertfestsetzung nach der Ansicht des Kaufmanns bzw. des Kaufreflektanten zu richten, zweckmäßigerweise dahingehend ergänzt, soweit es nach wirtschaftlicher Betrachtungsweise vertretbar erscheint.

Nach der Behandlung des Vermögenswertes im Sinne des Abschnitts 105 Abs. 3 VStR 1949 soll der zweite Wert der beiden Werte des *„Berliner Verfahrens"*, aus deren Mittelung dann der gemeine Wert abgeleitet wird, nämlich der Ertragswert, besprochen werden.

c) Der Ertragswert

aa) Begriff des Ertragswerts

Der Ertragswert einer Unternehmung läßt sich als der mit Hilfe eines Kapitalisierungszinsfußes aus dem Ertrag der Unternehmung errechnete Wert definieren. Dementsprechend nennt man diesen Wert auch kapitalisierten Ertrag. Eine historische Reminiszenz anzustellen, sei in diesem Zusammenhang erlaubt. Fritz *Schmidt* schreibt zum Ausweis des Unternehmenswertes als Ertragswert im Jahr 1929[54]:

„Grundlage des Ertragswertes ist der Ertrag. Der Reinertrag eines Bilanzjahres ist mit dem normalen Zinsfuß des Bilanztermins zu kapitalisieren..." Schmidt fügt dann im darauffolgenden Absatz hinzu: *„Trotz der großen Bedeutung, die eine Ermittlung des Ertragswertes der Unternehmung als Ganzes für die Erkenntnis ihrer wirtschaftlichen Lage hat, finden wir in der Praxis nur verhältnismäßig selten solche Berechnungen. Sie werden in der Regel für den Fall der Umgründung, für Fusionen und ähnliches aufgespart und dann oft auf falschen Ertragszahlen aufgebaut, deren Fehler man dadurch zu vermindern sucht, daß man nicht den Er-*

---
[54] *Schmidt*, Die organische Tageswertbilanz, S. 75 bb).

trag eines Jahres, sondern einer Reihe von Jahren zugrunde legt, in der Hoffnung, dadurch einen Ausgleich zu schaffen."

In diesen Jahren hat sich also anscheinend das Problem der Unternehmenswertbestimmung mittels des Ertragswertes, noch gar nicht häufig in der Praxis gestellt.

Doch kehren wir zu dem Ertragswert des Unternehmens als einer der beiden Komponenten der Schätzformel des *„Berliner Verfahrens"* zurück.

So klar die Aussage des Wortes „Ertragswert" an und für sich ist — *Schäfer* spricht von Erfolgs- oder Rentabilitätswert[55] — so vielgestaltig sind die Auslegungen des Wortinhalts „Ertrag" wegen der Mehrdeutigkeit des Begriffs. *Schmalenbach* setzt an Stelle des Wortes „Ertrag" die betriebswirtschaftlich richtige Bezeichnung „Erfolg" und umreißt diese Größe wie folgt[56]:

„Unsere Vorstellung vom Erfolg muß ausgehen von der Natur des wirtschaftlichen Betriebs. Der wirtschaftliche Betrieb ist ein Bestandteil der Gesamtwirtschaft, dazu berufen, zu seinem Teil von den Aufgaben der Gesamtwirtschaft einen Teil zu übernehmen. Als Bestandteil der arbeitsteiligen Gesamtwirtschaft entnimmt er ihr Materialien und andere Leistungen und gibt dafür Fabrikate und andere Leistungen an die Gesamtwirtschaft zurück. Dabei soll ein Mehrwert erzielt werden; denn der Betrieb soll sich mehrend und nicht mindernd an der Gesamtwirtschaft beteiligen.

Was der Gesamtwirtschaft entzogen wird, ist Aufwand. Was an die Gesamtwirtschaft geleistet wird in Waren, Diensten oder anderen Leistungen, ist Ertrag.

Aus Ertrag und Aufwand ergibt sich der Erfolg. Ihn zu bestimmen, ist Aufgabe des kaufmännischen Erfolgs."

Schäfer[57] schreibt über den *„Erfolg"*, daß er als Differenzverhältnis zwischen Ertrag und Aufwand ausgedrückt wird und fügt hinzu, daß der durch die Buchhaltung festgestellte Jahreserfolg zumeist noch andere, nämlich betriebsfremde oder außerordentliche Bestandteile enthält. Auf diese Feststellung wird an anderer Stelle im Zusammenhang mit der Methode zur Errechnung der Anteilswerte noch eingegangen werden. Die Definition, welche *Schäfer* für den Erfolg, den er auch als *„Gewinn der Unternehmung"* bezeichnet, gibt, lautet wie folgt[58]:

„Gewinn der Unternehmung ist derjenige Teil des Ertrages, der übrig bleibt, wenn alle eindeutigen, d. h. rechtlich fixierten Ersatzansprüche Dritter abgedeckt sind"; oder: „Unternehmungsgewinn ist der Anspruch auf den durch Rechte Dritter nicht beanspruchten Teil des Ertrages der Unternehmung."

---

[55] *Schäfer*, Die Unternehmung, Bd. III, S. 372.
[56] *Schmalenbach*, Dynamische Bilanz, S. 42.
[57] *Schäfer*, Die Unternehmung, Bd. II, S. 266.
[58] *Schäfer*, Die Unternehmung, Bd. III, S. 297.

Lehmann[59], der hier als letzter zitiert werden soll, unterscheidet „*verschiedene Schattierungen*" von Aufwand und Ertrag, als deren Ergebnis (Differenz) der hier interessierende Begriff des Reinertrags, bzw. mit negativem Vorzeichen des Reinverlustes, entsteht, und zwar:
1. *Kalkulatorische Kosten und kalkulatorischer Erfolg.*
2. *Aufwands- und Erfolgsgrößen zwecks Errechnung der Betriebsrentabilität.*
3. *Aufwand und Erfolg im Sinne der buchhalterischen Abschlußtechnik.*
4. *Aufwand und Erfolg zwecks Errechnung der Eigenkapital-Rentabilität.*
5. *Vorleistungskosten und Wertschöpfung im Sinne der von Lehmann propagierten Wertschöpfungsrechnung.*

Im Zusammenhang mit dem hier behandelten Thema ist der Reinertrag oder Reinverlust im Sinne der buchhalterischen Abschlußtechnik zu verstehen, wobei notwendigerweise zu ergänzen ist, daß die Vorschriften des Steuerrechts bei der Ermittlung der vorgenannten Größe beachtet werden müssen.

Die vorstehenden Ausführungen haben deutlich werden lassen, daß an Stelle des Wortes Ertrag, besser der Ausdruck Erfolg gesetzt werden sollte. Nachdem jedoch das Steuerrecht bei der Anteilsbewertung immer vom „Ertragswert" spricht, soll auch im Rahmen des vorliegenden Buches diese Bezeichnung verwendet werden.

bb) Ermittlung des durchschnittlichen Jahresertrags

Über die Ermittlung des Ertrags für Zwecke der Bestimmung des Ertragswerts nach dem „*Berliner Verfahren*", sagen die VStR 1949 in Abschnitt 105 Abs. 5 bis 7 folgendes:

„*Die Ertragsaussichten der Gesellschaft sind aus dem Durchschnitt der Jahreserträge herzuleiten, die zur Zeit der Wertfeststellung der Anteile vorliegen. Das werden im allgemeinen die Betriebsergebnisse der Veranlagungszeiträume II/1948 und 1949, 1950 und 1951 sein. Jahresergebnisse aus der Zeit vor der Währungsreform bleiben außer Betracht. Als Jahresertrag ist das Betriebsergebnis anzusetzen. Das ist der körperschaftsteuerliche Gewinn zuzüglich der Einnahmen und abzüglich der Ausgaben, die auf Grund der besonderen Vorschriften des KStG außer Ansatz geblieben sind*[60], *z. B. Einnahmen aus Schachtelbeteiligungen, Ausgaben für Personensteuern, Aufsichtsratsvergütungen.*

---

[59] *Lehmann*, Industriekalkulation, S. 37/38.
[60] In diesem Zusammenhang muß auf das RFH-Urteil vom 18. 3. 1943 — III 109/42 — RStBl 1943 S. 470 hingewiesen werden, in dem zu einem speziellen Fall (Zuckerfabrik) ausgeführt wird, daß nach dem vom RFH in ständiger Rechtsprechung aufgestellten Grundsätzen die Ertragsaussichten von Kapitalanteilen nach den *ausgeschütteten* Gewinnen zu beurteilen sind, wenn die Gesellschaft viele Gesellschafter hat und der einzelne Gesellschafter keinen Einfluß auf die Geschäftsführung besitzt.

Im Einzelnen ist jedoch noch folgendes zu beachten:

1. *Die Sonderabschreibungen auf Grund der Vorschrift des § 7 a EStG und die von der Gesellschaft gegebenen unverzinslichen Darlehen im Sinne der §§ 7 c und 7 d EStG sind dem Steuerbilanzgewinn hinzuzurechnen;*

2. *die auf den Gewinn (angenommener Gewinn einschließlich der Hinzurechnungen nach Ziff. 1) entfallenden Personensteuern, insbesondere die Körperschaftsteuer, dürfen den Gewinn des einzelnen Jahres nur insoweit mindern, als sie auf dieses Jahr entfallen;*

3. *die Soforthilfeabgabe ist entsprechend dem in ihr enthaltenen Zinsanteil nur mit ein Drittel des einzelnen Jahresbetrages abzusetzen.*

Die Betriebsgewinne sind für jeden Veranlagungszeitraum gesondert zu berechnen. Bei abweichendem Wirtschaftsjahr ist der Betriebsgewinn für das Wirtschaftsjahr zu berechnen.

Es ergibt sich damit für die Ermittlung der einzelnen Jahresergebnisse etwa folgendes Schema:

Steuerbilanzgewinn .... DM
Dazu
1. Die folgenden nach dem KStG nicht abzugsfähigen Ausgaben, soweit sie den Steuerbilanzgewinn gemindert haben:
   a) gezahlte und zurückgestellte Personensteuern abzüglich der im Wirtschaftsjahr erstatteten Personensteuern und aufgelösten Rückstellungen für diese Steuern .... DM
   b) gezahlte und zurückgestellte Soforthilfeabgabe abzüglich der im Wirtschaftsjahr erstatteten Soforthilfeabgabe und aufgelösten Rückstellung für diese Abgabe .... DM
   c) gezahlte und zurückgestellte nicht abzugsfähige Spenden .... DM
   d) gezahlte und zurückgestellte Aufsichtsratsvergütungen .... DM
   e) sonstige nicht abzugsfähige Ausgaben .... DM
   f) verdeckte Gewinnausschüttungen .... DM
   Summe 1 .... DM .... DM
2. a) Sonderabschreibungen nach § 7 a EStG .... DM
   b) unverzinsliche Darlehen im Sinn der §§ 7 c und 7 d EStG .... DM
   Summe 2 .... DM .... DM
   Gesamtsumme .... DM

Die Bewertung nach dem „Berliner" und „Stuttgarter Verfahren"

Davon sind die folgenden für das Wirtschaftsjahr berechneten Beträge abzusetzen:
1. *Körperschaftsteuer*
   Gesamtsumme wie oben .... DM
   abzüglich
   a) *Schachtelgewinne* .... DM
   b) .... DM .... DM
   Der Verlustabzug bleibt unberücksichtigt
   Es verbleiben .... DM
   Davon 50 vH bzw. 60 vH .... DM
2. *Sonstige Personensteuern* .... DM
3. *Soforthilfeabgabe (1/3 des Jahresbetrages)* .... DM
4. *Nicht abzugfähige Spenden* .... DM
5. *Aufsichtsratsvergütungen* .... DM
6. *Nicht abzugsfähige sonstige Ausgaben* .... DM
   abzüglich Summe 1 bis 5 .... DM .... DM
Der verbleibende Betrag von .... DM
ist als Jahresergebnis zu berücksichtigen.

Die Jahresergebnisse II/1948 und 1949, 1950 und 1951 sind alsdann zusammenzurechnen. Von dem Gesamtergebnis sind, wenn nur die Jahresergebnisse II/1948 und 1949 genommen sind, $^2/_3$,

wenn die Jahresergebnisse II/1948 und 1949 und 1950 genommen sind, $^2/_5$,

wenn auch das Jahresergebnis 1951 hinzugenommen worden ist, $^2/_7$ als durchschnittlicher Jahresgewinn zu nehmen.

Das Verhältnis des durchschnittlichen Jahresertrages zum Grund- oder Stammkapital ist in einem Hundertsatz auszudrücken. Dieser Hundertsatz ist mit dem Normalzinssatz von 5,5 vH zu vergleichen, der sich aus den Verhältnissen des Kapitalmarktes ergibt und vom RFH gebilligt worden ist (RFH — vom 23. September 1937 — RStBl S. 1166).

Beispiel:
Eine GMBH hat ein Stammkapital von DM 120 000,—. Die nach dem vorstehenden Absatz 6 berechneten Jahresgewinne betragen für II/1948 und 1949 = DM 10 000,—, für 1950 = DM 14 000,— und für 1951 = DM 18 000,—. Der durchschnittliche Jahresgewinn beträgt $^2/_7$ von DM 42 000,— = DM 12 000,—, das sind 10 vH des Stammkapitals. Der Ertragswert der Anteile der GmbH ergibt sich aus dem Ansatz:

$$\frac{10 \times 1000}{5,5} = 181,8 \text{ vH oder rund } 180 \text{ vH."}$$

Die Formel zu der vorstehenden Berechnung läßt sich wie folgt entwickeln:

$$\frac{DE}{K} = \frac{E}{100} \cdot \frac{100}{5,5}$$

$$E = \frac{DE \cdot 100 \cdot 100}{K \cdot 5,5}$$

Dabei bedeutet
E = Ertragswert
DE = Durchschnittsertrag eines Jahres
K = Grund- oder Stammkapital.

Hier erkennt *Berg*[61] wiederum richtig, daß die Richtlinien *„unmittelbar von der Ermittlung des Ertragswertes für die Gesellschaft auf die Gesellschaftsanteile überspringen"*.

Unbeschadet dieser bereits auf S. 48 des vorliegenden Buches getroffenen und dort näher behandelten Feststellung kann man aus der Formulierung der Richtlinien, insbesondere auch der Gestaltung des Ermittlungsschemas (vgl. hierzu die Formulierung zu Beginn des Abs. 6 *„es ergibt sich damit ..... etwa folgendes Schema"*) entnehmen, daß trotz verschiedentlich einschränkender Rechtsprechung[62] dem deutschen Einkommensteuerrecht die *„Einbeziehung der Betriebswirtschaftslehre besonders gelungen ist"*[63]. Trotzdem weicht das nach betriebswirtschaftlichen Gesichtspunkten für Zwecke der Ertragswertbestimmung einer Unternehmung anzusetzende Betriebsergebnis in wesentlichen Punkten von der steuerlichen Sicht der Dinge ab.

Zur Klarstellung muß in diesem Zusammenhang ausgeführt werden, ob man — um mit den Worten der VStR zu sprechen — *„die Ertragsaussichten der Gesellschaft aus dem Durchschnitt der Jahreserträge, die zur Zeit der Wertfeststellung vorliegen"*, überhaupt herleiten kann. Die VStR sprechen ausdrücklich von den Ertrags*aussichten*, also in der Zukunft liegenden Erfolgen des Unternehmens, und *Schäfer*[64] sagt dazu klar aus, daß man, um die künftigen Erfolgsaussichten zu beurteilen, neben der Untersuchung der beiden Komponenten der Erfolgsgröße, Aufwand und Ertrag, die durch Standort des Unternehmens, Materialbeschaffung, Arbeitsprozeß, technische Anlagen beeinflußt werden, nicht vergessen darf, den zukünftigen Wettbewerb und den zukünftigen Bedarf zu beurteilen und zu berücksichtigen. Eine eingehende Behandlung dieser Grundsatzfrage kann im Rahmen der vorliegenden Arbeit nicht erfolgen, nachdem von den Gegebenheiten der steuerlichen Bestimmungen auszugehen ist. Ungeachtet dessen wird es jedoch notwendig sein, bei der Kritik an den steuerlichen Vorschriften hie und da auf das vorstehend umrissene Problem einzugehen.

Doch kehren wir zu der Bestimmung des für Zwecke der Ertragswertfestsetzung unbestrittenermaßen erforderlichen betriebswirtschaftlichen Gewinns zurück.

---

[61] *Berg*, Bewertung unnotierter Anteile, S. 37.
[62] So zum Beispiel OFH — vom 28. 2. 1948 — I 10/47 U StW 1948 Nr. 5 und StBl 1950 S. 462.
[63] *Spitaler*, Referat auf der 3. Steuertagung in Bonn, veröff. StW 1949, Sp. 760.
[64] *Schäfer*, Die Unternehmung, Bd. III, S. 373.

Denken wir in diesem Zusammenhang an die außerordentlichen Erträge im Sinne des § 132 Abs. 1 II Ziff. 4 AktG. Derartige Erträge in Verbindung mit Erträgen aus der Auflösung von freien Rücklagen, Rückstellungen und Wertberichtigungen fallen — wie schon ihre Bezeichnung „*außerordentliche Erträge*" ausdrückt — keinesfalls in den Rahmen eines „*normalen*" Jahresgewinns oder mehrerer „*normaler*" Jahresgewinne, aus welchem bzw. welchen der Ertragswert des bewerteten Unternehmens berechnet werden kann.

Ein je nach Branche in den Auswirkungen unterschiedlich verlaufendes Phänomen ist die Entstehung von Scheingewinnen, hervorgerufen durch schwankende Preisverhältnisse beim Vorratsvermögen (vgl. hierzu ausführliche Darstellung dieses Problems im Rahmen einer Diplomarbeit[65]). Daß Scheingewinne keinesfalls mit in den Durchschnittsertrag einer bestimmten Reihe von Jahren einzubeziehen sind, dürfte schon daraus klar zu ersehen sein, daß — unmittelbar hervorgerufen durch die Koreakrise — am 12. August 1952 der Erlaß des Finanzministers des Landes Nordrhein-Westfalen „*betreffend Berücksichtigung der Preissteigerungen von Gegenständen des Vorratsvermögens bei den Steuern vom Einkommen für die Kalenderjahre 1950 und 1951*"[66], dem sich die übrigen Länderfinanzminister anschlossen, ergangen ist. Die hier bei der Einkommensbesteuerung von der Finanzverwaltung ergriffene Initiative, einschneidende Substanzverluste der Unternehmen, die durch die Wegbesteuerung von Scheingewinnen in den genannten Jahren zweifelsfrei aufgetreten wären — auch in den folgenden Jahren bis zur Gegenwart setzt sich diese Entwicklung, wenn auch nicht mehr in so krasser Form, fort — zu verhindern, ist hoch anzuerkennen. Die damals gewonnenen Erkenntnisse müssen jedoch auch bei der Ertragswertberechnung berücksichtigt werden, will man vermeiden, daß ungerechte Wertansätze festgestellt werden.

Demgegenüber kann den Ausführungen *Bergs*[67] nicht gefolgt werden, welcher in seiner eingehenden Stellungnahme zu dem Ertragswert u. a. ausführt, daß es nicht angehe, die Ertragsaussichten einer Gesellschaft ausschließlich auf die Betriebsergebnisse nach der Geldreform abzustellen, weil die durch Kriegsschäden, Besatzungsschäden, Demontage- und Flüchtlingsschäden usw. in der Zeit vor der Währungsreform entstandenen Verluste bei den Unternehmen eine maßgebliche Rolle spielen. *Berg* übersieht dabei, daß die Erträge der Firmen durch den Nachholbedarf, welcher noch lange Jahre nach Beendigung des Krieges gegeben war, wesentlich in ihrer Höhe beeinflußt waren, weil die Möglichkeit bestand mit steuerlicher Wirkung Ab-

---
[65] *Novotny*, Die Scheingewinne beim Vorratsvermögen und ihre Berücksichtigung bei der einkommensteuerlichen Erfolgsermittlung.
[66] BStBl 1952 — III S. 98 ff. — Erlaß S 2130 — 7696/VB — 1.
[67] *Berg*, Bewertung unnotierter Anteile, S. 37.

setzungen für Ersatzbeschaffungen (Anschaffung oder Herstellung des Ersatzgutes in der Zeit vom 1. Januar 1949 bis 31. Dezember 1952) vorzunehmen (§ 7 a EStG 1950). Allerdings müßte entsprechend diesen Ausführungen die Hinzurechnung dieser Abschreibungsbeträge nach Ziffer 2 Buchstabe a) des Schemas in Abschnitt 105 Abs. 6 VStR entfallen.

Zu der Frage der Hinzurechnung der unverzinslichen Darlehen im Sinne der §§ 7 c und 7 d EStG zu dem Steuerbilanzgewinn ist der Hinweis von *Bühler*[68] sehr beachtlich, der zu bedenken gibt, daß es vielfach wegen der bequemen und weitgehenden Sonderabschreibungsmöglichkeiten unterlassen worden ist, normale Abschreibungen, wie sie zum Beispiel die Teilwertabschreibungen darstellen, auszuschöpfen. *Bühler* spricht in diesem Zusammenhang mit Recht davon, daß in den „letzten Jahren" (gemeint sind die Jahre 1952 und früher) wenig vom Teilwertstreit gehört worden ist, weil alles nach diesen außerordentlichen Abschreibungen auswich. Er folgert daraus weiter, daß seines Erachtens die Sonderabschreibungen nicht restlos, sondern nur zu einem irgendwie zu bestimmenden Teil dem Gewinn zuzusetzen sind, ohne allerdings ein Verfahren für diesen *„irgendwie zu bestimmenden Teil"* zu entwickeln. *Boettcher*[69] führt zu diesem Problem unter anderem aus, daß die Sonderabschreibungsmöglichkeit des § 7 a und die Absetzbarkeit des unverzinslichen Darlehens nach den §§ 7 c und 7 d EStG keine endgültige Steuervergünstigung bedeutet, sondern nur eine Verschiebung des Gewinnausweises und damit der Besteuerung. *Boettcher* meint hierbei zutreffend, ein Käufer von Anteilen weiß, daß wegen der Ausnützung dieser *„Vergünstigungen"* in der Vergangenheit, in Zukunft höhere Gewinne zu versteuern sein werden und wird deswegen diese in der Vergangenheit ausgenutzten Erleichterungen keineswegs als besonderen Kaufanreiz empfinden, um so mehr als er auch weiß, daß auf die Gesellschaft Steuerbelastungen in der Zukunft zukommen, ohne daß Erfolge bilanzmäßig überhaupt vorliegen. Bei den 7 a-Abschreibungen ist der betriebswirtschaftlich richtige Gewinn in der Zukunft geringer als der steuerliche; der Rückfluß der unverzinslichen Darlehen nach den §§ 7 c und 7 d EStG stellt später einen steuerlichen Gewinn dar, der unter den steuerlichen Verhältnissen um das Jahr 1952 zu etwa 70 vH mit Ertragssteuern belastet ist, während ein betriebswirtschaftlicher Ertrag mit Rücksicht darauf, daß es sich um eine Darlehensrückzahlung handelt, nicht auftritt. *Boettcher*, der, trotzdem er das Problem aufgreift, keine eingehenden Vorschläge für die Behandlung der Sonderabschreibungen bzw. unver-

---

[68] *Bühler*, Zum Problem der Bewertung unnotierter Geschäftsanteile, FR 1953, S. 118 ff.
[69] *Boettcher*, Zur Bewertung unnotierter Anteile, besonders an Familiengesellschaften, StW 1953, Sp. 515.

zinslichen Darlehen im Rahmen der Ertragswertbestimmung ausarbeitet, schlägt als Mindestforderung vor, nach Hinzurechnung der voraufgeführten Posten zum Ertrag, die Steuerbeträge abzuziehen, die zu entrichten gewesen wären, wenn von den Möglichkeiten der §§ 7 a, 7 c, 7 d EStG kein Gebrauch gemacht worden wäre.

In dieser von Boettcher als Mindestforderung dargestellten Handhabung darf nach Auffassung des Verfassers auch die den gesuchten Erfolg am ehesten entsprechende Lösung erblickt werden.

Die Folgerungen Bergs[70], daß die Ergebnisse der Jahre II 48/49 bis 1951 für die Ertragswertbestimmung deshalb nicht voll angesetzt werden dürften, weil durch die Befriedigung der außerordentlich hoch aufgestauten Nachfrage des Publikums in den genannten Jahren außergewöhnlich hohe Gewinne entstanden sind, die in der Zukunft nicht mehr erwartet werden dürfen, haben sich durch die Entwicklung der Umsätze und der Abschlußergebnisse der Unternehmen, welche in der Regel von Jahr zu Jahr seit der Währungsreform gestiegen sind, nicht bewahrheitet.

α) Berücksichtigung der Körperschaftsteuer

Behandelt man die Einzelfragen in der Reihenfolge, wie sie sich nach der Darstellung des Schemas in den Richtlinien stellen, so stößt man zunächst auf die Abzugsmöglichkeit der Körperschaftsteuer, die in dem betreffenden Jahr Aufwand geworden ist. Das heißt, für die Zeit vom 21. Juni 1948 bis 31. Dezember 1950 ist die KSt mit 50 vH, für das Jahr 1951 mit 60 vH anzusetzen. Darin liegt, wie sowohl Berg[71] als auch Boettcher[72] zutreffend ausführen, ein Verstoß gegen den Grundsatz der Anwendung eines einheitlichen Maßstabs. Ein Käufer von Anteilen wird immer von der Steuerbelastung ausgehen, mit der in Zukunft zu rechnen ist; in diesem Fall also von 60 vH und nicht von einem niedrigen Satz, der in früheren Jahren galt. Die im gleichen Zusammenhang zu nennende Vermögensteuer, die zwar den körperschaftsteuerlichen Gewinn nicht mindern darf, ist jedoch zweifelsohne unter Ziffer 2 ertragsmindernd zu behandeln, wenn es gilt, den Ertragswert eines Anteils festzustellen. Niemandem wird es einfallen, die Vermögensteuer z. B. durch Verminderung der Vermögenssubstanz aufzubringen.

β) Berücksichtigung der Soforthilfeabgabe

Als nächstes sehen die Richtlinien den Abzug der Soforthilfeabgabe mit einem Drittel des Jahresbetrages vor. Sowohl Berg[73] als auch

---

[70] Berg, Bewertung unnotierter Anteile, S. 37.
[71] Berg, Bewertung unnotierter Anteile, S. 38.
[72] Boettcher, Zur Bewertung unnotierter Anteile, besonders an Familiengesellschaften, StW 1953, Sp. 514.
[73] Berg, Bewertung unnotierter Anteile, S. 38.

Boettcher[74] plädieren aus einleuchtenden Gründen für den Abzug des vollen Betrags der Soforthilfeabgabe. *Berg* führt hierzu aus, daß die Mittel für die Soforthilfeabgabe erst einmal bei den Gesellschaften verdient werden müssen und dementsprechend die Ertragskraft eines Unternehmens mindern. *Ellinger*[75] vermag in seiner Stellungnahme zu der Broschüre *Bergs* keine durchschlagenden Argumente gegen eine derartige Behandlung vorzubringen.

Der Hinweis von *Berg*[76], daß er es für notwendig halte, bei der Ermittlung des Ertragswerts die Zinsen auf die Kreditgewinnabgabe[77] abzuziehen, ist unbedingt beachtlich.

Bevor in die Behandlung des von den Richtlinien als Kapitalisierungsfaktor vorgeschriebenen Zinssatzes eingetreten wird, sollen noch die Bestimmungen des Abs. 10 in Abschnitt 105 der Richtlinien besprochen werden, weil sie sachlich betrachtet noch zu den Vorschriften über die Ertragswertbestimmung gehören.

γ) Berücksichtigung besonderer Umstände

Abs. 10 lautet:

„Im einzelnen ist noch folgendes zu beachten:
1. *Es kommt darauf an, den Verkaufswert der Anteile zu ermitteln. Die Ertragsaussichten der Gesellschaft sind deshalb im Hinblick auf die Ertragsmöglichkeiten zu beurteilen, die sich aus dem Ertrag der Gesellschaft für den einzelnen Anteil ergeben (RFH — vom 2. Oktober 1941, RStBl S. 844).*
2. *Die Ertragsmöglichkeiten der Anteile decken sich bei Familiengesellschaften, Konzerngesellschaften, Einmanngesellschaften usw., bei denen die Gesellschafter weitgehenden Einfluß auf die Geschäftsführung haben, in der Regel mit den Ertragsaussichten der Gesellschaft.*
3. *Hat die Gesellschaft viele Gesellschafter und hat der einzelne Gesellschafter keinen Einfluß auf die Geschäftsführung, so ist es gerechtfertigt, die Ertragsmöglichkeiten der Anteile nach den ausgeschütteten Gewinnen zu beurteilen. Es tritt in solchen Fällen an die Stelle des wirklichen Betriebsergebnisses der ausgeschüttete Gewinn*[78].
4. *Es kommt vor, daß bei einer Gesellschaft viele Anteile in der Hand eines oder weniger Anteilseigner sind und nur der Rest in kleinen Posten zerstreut ist. Es wird auch in einem solchen Fall ein einheit-*

---

[74] Boettcher, Zur Bewertung unnotierter Anteile, besonders an Familiengesellschaften, StW 1953, Sp. 514.
[75] Ellinger, Bewertung unnotierter Anteile, DStZ 1953, S. 371.
[76] Berg, Bewertung unnotierter Anteile, S. 38.
[77] Anmerkung: Die KGA ist ab 1. 7. 1948 mit 4 vH per anno zu verzinsen und ab 1. 7. 1952 mit 3 vH per anno zu tilgen. Die auf die Zeit vom 1. 7. 1948 bis zum 30. 6. 1952 entfallenden Zinsen sind in der Zeit vom 1. 7. 1952 bis zum 30. 6. 1960 zusammen mit den in diesen Zeitraum fallenden Vierteljahresbeträgen, die in dieser Zeit insgesamt 9 vH per anno und in der Folgezeit 7 vH der Abgabeschuld betragen (davon jeweils 4 vH per anno Zinsen), nachzuzahlen.
[78] Vgl. hierzu RFH — vom 18. 3. 1943 — III 109/42 — RStBl 1943 S. 470 (auszugsweise zitiert auf S. 83 der vorliegenden Arbeit).

licher Wert für alle Anteile festgestellt. Dieser wird auf die in kleinen Posten zerstreuten Anteile zuzuschneiden sein. Für die Anteile, die sich in der Hand eines oder weniger Anteilseigner befinden, ist ein Paketzuschlag (Abschnitt 108) vorzusehen.

5. *Es wird viele Fälle geben, in denen nicht von einer reinen Familiengesellschaft oder dergleichen (Ziff. 2) und auch nicht von einer Gesellschaft mit vielen Gesellschaftern (Ziff. 3) gesprochen werden kann. Es ist dann ein Mittelweg einzuschlagen. Es gibt dazu verschiedene Möglichkeiten. Welcher Weg zu einem angemessenen Ergebnis führt, muß von Fall zu Fall beurteilt werden. Als Beispiele seien die folgenden aufgeführt:*

A. *Es kann das wirkliche Betriebsergebnis um einen Abschlag gekürzt werden. Das ist dann richtig, wenn die Gesellschaft aus betriebswirtschaftlichen Gründen nicht in der Lage ist, ihren vollen Gewinn auszuschütten. Der Abschlag wird sich in der Regel zwischen 20 und 30 vH bewegen. Er kann in besonderen Fällen niedriger oder höher sein.*

B. *Es kann der Ertragswert um einen Abschlag gesenkt oder um einen Zuschlag erhöht werden. Die Höhe des Abschlages oder Zuschlages ist von Fall zu Fall zu bestimmen."*

In Ziffer 1 des vorstehend aufgeführten Absatzes 10 ist seitens der Finanzbehörden sehr zutreffend unterschieden zwischen den Ertragsaussichten der Gesellschaft und den Ertragsaussichten für den einzelnen Anteilseigner. Das in den Richtlinien angezogene RFH-Urteil vom 2. Oktober 1941[79] führt in Erkenntnis der Verfahren, die bei der Gewinnverteilung in der Praxis gehandhabt werden, aus, daß für die Aktionäre, welche auf die Verwendung der Gewinne keinen Einfluß haben, als Ertrag nur das in Frage kommt, was ihnen auf Grund ihres Aktienbesitzes tatsächlich zufließt. Hierzu muß allerdings einschränkend gesagt werden, daß — wie auch das Urteil in Sachen einer AG aussagt — vorliegender Tatbestand regelmäßig nur bei Aktiengesellschaften, nicht jedoch — und hier liegt die Mehrheit der Anteilsbewertungsfälle — bei Gesellschaften mit beschränkter Haftung auftritt. Immerhin ist es interessant zu erkennen, daß — wie schon erwähnt — hier eine klare Unterscheidung zwischen Ertrag der Gesellschaft und Ertrag der Anteile getroffen wird.

Bei der Betrachtung der anschließenden Ziffer 2, in der ausgesagt wird, daß sich bei Familiengesellschaften, Konzerngesellschaften, Einmanngesellschaften usw., bei denen die Gesellschafter weitgehenden Einfluß auf die Geschäftsführung haben, die Ertragsmöglichkeiten der Anteile in der Regel mit den Ertragsaussichten der Gesellschaft decken, wirft sich die Frage auf, ob sich das hier Gesagte — nach den Feststellungen in Ziffer 1 und auch in Ziffer 3 — überhaupt halten läßt. *Boettcher*[80] fragt geradezu, ob es jemals zutrifft, daß die Gesellschafter

---

[79] RFH — vom 2. 10. 1941 — III 108/41 — RStBl 1941 S. 844.
[80] *Boettcher*, Zur Bewertung unnotierter Anteile, besonders an Familiengesellschaften, StW 1953, Sp. 516.

beliebig über die Vermögenswerte der Gesellschaft verfügen können. Er kommt zu der Verneinung dieser Frage, indem er darauf hinweist, daß im Gegensatz zur Mitunternehmerschaft jede Herausnahme von Vermögen — ausgeschlossen die echte Kapitalherabsetzung — als Gewinnausschüttung an die Gesellschafter der sehr hohen Besteuerung durch die Tarife des KStG und des EStG unterliegt.

Boettcher meint weiter zu diesem Problem, es gebe keinen Grundsatz in Verwaltungsübung und Rechtsprechung, wonach bei Familiengesellschaften zur Ertragswertermittlung an Stelle des ausgeschütteten Gewinns stets der gesamte berichtigte Steuerbilanzgewinn des Unternehmens anzusetzen wäre. Diese von Boettcher in ihrer Ausschließlichkeit (stets!) angegriffene Bestimmung ist jedoch keineswegs in so krasser Form ausgesprochen worden, wie ein Blick auf Ziffer 2. lehrt; es heißt dort „in der Regel". Bühler[81] trägt zu der Diskussion um die vorgenannte Bestimmung bei, indem er davon spricht, daß es eine nicht haltbare Fiktion sei, wenn bei Familiengesellschaften der Gewinn so veranschlagt wird, wie wenn er in voller Höhe ausgeschüttet würde. Bühler fügt dann noch hinzu, daß die diesbezügliche Vorschrift „eine Quelle verhängnisvoller Verschärfungen der Steuer enthält". Auch Ellinger[82] äußert, daß es falsch wäre, den ganzen Ertrag schlechthin als ausschüttbar zu behandeln, da es erheblicher freier Beträge bedürfe, um die dringende Selbstfinanzierung nach dem Kriege zu ermöglichen. Er verweist anschließend darauf, daß er während seiner Tätigkeit als Oberfinanzpräsident unter den weit günstigeren Verhältnissen von 1940 in der Regel 30 vH des Gewinns als nicht ausschüttbar behandelt hat. Berg[83] meint zum gleichen Problem, daß der Fiskus Gesellschafter und Gesellschaft als zwei getrennte Personen berücksichtigen und die Bewertung der Anteile danach hätte ausrichten müssen, denn, so folgert er, auch bei den unter Ziffer 2. genannten Gesellschaftsarten wird der Käufer der Anteile nicht bereit sein, den vollen Ertragswert, der die Gesellschaft, aber nicht seinen Anteil (den Anteil des Käufers) betrifft, zu berücksichtigen.

Zusammenfassend ist zu dem vorstehend aufgeworfenen Problem zu sagen, daß bei Familiengesellschaften, Einmanngesellschaften usw. nur der ausschüttbare Teil des Ertrags und niemals der volle Ertrag der Ertragswertberechnung zugrundegelegt werden darf. In diesem Sinne ist auch das OFH-Urteil vom 26. November 1949[84] zu werten, welches

---

[81] *Bühler*, Zum Problem der Bewertung unnotierter Geschäftsanteile, FR 1953, S. 119.
[82] *Ellinger*, Die Ermittlung des gemeinen Werts von unnotierten Anteilen, StW 1952, Sp. 562.
[83] *Berg*, Bewertung unnotierter Anteile, S. 42/43.
[84] OFH — vom 26. 11. 1949 — III 59/49 U — StBl 1950, S. 265.

entgegen den Entscheidungen in dem RFH-Urteil vom 24. Februar 1938[85] ergangen ist.

Ziffer 3. des vorstehend im Wortlaut zitierten Absatzes 10 entspricht — wie schon im Zusammenhang mit der Besprechung der Ziffer 2. zum Ausdruck gekommen ist — voll und ganz den Überlegungen, die in der herrschenden Literatur dazu angestellt worden sind.

Die Behandlung der Ziffer 4. wird bis zur Erörterung der Fälle, in denen ein Paketzuschlag vorzusehen ist, zurückgestellt.

Zu dem in Ziffer 5. vorgesehenen Abschlag in Höhe von 20 bis 30 vH von den wirklichen Betriebsergebnissen, wenn keine reine Familiengesellschaft, Einmanngesellschaft usw. vorliegt und die Gesellschaft aus betriebswirtschaftlichen Gründen nicht in der Lage ist, den vollen Gewinn auszuschütten, meint *Boettcher*[86], er halte ihn für zu gering. Er begründet dies damit, daß die erst Ende 1952 aufgehobene Dividendenabgabeverordnung vom 12. Juli 1941 die Gewinne der Gesellschaften, welche der Ermittlung des Ertragswerts der Anteile mit Rücksicht auf ihre Ausschüttbarkeit zugrundezulegen sind, beschränkt hat. Die Auffassung *van der Veldes*[87], einen Betrag von 50 vH als nicht ausschüttbar vom Ertrag abzusetzen, teilt *Boettcher* nicht, sondern schlägt vor, generell zu ermitteln, welche *„Normal-Investierungen"* die deutsche Wirtschaft nach der Währungsreform im Interesse ihrer nationalen und internationalen Wettbewerbsfähigkeit machen mußte. Nur solche Investierungen sind dann nach seiner Meinung bei der Ermittlung des Ertragswerts zu berücksichtigen, die den wie vorstehend festgestellten Durchschnittssatz wesentlich überschreiten.

Abgesehen davon, daß es äußerst schwierig ist, einen allgemein gültigen Satz für „Normal-Investierungen" zu finden, weil schon mit Rücksicht auf die Branchenverschiedenheit der Unternehmen eine Differenzierung in die Erhebungen gebracht würde, an der das Projekt von vornherein scheitern muß, ist es meines Erachtens durch die Formulierung der Richtlinien (*„Der Abschlag wird sich in der Regel zwischen 20 und 30 vH bewegen. Er kann in besonderen Fällen niedriger oder höher sein."*) ohne weiteres möglich, in begründeten Fällen einen höheren Abschlag, als für den Regelfall vorgesehen ist, mit dem Finanzamt zu vereinbaren.

Zusammenfassend kann zu dem Fragenkomplex, in welcher Höhe die Abschläge vom Ertrag zu bemessen sind, gesagt werden, daß die Fassung der Richtlinien die Möglichkeit offen läßt, auf der Basis der gegenseitigen Vereinbarung zwischen Anteilseigner und Bewertungs-

---

[85] RFH — vom 24. 2. 1938 — III 257/37 — RStBl 1938, S. 539.
[86] *Boettcher*, Zur Bewertung unnotierter Anteile, besonders an Familiengesellschaften, StW 1953, Sp. 518.
[87] *van der Velde*, Die Bewertung von Beteiligungen, Steuerberaterjahrbuch 1952, S. 283.

finanzamt den den tatsächlichen Gegebenheiten entsprechenden Wertansatz zu finden. Sachdienlicher wäre jedoch zweifelsohne gewesen, man hätte für den Regelfall einen weiteren Spielraum gelassen, als es mit der Formulierung „zwischen 20 und 30 vH" geschehen ist.

Als letztes Glied, von dem her eine Beeinflussung des Ertrags möglich ist, soll an diesem Ort die Tätigkeit von Gesellschaftergeschäftsführern beleuchtet werden. Dieses Problem ist zwar in den Richtlinien nicht angesprochen, kann jedoch unter Umständen die Ertragswertfestsetzung entscheidend beeinflussen insofern, als oftmals besonders hohe Gewinne ausschließlich auf die persönliche Arbeitsleistung von Gesellschaftergeschäftsführern zurückzuführen sind. Insbesondere hat sich die Rechtsprechung mit dieser Frage eingehend beschäftigt. Nach einem RFH-Urteil[88] müssen die Ertragsteile unberücksichtigt bleiben, die weder den Ertrag des in der Gesellschaft arbeitenden Kapitals, noch die Wirkung von Konjunktur oder anderen zufälligen Umständen, sondern nur das Ergebnis einer besonders erfolgreichen Arbeit des Geschäftsführers darstellen. Ein weiteres Urteil des RFH[89] sagt gleiches aus. In einem früheren RFH-Urteil[90] ist ausgeführt, daß
„nur die Erträge des in der Gesellschaft angelegten Kapitals berücksichtigt werden können; diejenigen Erträge sind auszuschalten, die den persönlichen Arbeitsleistungserfolg der Gesellschaftergeschäftsführer darstellen". Weiter heißt es in diesem Urteil: *„Dabei ist es nicht angängig, von den Gewinnen nur solche Geschäftsführergehälter abzuziehen, die fremde Angestellte bekommen haben würden, sondern es ist zu beachten, daß der Wert der Arbeitskraft von Gesellschaftern regelmäßig höher sein wird....*
...Jedenfalls werde schon das Gefühl der Mitverantwortung zu einem verstärkten Einsatz seiner (des Gesellschaftergeschäftsführers) Persönlichkeit und damit zu einem höheren Wert seiner Arbeitskraft führen."

Es ist demnach keinesfalls bestritten, daß die persönliche Arbeitsleistung von Gesellschaftergeschäftsführern bei der Feststellung der Erträge als Grundlage des Ertragswerts ausgeklammert werden muß; die Schwierigkeit besteht darin — und dies kommt auch in dem Urteil des erkennenden Senats zum Ausdruck — wie man die in Rede stehende Größe bemißt.

Meines Erachtens gibt hier die für Zwecke der Bestimmung angemessener Geschäftsführervergütungen entwickelte Unternehmerlohn-Formel einen Anhaltspunkt. Dieses auch *„Seifen-"* oder *„Spitaler-Formel"*[91] genannte Rechenschema ist neuerdings von *Zintzen*[92] wie folgt verfeinert worden:

---

[88] RFH — vom 19. 3. 1942 — III e 34/41 — Kartei RBewG 1934, § 15 R. 3.
[89] RFH — vom 8. 7. 1943 — III 60/41 — RStBl 1943 S. 791.
[90] RFH — vom 6. 2. 1941 — III 54/40 — RStBl 1941 S. 444.
[91] *Spitaler*, GmbH-Rdsch. 1951, S. 177 ff. (Die Formel lautet: Unternehmerlohn = $18 \cdot \sqrt{\text{Umsatz}}$)
[92] *Zintzen*, Zur Frage angemessener Bezüge geschäftsführender Gesell-

$$\text{Unternehmerlohn} = (y + p) \cdot \frac{U}{\sqrt{\frac{M+L}{2}}}$$

Dabei bedeutet
U = Umsatz im Sinne von Warenausgang
M = Materialeinsatz
L = Personalaufwand
p = steuerlicher Gewinn in vH des steuerlichen Eigenkapitals (bei Verlust negativ)
y = 13 bei einer Kapitalumschlagshäufigkeit bis 2 mal
y = 12 bei einer Kapitalumschlagshäufigkeit bis 4 mal
y = 11 bei einer Kapitalumschlagshäufigkeit bis 6 mal
y = 10 bei einer Kapitalumschlagshäufigkeit bis 8 mal
y = 9 bei einer Kapitalumschlagshäufigkeit bis 10 mal
y = 8 bei einer Kapitalumschlagshäufigkeit bis 12 mal
y = 7 bei einer Kapitalumschlagshäufigkeit bis 14 mal
y = 6 bei einer Kapitalumschlagshäufigkeit von mehr als 14 mal

Mit Hilfe vorstehender Formel kann meiner Meinung nach — auch betriebswirtschaftlich nicht angreifbar[93] — das angemessene Geschäftsführergehalt bestimmt werden. Zieht man von dem rechnerischen Ergebnis der Formel das in der Gewinn- und Verlustrechnung abgesetzte Gehalt des Gesellschaftergeschäftsführers ab, so erhält man die Größe, um welche der Erfolg zu mindern ist, damit — um mit den Worten des RFH-Urteils vom 6. Februar 1941 zu sprechen — *„nur die Erträge des in der Gesellschaft angelegten Kapitals berücksichtigt werden"*.

An Hand der vorstehenden Darlegungen konnte wohl deutlich gemacht werden, daß bei einer entsprechenden Handhabung der Teil des Ertrags, der auf die persönliche Arbeitsleistung des Gesellschafters entfällt, bei der Ertragswertfeststellung ausgeschaltet werden kann. Damit ist auch der Bestimmung des § 10 Abs. 2 Satz 3 BewG Rechnung getragen, die besagt, daß bei Ermittlung des gemeinen Werts die persönlichen Verhältnisse außer Betracht zu bleiben haben.

cc) Kapitalisierungszinsfuß

Als äußerst umstrittenes Problem der Anteilsbewertung hat sich in Vergangenheit und Gegenwart die Frage nach der Höhe des für die Kapitalisierung des Durchschnittsertrags zu wählenden Faktors erwiesen. Die VStR 1949 legen in Abschnitt 105 Abs. 7 einen Normalzinssatz[94] von 5,5 vH fest, der sich nach dem Wortlaut der Richtlinien aus

---

schafter, Gegenwartsfragen des Steuerrechts — Festschrift für Armin *Spitaler*, Köln 1958, S. 201 ff.
[93] Vgl. in diesem Zusammenhang *Lehmann*, Leistungsmessung durch Wertschöpfungsrechnung, insbesondere S. 102 ff.
[94] *Ellinger* definiert diesen Begriff in dem von ihm mit Schug und Ehlers 1953 herausgegebenen Werk „Die Veranlagung der Vermögensteuer" wie folgt: „Es handelt sich um einen Rentabilitätsvergleich, das heißt um einen Vergleich der von der Gesellschaft tatsächlich erzielten Rendite mit der Normalrendite von 5,5 vH."

den Verhältnissen des Kapitalmarktes ergibt und vom RFH[95] gebilligt worden ist. Das Urteil, das wegen der ihm beigemessenen Bedeutung hier in seinen wichtigsten Punkten zitiert werden soll, ist unter Verhältnissen, nämlich 1937, gefällt worden, welche mit den zum Zeitpunkt des Erlasses der VStR 1949 herrschenden Verhältnissen nicht annähernd mehr zu vergleichen sind. Es stellt jedoch eingangs sehr richtig heraus, daß der Zinssatz, der für die Anteilsbewertung zu wählen ist, im Einzelfall ganz unterschiedlich sein kann, vor allem wegen seiner Abhängigkeit von der Sicherheit des Unternehmens. Das Urteil räumt die Möglichkeit ein, daß für den Anteil einer GmbH bei einer Verzinsung von 4 vH, für den Anteil einer anderen GmbH bei einer Verzinsung von 8 vH der Nennwert bezahlt wird. *Jedoch, so führt das Urteil aus, erfordert es die Rücksicht auf die Gleichmäßigkeit der Besteuerung, von einer bestimmten „Normalverzinsung" (hieraus ist auch der Ausdruck in den Richtlinien zu erklären) auszugehen, die für die Regel die Bewertung mit dem Nennwert rechtfertigt. Die Bestimmung einer solchen Normalverzinsung liegt im wesentlichen auf dem Gebiet der tatsächlichen Beurteilung und der Schätzung, die der RFH als solche nicht nachzuprüfen hat. In dem Urteil heißt es weiter, daß es notwendig ist, den Bewertungsbehörden bei der Schätzung einen gewissen Spielraum zu lassen. Der RFH muß seine Prüfung in der Hauptsache darauf beschränken, ob die Schätzung auf unrichtiger Anwendung der für sie maßgebenden Rechtsbegriffe (z. B. des gemeinen Werts) oder auf falschen tatsächlichen Grundlagen beruht oder unzureichend begründet ist. Derartige Mängel sind, so fährt der RFH fort, im vorliegenden Fall nicht festzustellen. Dem Beschwerdeführenden ist zuzugeben, daß es vielleicht bedenklich wäre, der Bewertung von GmbH-Anteilen die durchschnittliche Verzinsung von Aktien zugrunde zu legen, da die Verhältnisse zu verschieden sind. Das Finanzgericht hat dies aber auch nicht getan; der Zinssatz von 5,5 vH liegt, wie der Beschwerdeführende anerkennt, weit über der durchschnittlichen Aktienverzinsung. Er liegt auch über der heute (das heißt am Bewertungsstichtag 1. Januar 1935) üblichen Verzinsung festverzinslicher Wertpapiere. Damit ist der Umstand genügend berücksichtigt, daß der Besitz von GmbH-Anteilen im allgemeinen mit einem größeren Wagnis (Risiko) verbunden ist als der Besitz von festverzinslichen Wertpapieren, wobei zu beachten ist, daß dieses Wagnis, d. h. die Gefahr, daß die Gewinne sinken, wohl bis zu einem gewissen Grad ausgeglichen wird durch die Aussicht, daß die Gewinne auch einmal steigen können. Bei dieser Sachlage, so heißt es im Urteil weiter, kann der RFH es nicht beanstanden, daß das Finanzgericht die durchschnittliche Normalverzinsung von GmbH-Anteilen mit 5,5 vH ange-*

---

[95] RFH — vom 23. 9. 1937 — III A 208/37 — RStBl 1937 S. 1166.

nommen hat. Ebensowenig ist etwas dagegen einzuwenden, daß der Ertragswert der Anteile mit dem Vielfachen des Nennwertes angesetzt worden ist, der dem Verhältnis der tatsächlichen Verzinsung zur Normalverzinsung entspricht. Zwar mag es sein, daß, wie der Beschwerdeführende meint, bei einer außergewöhnlich hohen Verzinsung dieses Verhältnis nicht immer zutrifft, sondern wegen des mit einer besonders hohen Verzinsung verbundenen Wagnisses ein geringerer Vervielfacher anzuwenden ist. Daß hier, so schließt das Urteil, ein derartiger Ausnahmefall vorliege, ist aber nicht ersichtlich.

Vorstehendes Urteil bildet, wie bereits zu Beginn dieses Abschnittes, welcher der Behandlung des Kapitalisierungsfaktors gewidmet ist, festgestellt wurde, die Grundlage für die Bemessung des „Normalzinssatzes" in den VStR 1949.

Berg[96] weist eingangs seiner ausführlichen Besprechung dieses Punktes darauf hin, daß der RFH sich zu einer Zeit damit beschäftigt hat, ob der Satz von 5,5 vH sich tatsächlich als Normalzinssatz aus den Kapitalmarktverhältnissen ergab, als dieser Satz über der üblichen Verzinsung von festverzinslichen Wertpapieren lag. Er fügt hinzu, daß damit durch die Richtlinien auf eine Stellungnahme des RFH Bezug genommen wird, die mehr als 15 Jahre alt ist und mit den tatsächlichen Verhältnissen nach der Geldreform gar nichts zu tun hat und fährt fort, daß in den letzten Jahren (Berg meint die Jahre ab der Währungsreform bis 1953) in der Bundesrepublik von einem Kapitalmarkt im eigentlichen Sinn bekanntlich überhaupt nicht gesprochen werden konnte. Boettcher[97] faßt seine Kritik weit schärfer, indem er schreibt:

„*Es mutet eigenartig an, daß auf ein nunmehr vor 16 Jahren und über ein Jahrzehnt vor dem Bewertungsstichtag 1. 1. 1946 ergangenes Urteil zurückgegriffen wird, so, als wäre inzwischen nichts passiert. Was die Bezugnahme auf die Verhältnisse des Kapitalmarkts zur Begründung des Normal-Zinssatzes von 5,5 vH betrifft, so ist das schlechterdings unverständlich. Es ist bekannt, daß wir in der Bundesrepublik von einem Kapitalmarkt im eigentlichen Sinne bis heute (der Artikel stammt aus dem Jahr 1953: eigene Anmerkung) noch nicht sprechen können. Wäre sonst das Erste Gesetz zur Förderung des Kapitalmarkts vom 15. 12. 1952 ergangen, dem noch weitere Gesetze dieser Art folgen sollen? Noch weniger gab es einen Kapitalmarkt am Bewertungsstichtag. Der Satz von 5,5 vH ist deshalb durch nichts begründet. Für Geschäftskredite in der Zeit nach der Geldreform hätte man zumindestens das Doppelte, nämlich 11 vH aufwenden müssen.*"

Boettcher entwickelt dann weiter, daß die Zinssätze für neu ausgegebene Industrieobligationen 7$^1/_2$ und 8 vH (im Jahr 1953) betragen, daß jedoch die Kapitalertragsteuer mit 30 vH zur Abgeltung der Ein-

---

[96] Berg, Bewertung unnotierter Anteile, S. 39/40.
[97] Boettcher, Bewertung unnotierter Anteile, besonders an Familiengesellschaften, StW 1953, Sp. 520/521.

kommen- und Körperschaftsteuer (vgl. § 46 a EStG und § 19 KStG) einbehalten wird. Er fordert unter Berücksichtigung des Steuerabzugs (8 vH plus 30 vH aus 8 vH) einen Zinssatz von rund 11 vH, den er in Ansehung des Umstands, daß der Besitz von GmbH-Anteilen im allgemeinen mit einem größeren Risiko verbunden ist, als der Besitz von festverzinslichen Wertpapieren, um weitere 3 vH auf 14 vH erhöht. Abschließend äußert sich *Boettcher* wörtlich:

„Ich halte daran fest, daß man bei der Stichtagsbewertung von Anteilen zum 31. 12. 1948 einen Normalzinssatz von 14 vH zugrunde legen müßte, weil dieser Zinssatz unter Berücksichtigung der veränderten Verhältnisse dem seinerzeit vom RFH zugebilligten Zinssatz von 5,5 vH am ehesten entsprechen dürfte."

Berg[98], der sich, wie eingangs zitiert, ebenfalls gegen die Festsetzung des Zinssatzes auf 5,5 vH ausspricht, bringt einen „*Kapitalmarktausgleichsfaktor*" in Höhe von weiteren 5,5 vH in Ansatz, so daß sich der von ihm vorgeschlagene Zinssatz auf 11 vH stellt.

Andere namhafte Autoren kommen auf Grund ihrer Überlegungen zu entsprechenden bzw. darunterliegenden Werten. So plädieren *Zintzen*[99] für 11 vH, *Bühler*[100] für 8 vH, *van der Velde*[101] für 7 vH, *Ellinger*[102], der ausführt, daß er den Ausdruck Normalzinssatz für unrichtig und irreführend halte, weil es sich nicht um den Zins handele, den ein Kaufmann für ein gesichertes oder ungesichertes Darlehen zahlen muß, sondern um den Normalrenditesatz bezogen auf das Vermögen nach dem Kurswert und nicht auf das Nennkapital, hält — soweit ersichtlich als einziger — an dem in den Richtlinien bestimmten Satz von 5,5 vH fest.

Diese Vielfalt an Meinungen ist jedoch keinesfalls als Ausfluß des speziellen Bewertungsproblems unnotierter Anteile und damit als beschränkt auf das Steuerrecht anzusehen. Auch in den Reihen der Betriebswirtschaftler sind die abweichendsten Ansichten über die Höhe des Kapitalisierungszinsfußes zu finden. Eine Aufzählung, wie sie aus einer Aufstellung bei *Mellerowicz*[103] hervorgeht, soll hier einen gewissen Überblick vermitteln:

Der Kapitalisierungszinsfuß soll betragen nach
Montgomery: 8—10 vH
Mildebrath: das Mittel zwischen Branchen- und Landeszins
Lion: das Doppelte des höchst erzielbaren festen Landeszinses

---

[98] *Berg*, Bewertung unnotierter Anteile, S. 40.
[99] *Zintzen*, Die vermögensteuerliche Bewertung von Wertpapieren und Beteiligungen, FR 1952, S. 330 ff.
[100] *Bühler*, Zum Problem der Bewertung unnotierter Geschäftsanteile, FR 1953, S. 118 ff.
[101] *van der Velde*, Die Bewertung von Beteiligungen, Steuerberaterjahrbuch 1952, S. 284.
[102] *Ellinger*, Bewertung unnotierter Anteile, DStZ 1953, S. 371.
[103] *Mellerowicz*, Der Wert der Unternehmung als Ganzes, S. 75.

Umberg: 10—12 vH (für die stille Gesellschaft)
Schmalenbach: 10 vH (stille Gesellschaft) und
7 vH (für die AG)
Rechtmann: 18 vH (für Personalgesellschaften) und
12 vH (für die AG)
Diksee: 20 vH (für Handelsunternehmen),
25 vH (bei Fabriken),
33 vH (bei freien Berufen),
10 vH (bei Zeitungen und Monopolen)
Saliers: $7^2/_7$ vH für Monopolverträge
Moral u. Prion: das $1^1/_4$- bis $1^1/_2$fache des Landeszinses
Schmidt, F.: Der „normale" Zins des Bilanztermins nach Absetzung einer Risikoprämie vom Ertrag.

Mellerowicz[104] selbst schlägt als allgemeine Grundlage das Mittel aus Branchenzins und Landeszins vor.

Ein zum vorliegenden Problem der Feststellung des Ertragswertes einer Unternehmung brauchbarer Hinweis in bezug auf den Kapitalisierungszinsfuß findet sich in einem Aufsatz von *Meyer*[105]. Dort kommt zum Ausdruck, daß die Mindesthöhe des Kapitalisierungsfaktors die Branchenrentabilität ist, wobei es jedoch abwegig ist, die Höhe dieses Zinsfußes mit der Branchenrentabilität gleichzusetzen[106], da außerdem ein speziell betrieblich bedingtes Moment bei der Festsetzung des Zinses hinzukommen muß. Ausgangspunkt des Gedankens ist dabei die Überlegung, daß jede Teilnahme am Wirtschaftsverkehr, die mit Unternehmerrisiko behaftet ist, mindestens soviel Gewinn abwerfen muß, wie eine Teilnahme ohne oder mit einem kaum ins Gewicht fallenden Risiko. *Meyer* setzt die *„Branchen-Mindestsollrendite"* in Anlehnung an Industrieobligationen mit 7 vH fest, zu der er einen Zuschlag von 2 vH für besondere Risiken hinzuzählt. Damit ergibt sich ein allgemein gültiger Kapitalisierungszinsfuß als Normalzinsfuß von 9 vH.

Die vorstehend dargelegte Entwicklung ist in ihrem Aufbau logisch gehalten und dürfte bis auf die ziemlich willkürlich erfolgte Wahl des Zuschlags für spezielle Faktoren in Höhe von 2 vH nicht zu beanstanden sein. Trotz dieser teilweisen Einschränkung dürfte der Satz von 9 vH den Wünschen, die sich in der Bewertungspraxis ergeben, am nähesten kommen. Tatsache bleibt dann, daß der in den Richtlinien vorgesehene Kapitalisierungszinsfuß um 3,5 vH zu niedrig angesetzt ist, was bedeutet, daß die Ertragswerte um rund 40 vH (!) zum Feststellungszeitpunkt 31. Dezember 1948 zu hoch angesetzt worden sind. Die steuerlichen Auswirkungen sind jedoch abgemildert worden durch

---
[104] *Mellerowicz*, Der Wert der Unternehmung als Ganzes, S. 79.
[105] *Meyer*, Kapitalisierungszinsfuß und „Berliner Verfahren", B 1954, S. 1050/1051.
[106] Im gleichen Sinn auch *Viel* in dem Aufsatz: „Die Ermittlung des Sach- und Ertragswertes bei der Unternehmungswertberechnung", WPg 1954, S. 368.

die Mittelziehung aus Ertragswert und Vermögenswert sowie die vorgenommenen Abschläge (so vor allem durch den Anpassungsabschlag von rund 50 vH gemäß Abs. 11 des Abschnittes 105 der VStR 1949).

Es ist zum Abschluß dieses Themas sehr aufschlußreich, die Meinung *Schmalenbachs* als des Nestors der Betriebswirtschaftslehre in seinem Werk „*Beteiligungsfinanzierung*"[107] zu hören. Er vertritt dort die Auffassung, daß mit Rücksicht auf die rasch wechselnden Verhältnisse von einem jeweils veränderlichen Zinsfuß auszugehen ist, wenn man einen wirklich gerechten Kapitalisierungszinsfuß ermitteln wolle. Das bedeutet, daß für jeden Hauptfeststellungszeitpunkt ein neuer Kapitalisierungszinsfuß ermittelt werden müßte. Diese Lösung scheint auch den — immer im Fluß befindlichen — Gegebenheiten des wirtschaftlichen Lebens am ehesten zu entsprechen.

d) Gemeiner Wert zum 31. Dezember 1948
(Mittelwert aus Vermögens- und Ertragswert)

Der gemeine Wert zum 31. Dezember 1948 ergibt sich nach dem Wortlaut des Abschnitts 105 Abs. 8 VStR „*im allgemeinen aus dem Mittel von Vermögenswert und Ertragswert. Weichen der Vermögenswert und der Ertragswert erheblich voneinander ab, so ist zu prüfen, ob der besonders hohe oder besonders niedrige Durchschnittsertrag in Zukunft voraussichtlich auch weiter erzielt werden wird*". Abs. 9 führt anschließend aus: „*Die Besonderheiten des einzelnen Falles können durch Zuschläge oder durch Abschläge berücksichtigt werden. Das gilt z. B. insbesondere, wenn der Ertragswert sehr erheblich von dem Vermögenswert abweicht. Ein Abschlag wird weiter dann gerechtfertigt sein, wenn Anteile ohne Kurswert schwerer veräußerlich sind als an der Börse zugelassene Aktien. Erhebliche Abschläge dürfen nicht roh und griffweise (willkürlich) festgesetzt werden, sondern sind nach den wertmindernden Umständen im wesentlichen tatsächlich zu begründen (RFH vom 8. Juli 1943, RStBl 1943 S. 791*[108]." In dem Urteil, das die Vorlage für die Formulierung der Richtlinien bildete, heißt es unter anderem: „*Diese Besonderheiten liegen darin, daß der Ertragswert in ungewöhnlich hohem Maße den Substanzwert übersteigt* ..."

Abs. 11, der in diesem Zusammenhang noch zu nennen ist, spricht davon, daß durch die wirtschaftliche Entwicklung nach der Währungsreform und die erst später einsetzende gesetzliche Regelung wirtschaftlicher Gegebenheiten Verhältnisse entstanden sind, die am 31. Dezember 1948 noch nicht übersehen werden konnten, und die vielfach dazu führen, daß die Mittelwerte dem gemeinen Wert am 31. Dezember

---

[107] *Schmalenbach*, Die Beteiligungsfinanzierung, 8. Auflage, S. 88.
[108] Anmerkung: Dem Tenor des genannten RFH-Urteils vom 8. 7. 1943 — III 60/41 — RStBl 1943 S. 791 — ist die Formulierung der Richtlinien fast wörtlich entnommen.

1948 nicht entsprechen. Es heißt weiter, daß ein Anpassungsabschlag von 50 vH in der Regel zu dem gemeinen Wert führen wird, soweit es sich auf Grund der bekanntgewordenen Fälle übersehen läßt; die Angemessenheit des Anpassungsabschlags haben im Einzelfall die Finanzämter zu prüfen.

Ehe nun — nach der Inhaltswiedergabe der Richtlinien und des ihnen zugrundeliegenden RFH-Urteils — in die Besprechung der im Schrifttum geäußerten Meinungen, Anregungen und Vorschläge eingetreten wird, sollen an dieser Stelle die Überlegungen dargestellt werden, die meines Erachtens zu der Vorschrift führten, daß bei „*erheblichem*" Abweichen des Ertragswerts vom Vermögenswert Abschläge bzw. Zuschläge zu machen sind.

Ausgangspunkt der Ermittlung des gemeinen Wertes muß verständlicherweise ein einheitlicher Maßstab sein, der den beiden Teilwerten, aus deren Kombination sich das Endergebnis herausschält, gemeinsam ist. Diese Grundlage ist im Berliner Verfahren der Nennwert des Grund- bzw. Stammkapitals (in den Formeln auf den Seiten 48 und 85 der Buchstabe K).

Bei der Substanzwertberechnung wird mittels der Formel der Kurswert ermittelt, der ausdrückt, welchen tatsächlichen Wert (Verkehrswert) ein Anteil von nominal 100 hat. In diesem Kurswert schlagen sich automatisch die Erfolge, welche das Unternehmen in den vergangenen Jahren seiner Existenz erzielt hat, nieder. Das ist klar verständlich, weil eben eine Steigerung des Reinvermögens nur aus dem Unternehmen selbst erarbeitet werden kann.

Der Berechnung des Ertragswerts ist als Ausgangsziffer der nach Maßgabe der Richtlinien bereinigte Gewinn zugrundezulegen. Dieser Gewinn ist jedoch aus der Arbeit des im Unternehmen tatsächlich vorhandenen Gesamtvermögens entstanden, nicht nur aus dem Nennkapital.

Beziehungsgröße ist jedoch nur der Nennwert, so daß sich unter Umständen sehr hohe Ertragswerte ergeben können, die vom Vermögenswert erheblich abweichen.

Aus den vorstehenden Darlegungen geht schlüssig hervor, daß es unvermeidbar ist, diese Diskrepanz der beiden Werte dadurch zu mildern, daß Abschläge vom Mittelwert genommen werden. Die Ausführungen gelten gleichmäßig sowohl für hohe Abweichungen nach oben als auch nach unten.

Nach dieser Entwicklung, durch welche dargestellt werden soll, welche Beweggründe für die Festlegung von Abschlägen in den Richtlinien nach Dafürhalten des Verfassers maßgebend waren, wird anschließend die Literatur behandelt, die sich mit der Frage der Ermitt-

102 Die Bewertung nach den Vorschriften des Steuerrechts

lung des gemeinen Wertes aus dem Ertrags- und dem Vermögenswert befaßt.

Ellinger[109] vertritt die Meinung, daß der Vermögenswert um so stärker bei der Feststellung des gemeinen Werts berücksichtigt werden muß, je mehr er hinter dem Ertragswert zurückbleibt. Das soll in der Form geschehen, daß der Substanzwert durch den Ansatz eines Vervielfachers von 2, 3, 4 und 5 den gemeinen Wert entsprechend stärker beeinflußt, als der nur einfach zu berücksichtigende Ertragswert. Meines Erachtens weist jedoch *Krüger*[110] mit Recht darauf hin, daß neben dem Fehlen einer gesetzlichen Handhabe für eine derartige Regelung immer dagegen eingewandt werden könne, die Wahl des Vervielfachers sei willkürlich geschehen. *Krüger* schlägt seinerseits vor, bestimmte Abschläge wegen starken Abweichens vom Vermögens- und Ertragswert zu wählen. Gegen die von ihm entwickelte Tabelle, welche eine progressive Steigerung der Abschläge vorsieht, je höher die Differenz zwischen Vermögens- und Ertragswert wird, kann meines Erachtens eingewandt werden, daß auch hier nicht die Ursachen dieser Unterschiedlichkeit, die mannigfaltigster Art sein können, entsprechend beachtet werden können.

Metzger[111] entwickelt ebenfalls eine Methode zur Errechnung des Mittelwertes, in der festgelegt ist, daß die oberste Grenze der Bewertung eines unnotierten Anteils der Wert ist, der sich ergibt, wenn

---

[109] *Ellinger*, Die Ermittlung des gemeinen Werts von unnotierten Anteilen, StW 1952, Sp. 553.
[110] *Krüger*, DVerkStRdschau, 1953, S. 85.
[111] *Metzger*, Zur Bewertung unnotierter Anteile an Kapitalgesellschaften, BB 1953, S. 705.

Vermögenswert	Ertragswert	Mittelwert	⌀ Wert b. Vervielf. d. Verm. Werts um		Ertrag in v. H.	Abschl. v. Verm. Wert f. DM 100 nominal	Zuschl. z. Verm. W. f. DM 100 nominal	End-Wert vor Anpassungsabschlag	nach
100	0	50			—10	46,5		53,5	27
100	0	50			— 5	31,5		68,5	34
100	0	50			0	16,5		83,5	42
100	20	60			1,1	13,2		86,8	43
100	40	70			2,2	9,9		90,1	45
100	60	80			3,3	6,6		93,4	47
100	80	90			4,4	3,3		96,7	48
100	100	100			5,5	0	0	100,0	50
100	200	150	1	150	11,0		16	116,0	58
100	300	200	2	170	16,5		33	133,0	67
100	500	300	3	200	27,5		66	166,0	83
100	800	450	4	240	44,0		115	215,0	108
100	1200	650	5	280	66,0		181	281,0	140
100	2000	1050	5	425	110,0		313	413,0	206

Die Bewertung nach dem „Berliner" und „Stuttgarter Verfahren" 103

zu dem Vermögen die voraussichtlichen Gewinne der nächsten drei Jahre — vom Stichtag an gerechnet — insoweit hinzugerechnet werden, als sie den „Normalertrag" von 5,5 vH überschreiten. Abgesehen davon, daß schon in der Bestimmung des voraussichtlich zu erzielenden Gewinnes ein bedeutender Unsicherheitsfaktor enthalten ist, dem insofern erhebliches Gewicht beizumessen ist, als es sich hier um absolute Zahlen handelt, deren auch nur annähernd exakte Schätzung oft an den Unwägbarkeiten des wirtschaftlichen Lebens scheitern muß, geht der Vorschlag von einer völlig aus der Luft gegriffenen Höchstgrenze aus.

Die vorstehenden Darlegungen zeigen, wie unterschiedlich die herrschenden Meinungen über die zweckmäßigste und gerechteste Art der Mittelwertfestsetzung sind. Daß diese Unsicherheit jedoch vor allem auch bei den Finanzbehörden konstatiert werden muß, geht schon aus der Festlegung des sogenannten Anpassungsabschlags von 50 vH in den Richtlinien hervor, dessen Rechtmäßigkeit mit Rücksicht auf das RFH-Urteil vom 25. Mai 1944[112] ernstlich bezweifelt werden muß. In dem angeführten Urteil heißt es:

„Es ist nicht angängig, diese Besonderheiten mit einem willkürlichen und rohen griffweisen Abschlag, der für alle Möglichkeiten nach oben und unten gelten soll, abzutun (RFH — vom 8. Juli 1943 — III 60/41 — RStBl 1943 S. 791). Das tut bei der Veräußerung von Beteiligungen auch der Verkehr nicht. Auf den Verkehrswert aber kommt es an; § 10 Abs. 2 Satz 1 RBewG."

Interessant sind in diesem Zusammenhang auch die Ausführungen Boettchers[113], welcher schreibt: „Das Verfahren, durch den Anpassungsabschlag vom Mittelwert die bei der Ermittlung von Substanzwert und Ertragswert begangenen und von den VStR damit geradezu zugestandenen Fehler zu korrigieren, muß als ein zu rohes Verfahren abgelehnt werden. Durch einen solchen Abschlag wird das Berliner Verfahren praktisch aufgehoben, nur formell klammert man sich noch daran. Während die VStR 1949 in Abschnitt 105 den Finanzämtern bis ins einzelne gehende Vorschriften zur Ermittlung des gemeinen Werts nach dem Berliner Verfahren machen, stellen sie am Ende durch die Erwähnung des Anpassungsabschlages und dadurch, daß sie dessen Anwendung in das Ermessen der Verwaltungsbehörden stellen, wieder eine Freiheit für die Bewertung durch die Finanzämter her, die in krassem Widerspruch zu den vorausgehenden oft kleinlich anmutenden bindenden Anweisungen steht."

---

[112] RFH — vom 25. 5. 1944 — III 30/43 — StW 1953, Sp. 293.
[113] Boettcher, Zur Bewertung unnotierter Anteile, besonders an Familiengesellschaften, StW 1953, Sp. 523.

Bühler[114] faßt seine Kritik zu dem „*Anpassungsabschlag*" noch schärfer. Er spricht davon, daß der Finanzverwaltung in dieser sehr wichtigen Materie ein Ermessensspielraum eingeräumt ist, der die Steuerpflichtigen in außerordentlich weitgehendem Maß ihrem Wohlwollen ausliefert, und fährt fort:

„*Daß die Verwaltung überhaupt eine so weitgehende Korrektur des aus der Anwendung der materiellen Hauptnormen gewonnenen Ergebnisses soll vornehmen können, wie sie ein 50prozentiger Abschlag darstellt, beweist, daß man dem Ergebnis dieser Hauptnormen im Ministerium selbst einiges Mißtrauen entgegenbringt.*" Diese Formulierung trifft wohl auch den Kern der Dinge. Es wird jedem einleuchten, daß man keine ausgefeilten Berechnungsschemata aufstellen kann, deren Ergebnis man dadurch praktisch wieder über den Haufen wirft, indem man Abschläge in der Größenordnung von 50 vH des Errechneten festlegt. Immerhin mag als Positivum gelten, daß die Finanzverwaltung bemüht war — wenn diese Bemühungen sich auch auf unzureichende Mittel stützten — den unsicheren wirtschaftlichen Verhältnissen, die — hinsichtlich der späteren Entwicklung — durchaus nicht voraussehbar gestaltet waren, in irgendeiner Form Rechnung zu tragen.

Berg[115] geht in seinen Vorschlägen zur Korrektur des Mittelwerts Abschläge festzusetzen über alle in den vorstehenden Erörterungen behandelten Punkte hinaus. Er empfiehlt einen Abschlag wegen rückläufiger Ertragsaussichten in der Zukunft, einen Abschlag wegen schwerer Verkäuflichkeit, wobei er statt des in den Richtlinien abgedruckten Satzes von 10 vH (vgl. Abschnitt 105 Abs. 11), in Angleichung an Ausführungen *Krekelers*[116] 15 vH vorschlägt. Ferner möchte *Berg* einen Abschlag wegen Verkaufsbeschränkungen in Gesellschaftsverträgen und einen Abschlag wegen Pachtanlagen eingeführt wissen, wobei er sich auf die RFH-Urteile vom 28. Januar 1938[117] und vom 27. November 1941[118] sowie vom 8. Juli 1943[119] stützt. Weiterhin sollen Abschläge vom Mittelwert wegen stärkeren Abweichens eines höheren Ertragswertes bzw. eines niedrigeren Ertragswertes von dem Vermögenswert vorgenommen werden. Den ersten Fall erblickt *Berg* dann, wenn der nach den Richtlinien errechnete Ertragswert mehr als das Doppelte des Vermögenswerts ausmacht. Hier wäre also neben dem in Abschnitt 105 Abs. 9 VStR 1949 bereits vorgesehenen Abschlag ein weiterer Abschlag anzusetzen, wobei nach Meinung *Bergs* bei Unter-

---

[114] *Bühler*, Zum Problem der Bewertung unnotierter Geschäftsanteile, FR 1953, S. 118 ff.
[115] *Berg*, Bewertung unnotierter Anteile, S. 46.
[116] *Krekeler*, DStBl 1940, S. 92/651.
[117] RFH — vom 28. 1. 1938 — III 202/37 — RStBl 1938, S. 363.
[118] RFH — vom 27. 11. 1941 — III 156/41 — RStBl 1942, S. 93.
[119] RFH — vom 8. 7. 1943 — III 60/41 — RStBl 1943, S. 791.

nehmen mit besonderen Risiken — er führt an Konjunkturempfindlichkeit, hohes Ausfallwagnis, Terminrisiken, Valuta- und Transferwagnisse — gewisse Erhöhungen des Abschlags vorzunehmen sind. Im zweiten Fall, so meint *Berg*, müßte man unter Umständen sogar noch unter den Ertragswert gehen.

Diese Vorschläge *Bergs*, von dem Mittelwert Abschläge unterschiedlichster Natur vorzunehmen in dem Bestreben, Werte zu erhalten, die den tatsächlichen Verhältnissen am ehesten entsprechen, führen sich meiner Meinung nach selbst ad absurdum. Eine derartige Häufung von gegebenenfalls sich ergänzenden Abschlägen vom Mittelwert verwässert das System derart, daß es nachgerade sinnlos wird, es überhaupt anzuwenden. Das in den vorhergehenden Abschnitten zum Wert bzw. besser Unwert der Abschläge Ausgeführte gilt hier in besonderem Maße. Bevor nunmehr in die Behandlung der Schätzung des gemeinen Wertes von Aktien und Anteilen in besonderen Fällen eingetreten wird, soll an dieser Stelle zu der in der Literatur[120] vertretenen Meinung Stellung genommen werden, es sei ein Abschlag vom Mittelwert zu nehmen wegen der bei einer Veräußerung der Anteile anfallenden steuerlichen Belastung. Dieser Auffassung wird meines Erachtens mit voller Berechtigung in dem Urteil vom 6. Mai 1943[121] entgegengetreten. Dort ist ausgeführt:

"Es ist zwar richtig, daß die Gesellschafter einer Gesellschaft, deren Betriebsvermögen sich gegenüber dem Stammkapital durch die nicht zur Ausschüttung gelangenden Gewinne allmählich erheblich erhöht hat, bei Verkauf des gesamten Unternehmens von dem Mehrwert eine mehr oder weniger hohe Einkommensteuer zu entrichten haben, durch die ein Teil dieser Gewinne später weggesteuert wird. Für die Vermögenbesteuerung ist jedoch lediglich der Verkehrswert der Kapitalbeteiligungen entscheidend, d. h. der Wert, den ein Erwerber unter gewöhnlichen Verhältnissen für den Erwerb dieser Beteiligung zahlen würde. Dieser Preis wird nicht durch etwaige Steuern beeinflußt, die der Verkäufer vom Verkaufserlös zu entrichten hat."

Dieser Argumentation ist nichts hinzuzufügen; die Meinung der Autoren in diesem Punkt ist auch meines Erachtens unhaltbar.

e) Bewertung in Sonderfällen

Für Sonderfälle sehen die Richtlinien in Abschnitt 106 der VStR 1949 spezielle Regelungen vor. Im einzelnen wird anschließend in der Reihenfolge der Richtlinien behandelt:

---

[120] *Zitzlaff*, Zur Bewertung unnotierter Anteile an einer Kapitalgesellschaft, StW 1949, Sp. 791;
Remmlinger, Der Wert unnotierter Anteile, GmbH-Rdsch. 1950, S. 70;
Boettcher, Zur Bewertung unnotierter Anteile, besonders an Familiengesellschaften, StW 1953, Sp. 523.
[121] RFH — vom 6. 5. 1943 — III 92/42 — RStBl 1943, S. 506.

Nicht voll eingezahltes Grundkapital oder Stammkapital; eigene Anteile; Außerachtlassung der Ertragsaussichten; Einmann-Gesellschaften und Familiengesellschaften.

aa) Nicht voll eingezahltes Grundkapital oder Stammkapital

Hier ist grundsätzlich nur zu sagen, daß die Richtlinien aus Zweckmäßigkeitsgründen vorschreiben, für die Berechnung der Anteilswerte nur den Betrag des eingezahlten Kapitals als Bezugsgröße anzusetzen, außer die Einzahlungstermine stehen bereits fest. Der Regelung in den Richtlinien ist ohne weiteres zuzustimmen.

Hinsichtlich der noch zu erwartenden Einzahlungen ist jedoch zu unterscheiden, aus welchen Gründen Ansprüche auf nicht eingezahltes Stammkapital entstehen können. *Gierschmann*[122] unterscheidet drei Fälle, nämlich:

1. *Ansprüche daraus, daß die bei der Gründung der Gesellschaft durch den Gesellschaftsvertrag bestimmten Einlagen noch nicht oder noch nicht voll geleistet wurden (§ 19 GmbHG).*
2. *Ansprüche daraus, daß die von den Gesellschaftern zwecks Erhöhung des Stammkapitals zu leistenden Einlagen (§ 55 GmbHG) noch nicht oder noch nicht voll geleistet worden sind.*
3. *Ansprüche daraus, daß entgegen § 31 GmbHG Beträge aus dem Stammkapital zurückgezahlt worden sind, für die nunmehr ein Rückzahlungsanspruch der Gesellschaft besteht.*

Diesen Ursachen, aus denen heraus Ansprüche auf nicht eingezahltes Stammkapital entstehen, ist meines Erachtens bei dem Wertansatz Rechnung zu tragen, so daß unter Umständen — neben den Gründen, die in der Person oder der Rechtsform des Gesellschafters begründet sein können — eine Bewertung unter dem Nominalwert notwendig sein wird.

bb) Eigene Anteile

Nach Maßgabe des § 33 GmbHG kann eine GmbH eigene Geschäftsanteile erwerben; dabei bleibt das Stammkapital unverändert. Es tritt nur an die Stelle des Gesellschafters die Gesellschaft als Gesellschafter.

Besitzt eine Gesellschaft eigene Anteile, so sind diese nach Maßgabe der Bestimmungen der Richtlinien wohl bei der Ermittlung des Ertragswertes insofern zu berücksichtigen, als das gesamte Grund- oder Stammkapital als Bezugsgröße zu wählen ist, nicht jedoch bei der Berechnung des Vermögenswertes, wo dem Vermögen der Gesellschaft nur die Aktien und Anteile im Fremdbesitz gegenüberzustellen sind.

Das RFH-Urteil vom 29. Oktober 1937[123], auf das in den Richtlinien Bezug genommen ist, und dessen Argumentation ohne weiteres gefolgt

---
[122] *Gierschmann*, Der Anspruch auf das nicht eingezahlte Stammkapital bei der Bewertung des Betriebsvermögens, GmbH-Rdsch. 1958, S. 108.
[123] RFH — vom 29. 10. 1937 — III 150/37 — RStBl 1938, S. 58.

werden kann, legt die diesbezügliche Regelung fest. Berücksichtigt man noch die spätere Rechtsprechung zu diesem Punkt, so kommt man auf Grund der RFH-Urteile vom 26. Februar 1942[124] jedoch zu der Einschränkung des in den Richtlinien niedergelegten und vorstehend dargestellten Grundsatzes insoweit, als eigene Anteile, sofern sie nicht mehr verwertbar sind (z. B. zur Einziehung bestimmter Eigenanteile) auch bei der Berechnung des Ertragswertes außer Ansatz gelassen werden müssen. So auch *Buchwald*[125], der ausführt, daß *„eingezogene Anteile selbstverständlich keine Vermögensgegenstände sind"*.

cc) Außerachtlassen der Ertragsaussichten

In Abs. 6 ist bestimmt, daß für manche Kapitalgesellschaften der Wert der Anteile nur nach dem Vermögenswert zu schätzen ist, insbesondere sind hier genannt Liquidationsgesellschaften und Grundstücksgesellschaften. Hinsichtlich der Anteilsbewertung für eine Grundstücksgesellschaft liegt ein RFH-Urteil vom 9. Dezember 1937[126] vor, das vermutlich den Ausgangspunkt für die diesbezügliche Fassung der Richtlinien bildet.

Hinsichtlich der Anteilsbewertung bei Liquidationsgesellschaften bringt *Berg*[127] den beachtlichen Hinweis, darauf zu achten, daß ein Abzugsglied für die Liquidationskosten und die aus der Liquidation zu erwartende Körperschaftsteuer angesetzt wird.

Der folgende Absatz schreibt vor, daß der Ertragswert nicht zu berücksichtigen ist, wenn sich bei der Feststellung des Vermögenswertes ergibt, daß das Vermögen der Gesellschaft erheblich hinter dem Nennbetrag des eingezahlten Grund- oder Stammkapitals zurückbleibt. Der Grund dieser Vorschrift liegt darin, daß zu erwartende Gewinne von der Gesellschaft dazu verwendet werden müssen, um das Grund- oder Stammkapital wieder aufzufüllen. Gleiches gilt auch für den Fall, daß eine Gesellschaft in der DMEB ein Kapitalentwertungskonto (§ 36 DMBG) eingestellt hat, welches bekanntlich zunächst auszugleichen ist.

Die Formulierungen dieses Absatzes erklären sich aus der einfachen Überlegung heraus, daß die Ertragswertberechnung nach den Richtlinien auf den Nennwert des Kapitals abgestellt ist (im Nenner der auf S. 85 angegebenen Formel steht K = Grund- oder Stammkapital). Liegt nun der Vermögenswert der Anteile „erheblich" unter dem Nennwert, so ergeben sich rein rechnerisch auf Grund der Mittelung von Ertragswert — bezogen auf den Nennwert — und Vermögenswert, völlig unzutreffende Werte. Es ist deshalb ohne weiteres verständlich,

---

[124] RFH — vom 26. 2. 1942 — III 42/41 — RStBl 1942 S. 586 u.
RFH — vom 26. 2. 1942 — III 92/41 — RStBl 1942 S. 610.
[125] *Buchwald*, Der eigene Anteil der GmbH, GmbH-Rdsch. 1958, S. 173.
[126] RFH — vom 9. 12. 1937 — III 276/37 — RStBl 1938 S. 362.
[127] *Berg*, Bewertung unnotierter Anteile, S. 59.

daß die Finanzbehörde derartige krasse Fehlerquellen in dem Verfahren ausschalten wollte.

dd) Einmanngesellschaften und Familiengesellschaften

Abs. 8 der Richtlinien betont unter Hinweis auf das RFH-Urteil vom 8. Juni 1937[128] noch einmal den schon in Abschnitt 105 Abs. 1 letzter Satz aufgestellten Grundsatz, daß ein Vergleich mit börsengängigen Wertpapieren nicht in Betracht kommt, wobei hervorgehoben wird, daß eben dieser Grundsatz *„in besonderem Maße bei der Bewertung von Einmanngesellschaften oder Familiengesellschaften"* gilt.

Hier wird noch einmal für den speziellen Fall zum Ausdruck gebracht, was schon weiter vorne in den Richtlinien ausgeführt ist; eine also an und für sich unnötige Wiederholung.

Im zweiten Satz des vorgenannten Abs. 8 ist festgelegt, daß schwere Verkäuflichkeit der Anteile an Einmann- und Familiengesellschaften und die Zusammenfassung aller oder mehrerer Anteile derartiger Gesellschaften in einer Hand weder einen Abschlag noch einen Paketzuschlag begründen. Die Grundlage für diese Bestimmung wird in dem a.a.O. vermerkten RFH-Urteil vom 9. Dezember 1937[129] gesehen. Dieses Urteil weist in seiner Begründung darauf hin, daß sowohl bei Einmanngesellschaften als auch Familiengesellschaften ein Abschlag wegen schwerer Verkäuflichkeit der Anteile in der Regel nicht berechtigt sein wird und bezieht sich bei dieser Urteilsfindung auf die Entscheidungen in den Urteilen vom 28. Januar 1937[130] und vom 8. Juni 1937[131]. Wegen der Nichtzulässigkeit eines Paketzuschlags führt das in den Richtlinien angezogene Urteil wörtlich aus: *„Auch ein Zuschlag dafür, daß sich die Anteile in der Hand einer Person befinden, ist nicht berechtigt. Das FG hat nichts dafür dargetan, daß der gemeine Wert der Gesamtanteile höher sei als die Summe des für die einzelnen Anteile ermittelten Werts."*

Vorstehende Bestimmungen, die festlegen, daß ein Abschlag wegen schwerer Verkäuflichkeit der Anteile nicht zulässig ist, sind meines Erachtens einleuchtend, wurden sie doch sicherlich aus der Erwägung heraus geschaffen, dadurch eine Regelung zu schaffen, durch welche der Grundsatz der Gleichmäßigkeit der Besteuerung eingehalten wird.

Allerdings hat der RFH mit Urteil vom 19. September 1940[132] entschieden, daß ein Abschlag wegen schwererer Verkäuflichkeit der nicht börsenfähigen Anteile bei Familiengesellschaften unter Umständen

---

[128] RFH — vom 8. 6. 1937 — III A 37/37 — RStBl 1937. S. 929.
[129] RFH — vom 9. 12. 1937 — III 276/37 — RStBl 1938 S. 362.
[130] RFH — vom 28. 1. 1937 — III A 5/37 — RStBl 1937 S. 349.
[131] RFH — vom 8.6. 1937 — III A 37/37 — RStBl 1937 S. 929.
[132] RFH — vom 19. 9. 1940 — III 201/39 — RStBl 1941 S. 103.

gerechtfertigt ist. Diesem Urteil hat man jedoch allem Anschein nach bei der Formulierung der Richtlinien nicht Rechnung getragen.

Warum allerdings bei Familiengesellschaften der Wert von Geschäftsanteilen in der Regel nicht unter ihrem Substanzwert liegen wird — so sagen die Richtlinien in Satz 3 des Abs. 8 unter Hinweis auf das RFH-Urteil vom 24. September 1942[133] —, ist nicht ersichtlich. In dem angezogenen Urteil ist u. a. ausgeführt: *„Es gibt aber keinen ausnahmslosen Grundsatz, daß der Wert der Geschäftsanteile und übrigens auch von Aktien, für die dasselbe gilt, in der Regel nicht unter ihrem Substanzwert liegen kann. Dies gilt vielmehr nur für solche Geschäftsanteile und Aktien einer personenbezogenen Kapitalgesellschaft, durch deren Besitz die Gesellschaft beherrscht wird. Denn nur dann können die Gesellschafter, die solche Anteile oder Aktien besitzen, nach Belieben wie Mitunternehmer über die in der Gesellschaft stehenden Vermögenswerte verfügen. Handelt es sich dagegen um Anteile oder Aktien, die keinen beherrschenden Einfluß auf das Unternehmen ermöglichen oder um Aktien und Anteile einer nicht personenbezogenen Gesellschaft, so kann der gemeine Wert der Aktien sehr wohl unter dem Substanzwert liegen."*

Der Wortlaut des voraufgeführten Urteils rechtfertigt meines Erachtens nicht, daß die Richtlinien in der — allerdings durch die Worte „in der Regel" etwas eingeschränkten — Ausschließlichkeit den obigen Grundsatz aufstellen. Überhaupt gewinnt man, wenn die in Abs. 10 getroffenen Regelungen mit betrachtet werden, soweit sie auf Familien- und Einmanngesellschaften Bezug nehmen, den Eindruck, daß die personenbezogenen Gesellschaften schärfer zur Besteuerung herangezogen werden als die übrigen Gesellschaften. *Berg*[134] drückt dies einmal so aus:

„Am schlechtesten kommen beim Berliner Verfahren nach den VStR (gemeint sind die Richtlinien von 1949: eigene Anmerkung) die Familien- und dergleichen Gesellschaften weg."

Bühler[135] meint zum gleichen Problem:

„Da das Berliner Verfahren gerade bei diesen engen Gesellschaften (gemeint sind Einmann- und Familiengesellschaften: eigene Anmerkung) besonders gefürchtet ist, muß klar gesagt werden, daß es mit dieser Vorschrift des Abs. 10 (gemeint ist die Einstellung der Richtlinien zu den Ertragsmöglichkeiten der genannten Gesellschaften: eigene Anmerkung) eine Quelle verhängnisvoller Verschärfungen der Steuer enthält."

Zitzlaff macht sogar den Vorschlag, die Anteile an Einmann- und Familiengesellschaften generell anders zu behandeln. Er schreibt[136]:

---
[133] RFH — vom 24. 9. 1942 — III 52/42 — RStBl 1942 S. 1052.
[134] *Berg*, Zum Meinungsstreit um die Bewertung von GmbH-Anteilen, GmbH-Rdsch. 1954, S. 7.
[135] *Bühler*, Zum Problem der Bewertung unnotierter Geschäftsanteile, FR 1953, S. 119.
[136] *Zitzlaff*, Die Bewertung unnotierter Aktien und Anteile nach dem Berliner Verfahren, B 1953, S. 301.

„Man sollte die Anteile der personenbezogenen Gesellschaften, um dem Rätselraten der Bewertung ihrer Anteile ein Ende zu bereiten, aus dem § 13 Abs. 2 BewG herausnehmen und nur die Kapitalgesellschaft zur Vermögensteuer heranziehen, wobei für die Vorteile, die die Gesellschaftsform dem Anteilseigner bringen kann, ein pauschaler Zuschlag etwa von 10 vH bis 30 vH angesetzt werden könnte."

Soweit also geht zu diesem Punkt die Auffassung Zitzlaffs, der bekanntlich Reichsrichter war.

Abschließend soll zum gleichen Problem noch die bereits oben einmal kurz beleuchtete Meinung Bergs[137] zitiert werden. Er äußert sich: *„Wie wenig eine Familienkapitalgesellschaft tatsächlich Vorteile mit sich bringt, zeigt sich insbesondere im Falle von Erbauseinandersetzungen, Schenkungen usw., bei denen die Gesellschafter trotz der besten Ertragsaussichten der Gesellschaft nicht in der Lage sind, die damit zusammenhängenden Erbschafts- und so weiter Steuern aufzubringen. Bei einer Personengesellschaft sind Privatentnahmen dagegen jederzeit ohne jede steuerliche Konsequenz möglich, denn dort gibt es keine Doppelbesteuerung. Bei Personengesellschaften wird ferner für die Wertfestsetzung der Anteile der Gesellschafter lediglich der Vermögenswert herangezogen. Der Eigner von Anteilen an Kapitalgesellschaften soll nun auch möglichst in keinem Fall einen geringeren Wert versteuern, obwohl die Kapitalgesellschaft selbst, im Gegensatz zur Personengesellschaft, nochmals für sich Vermögensteuer zahlt. Es ist nicht einzusehen, warum die Anteilseigner von Kapitalgesellschaften, die sowieso der Doppelbesteuerung (einmal wird die Gesellschaft besteuert und einmal die Eigner: eigene Anmerkung) unterliegen, auch vermögensteuerlich zusätzlich noch durch überhöhte Wertfestsetzungen so viel schlechter gestellt werden sollen."* Mit den Ausführungen Bergs wird der Abschnitt über die Anteilsbewertung bei Einmann- und Familiengesellschaften geschlossen und nach Überspringung des Abschnitts 107 der VStR 1949, welcher Anordnungen über das Verfahren zur Feststellung des gemeinen Werts enthält, die in diesem Zusammenhang nicht interessieren, in die Behandlung des Abschnitts 108, der überschrieben ist „*Paketzuschlag*" (§ 13 Abs. 3 BewG)", eingetreten.

ee) Paketzuschlag

In Abs. 2 des Abschnitts 108 der VStR 1949 heißt es, nachdem in Abs. 1 hier nicht interessierende Bestimmungen über Verfahrensangelegenheiten beim Ansatz von Paketzuschlägen getroffen worden sind, daß ein Paketzuschlag in der Regel dann berechtigt sein wird, wenn ein Steuerpflichtiger mehr als 25 vH aller Anteile der Gesellschaft besitzt. Dabei werden nach Maßgabe des § 10 StAnpG auch die

---

[137] *Berg*, Bewertung unnotierter Anteile, S. 61.

Anteile mit zu berücksichtigen sein, die Angehörigen der Steuerpflichtigen gehören.

Abs. 3 spricht dann davon, daß die Festsetzung eines Paketzuschlags nur in Betracht kommt, wenn der Wert der Anteile nach den Verhältnissen der Kleinbesitzer, d. h. also unter Berücksichtigung der Dividendenaussichten festgesetzt worden ist. Für den Fall, daß bei der Bewertung der volle Vermögenswert und der volle Ertragswert angesetzt sind, ist die Festsetzung des Paketzuschlags nicht mehr gerechtfertigt, weil der volle Wert bereits erfaßt ist.

Gegen diese „regelmäßige Sonderbewertung" des Anteilsbesitzes mit mehr als 25 vH[138] des Gesellschaftskapitals wendet *Düppe*[139] in Ansehung der ständigen Rechtsprechung des RFH ein, daß eine schematische Beurteilung abzulehnen und nur Entscheidungen je nach Lage des Einzelfalls zulässig sind. Da seine Ausführungen zu diesem Problem sehr beachtlich sind, werden hier seine Argumente wörtlich wiedergegeben. Er schreibt:

„Was den Besitzer eines Aktienpaketes von dem Besitzer einer Mehrzahl von Aktien unterscheidet, richtet sich nicht allein nach dem Umfang des Besitzes, es kommt vielmehr wesentlich darauf an, ob der Steuerpflichtige mit dem Erwerb der Wertpapiere beabsichtigt, die Geschicke der betreffenden Gesellschaft beherrschend zu bestimmen oder doch maßgeblich zu beeinflussen. Es kann daher keine prozentuale Mindestgrenze des Aktienbesitzes festgelegt werden, bei der die Einzelbewertung der Aktien aufhört und eine Bewertung des einheitlichen Aktienpaketes einsetzen müßte. Eine solche Grenzziehung bleibt immer willkürlich. Obgleich ein Anteilsbesitz von mehr als 25 vH alle wesentlichen Minderheitsrechte gewährleistet und in Gestalt des Schachtelprivilegs auch steuerliche Auswirkungen hat, reicht er nicht ohne weiteres für einen Paketzuschlag aus. Er genügt insbesondere dann nicht, wenn er um des Schachtelprivilegs willen erworben worden ist, weil andernfalls die hierfür im Gesetz gewährte Vergünstigung zum Teil wieder verloren ginge."

Düppe folgert daraus: *„Wenn ein einheitliches Aktienpaket angenommen werden soll, müssen bestimmte Vorteile nachweisbar sein, die der Steuerpflichtige in bezug auf die betreffende Gesellschaft durch den Ankauf erstrebt. Darüber hinaus müssen sich diese Vorteile in Geld abschätzen lassen. Hierbei bietet ein erheblich über dem Tageskurs liegender Anschaffungspreis für eine Mehrheit von Aktien einen Anhalt für eine Sonderbewertung. Trotzdem ist auch in diesem Fall zu prüfen, ob der gezahlte Mehrpreis tatsächlich durch die Absicht des Erwerbers erklärt wird, sich geldwerte Vorteile in bezug auf die Gesellschaft zu verschaffen, oder ob er sich von anderen Gesichtspunkten hat leiten lassen."*

Düppe sieht dabei einen in Geld schätzbaren Vorteil in dem Erwerb von Aktienpaketen zum Zweck der Ausschaltung der Konkurrenz

---

[138] Nach § 131 Abs. 1 A II Nr. 6 AktG liegt eine Beteiligung im Zweifel dann vor, wenn die Aktien und Anteile insgesamt den vierten Teil des Nennkapitals der Gesellschaft ausmachen (auch Kuxe, soweit sie den vierten Teil der Kuxe dieser Gewerkschaft erreichen).
[139] *Düppe*, Paketzuschläge bei Wertpapieren, B 1953, S. 934.

oder, wenn eigene Aktien durch eine AG zu einem Überpreis erworben wurden, um das Eindringen lästiger Kapitaleigner zu verhindern.

Ganz allgemein läßt sich aus den vorstehenden Ausführungen der Grundsatz herleiten, daß das Eigentum an einem Paket von Anteilen erst dann einen Paketzuschlag rechtfertigt, falls tatsächlich besondere geschäftliche Beziehungen zu der betreffenden Gesellschaft bestehen.

Auch *Berg*[140] ist der gleichen Meinung, wenn er sich zum Paketzuschlag wie folgt äußert:

„Ein Besitz von 25 vH bedeutet jedoch keine irgendwie geartete entscheidende Einflußmöglichkeit des betreffenden Gesellschafters auf die Ertragsausschüttungen der Gesellschaft."

Berg ist meines Erachtens auch unbedingt beizupflichten, wenn er in bezug auf die Bestimmung, daß die Anteile mitzuberücksichtigen sind, die Angehörigen der Steuerpflichtigen gehören, Bedenken äußert. Es ist richtig, wenn er behauptet, es sei kein Geheimnis, daß in Familiengesellschaften, soweit es sich um volljährige Personen handelt, der Kampf aller gegen alle mitunter größer als unter fremden Gesellschaftern ist und es daher nicht gerechtfertigt ist, solche Anteile ohne weiteres zusammenzulegen.

Im übrigen scheint es dem Verfasser, als ob dem Problem des Paketzuschlags insofern keine allzu große Bedeutung beizumessen ist, als ja wohl fast immer die Bewertung der Anteile nach dem vollen Vermögenswert und Ertragswert erfolgen dürfte, und deshalb in Ansehung der Bestimmungen des Abs. 3 letzter Satz des Abschnitts 108 VStR 1949 der Ansatz eines Paketzuschlags nicht mehr in Betracht kommt[141].

Mit der Behandlung des Paketzuschlags — ein Paketabschlag als Gegenstück existiert nach Maßgabe des Abschnitts 108 Abs. 5 VStR 1949[142] nicht — ist die Behandlung der vermögensteuerlichen Vorschriften, welche für die Bewertung unnotierter Anteile gelten, erschöpft. Der nun anschließende Teil ist der zusammenfassenden Betrachtung des *„Berliner Verfahrens"* gewidmet.

f) Zusammenfassende Betrachtung über Wert und Unwert des *„Berliner Verfahrens"*

Das Berliner Verfahren war, wie die Ausführungen in den vorhergehenden Abschnitten gezeigt haben, äußerst umstritten. Die Meinungen herrschender Autoren auf dem Gebiet des Bewertungsrechts spre-

---

[140] *Berg*, Aus der Diskussion um die Bewertung von GmbH-Anteilen, GmbH-Rdsch. 1954, S. 167.
[141] Vgl. hierzu auch: RFH — vom 6. 5. 1943 — III 119/42 — RStBl 1943 S. 567.
[142] Vgl. hierzu auch: RFH — vom 5. 3. 1942 — III 94/41 — RStBl 1942 S. 611.

chen sich teils dafür, teils dagegen aus. Eines kommt jedoch in allen Auffassungen zum Ausdruck, nämlich, daß eine schematische Anwendung des genannten Verfahrens nicht möglich ist. Fast jeder der Autoren — und es sind nicht wenige, die sich mit dem Problem der Anteilsbewertung befaßt haben — kommt auf Grund seiner Überlegungen zu irgendwie gearteten Abänderungsvorschlägen.

Berg, der sich mit seiner Schrift „Bewertung unnotierter Anteile" wohl am eingehendsten mit der Materie beschäftigt hat, schlägt zusammenfassend[143] die grundsätzliche Änderung des Verfahrens insofern vor, als die Eigentümer unnotierter Anteile an Kapitalgesellschaften nicht schlechter als andere Kapitaleigner gestellt werden dürfen und berücksichtigt werden muß, daß Gesellschafter und Gesellschaften verschiedene Rechtspersonen mit unterschiedlichen Interessen und verschiedenen Einkommens-, Ertrags- und Vermögensverhältnissen sind. In diesem allumfassenden Abänderungsvorschlag gipfeln seine in den Ausführungen der vorstehenden Abschnitte in eingehender Weise behandelten Anregungen.

Meyer[144] schlägt vor, das Berliner Verfahren durch drei Korrekturen abzuändern:
a) Kürzung des Ertragswerts um $33^{1}/_{2}$ vH;
b) Anpassungsabschlag von 50 vH auf den Mittelwert in allen Fällen;
c) einen Kapitalisierungszinsfuß von 9 vH für die Ertragswertermittlung.

Zintzen und *Ellinger*[145] empfehlen, das Hauptgewicht bei der Bewertung auf den Vermögenswert zu legen und die Ertragswertberechnung nur als Korrektur zu verwenden.

Auch *Metzger*[146] nimmt ähnlich wie die beiden vorgenannten Autoren gegen den maßgebenden Einfluß des Ertragswerts auf den gemeinen Wert unnotierter Anteile nach den Bewertungsrichtlinien Stellung.

Zitzlaff[147] lehnt das Verfahren mehr oder weniger ganz ab, wenn er sagt:

„Vielleicht könnten nach dem Berliner Verfahren bei idealer Handhabung alle den Wert beeinflussenden Umstände berücksichtigt werden. Es fragt

---

[143] *Berg*, Bewertung unnotierter Anteile, S. 16.
[144] *Meyer*, Kapitalisierungszinsfuß und Berliner Verfahren, B 1954, S. 1049.
[145] *Zintzen*, Die vermögensteuerliche Bewertung von Wertpapieren und Beteiligungen, FR 1952, S. 332; und *Ellinger*, Die Ermittlung des gemeinen Werts von unnotierten Anteilen, StW 1952, Sp. 558/559.
[146] *Metzger*, Zur Bewertung unnotierter Anteile an Kapitalgesellschaften, BB 1953, S. 704 ff.
[147] *Zitzlaff*, Die Bewertung unnotierter Aktien und Anteile nach dem Berliner Verfahren, B 1953, S. 302.

sich nur, ob das wirklich in vollem Umfange geschieht oder ob nicht das Berliner Verfahren in praxi dazu führt, gegenüber der Ermittlung des gemeinen Wertes das Schema der Formel in den Vordergrund zu stellen."

Er spricht dann an anderer Stelle[148] davon, daß das Berliner Verfahren ein Verfahren neben dem Gesetz oder gegen das Gesetz ist.

Van der Velde[149] kommt zu dem Ergebnis, daß das Berliner Verfahren dann als brauchbar angesehen werden kann, wenn die verschiedenartigsten Abschläge eingebaut werden und bei den personenbezogenen Gesellschaften nicht der gesamte Gewinn als Grundlage herangezogen wird.

Bühler[150] gehört ebenfalls zu den Fachleuten, welche das Berliner Verfahren rundweg ablehnen, indem er schreibt, daß man das Berliner Verfahren insgesamt schon zu den bösartigsten Einrichtungen des Steuerrechts rechnen muß.

Remmlinger[151] meint, daß unbedingt die Gleichmäßigkeit der Besteuerung zwischen notierten und unnotierten Anteilen herbeigeführt werden muß und daß dementsprechend das Berliner Verfahren zuzuschneiden ist.

Rössler[152] spricht sich voll und ganz für die unveränderte Anwendung des Berliner Verfahrens aus, wenn er sagt, es müsse bei den unnotierten Aktien und Anteilen von den realen Werten und Erträgen *„nach den bewährten Spielregeln des Berliner Verfahrens ausgegangen werden".*

Boettcher[153] ist der Auffassung, daß das Berliner Verfahren *„bei entsprechender Verfeinerung und idealer Handhabung zu brauchbaren Ergebnissen"* führt.

Vorstehende Zusammenstellung reicht also von rückhaltloser Zustimmung (Rössler) zu dem Berliner Verfahren bis zur völligen Ablehnung (Bühler) des Berliner Verfahrens; dazwischen sind alle nur denkbaren Abstufungen vertreten. Tatsache bleibt jedoch, daß das Verfahren durch Jahrzehnte eine Methode darstellte, gewisse Anhaltspunkte für Wertfestsetzung bei unnotierten Anteilen zu finden. Ähnlich wie auch betriebswirtschaftliche Methoden der laufenden Entwicklung durch neue Erkenntnisse und forschungsentwickelte Grundlagen unterliegen, ist nunmehr auch das Berliner Verfahren *„überholt"*

---

[148] Zitzlaff, Die Bewertung unnotierter Aktien und Anteile nach dem Berliner Verfahren, B 1953, S. 301.
[149] van der Velde, Die Bewertung von Beteiligungen, Steuerberaterjahrbuch 1952, S. 284.
[150] Bühler, Die steuerrechtliche Belastung der verschiedenen Gesellschaftsformen nach Inkrafttreten der Kleinen Steuerreform, NJW 1953, S. 1121 ff.
[151] Remmlinger, Der Wert unnotierter Anteile, GmbH-Rdsch. 1950, S. 70 ff.
[152] Rössler, Bewertung von nicht notierten Aktien und Anteilen, DStZ 1953, S. 245.
[153] Boettcher, Zur Bewertung unnotierter Anteile, besonders an Familiengesellschaften, StW 1953, Sp. 529.

worden, um als „*Stuttgarter Verfahren*" mit einschneidenden Abwandlungen dem Bewertungsverfahren zu dienen.

3. Die Bewertung unnotierter Anteile und Aktien auf den 31. Dezember 1952 (AntBewR 1953) nach dem „Stuttgarter Verfahren"

Das „*Stuttgarter Verfahren*" — so genannt, weil es in seinen Grundzügen bei dem Stuttgarter Finanzamt für Körperschaften entwickelt worden ist[1] — ist im Gegensatz zu den Vermögensteuer-„*Richtlinien*" 1949 als „*Verwaltungsanordnung*" erlassen worden. Hierin dokumentiert sich schon die Überzeugung des Gesetzgebers in dem neuen Verfahren die Idealforderung erfüllt zu sehen, daß ein danach berechneter Wert ein annähernd richtiges Ergebnis darstellt. Dessen unbeschadet können nach dem Wortlaut der Präambel die Rechtsmittelbehörden zu anderen Entscheidungen als den Festlegungen in den Richtlinien entspricht, gelangen. Daß das „*Stuttgarter Verfahren*" auch nach der Meinung der Rechtsmittelbehörden zu brauchbaren Werten führt, dokumentiert sich in dem Urteil des FG Stuttgart vom 11. August 1955[2]. Dort wird ausgeführt, daß das durch Verwaltungsanordnung vom 14. Februar 1955 eingeführte Stuttgarter Verfahren zur Bewertung von Anteilen an Kapitalgesellschaften einen brauchbaren Maßstab liefert und deshalb auch bereits auf Bewertungen am 31. Dezember 1949 angewendet werden kann.

Die AntBewR 1953 legen in Abschnitt 1 wie die VStR 1949 in Abschnitt 104 unter Bezugnahme auf die einschlägigen Bestimmungen des § 13 Abs. 2 BewG fest, daß vom gemeinen Wert auszugehen ist, der für die Hauptfeststellung 1953 möglichst aus Verkäufen abzuleiten ist, die in den Jahren 1952 und 1953 stattgefunden haben. Gleichzeitig wird wie für die Hauptfeststellung 1949 die Ermittlung des gemeinen Werts durch Vergleich mit börsengehandelten Aktien oder durch Vergleich mit den Anteilen anderer Gesellschaften wegen der Unterschiedlichkeit der Verhältnisse als nicht angängig bezeichnet.

Der folgende Abschnitt 2 der AntBewR 1953 befaßt sich schon mit den Vorschriften über die Methode der Schätzung des gemeinen Wertes von nichtnotierten Aktien und Anteilen.

a) Der Schätzwert

Auch das „*Stuttgarter Verfahren*" kennt als Grundlage der Schätzung wiederum die zwei Komponenten „*Vermögenswert*" und „*Ertragsaussichten*". Allerdings tritt der letztgenannte Teil nurmehr als

---

[1] *Metzger*, Zur Bewertung unnotierter Anteile an Kapitalgesellschaften, BB 1953, S. 704.
[2] FG Stuttgart, Urteil vom 11. 8. 1955 — III 341 — 342/55 (rechtskräftig), WPg 1956, S. 182.

Berichtigungsposten zum Vermögenswert auf. Es kommt den „Ertragsaussichten" nicht mehr die Bedeutung zu, die dem „Ertragswert" im Rahmen des „Berliner Verfahrens" eingeräumt worden ist. Die AntBewR sagen dazu (Abschnitt 2 Abs. 2):

> „Für die Schätzung des gemeinen Wertes war bisher ein Verfahren vorgesehen, bei dem für die Gesellschaft ein Vermögenswert und ein Ertragswert festgestellt und aus beiden Werten ein Mittelwert gebildet wurde. Die Erfahrungen bei den bisherigen Bewertungen haben gezeigt, daß in vielen Fällen dieser Mittelwert dem gemeinen Wert der Aktien oder Anteile nicht entspricht, denn der zeitlich und ertragsmäßig uneingeschränkte Ansatz des Gewinnes der Gesellschaft führt oft zu Werten, die weder durch tatsächlich gezahlte Kaufpreise bestätigt werden noch im Hinblick auf das allgemeine Kursniveau der börsenmäßig gehandelten Aktien gerechtfertigt erscheinen. Die Finanzämter waren deshalb besonders bei ertragsgünstigen Gesellschaften gezwungen, den Mittelwert durch erhebliche, im allgemeinen nur schwer zu schätzende Abschläge zu ermäßigen. Andererseits ergaben sich bei niedrigen Erträgen vielfach Mittelwerte, die erheblich unter den bei Verkäufen dieser Aktien und Anteile tatsächlich erzielten Erlösen liegen. Für eine gleichmäßigere Bewertung der Aktien und Anteile ist es daher erforderlich, das bisherige Bewertungsverfahren in eine festere Form zu bringen. Unter den gegenwärtigen Verhältnissen erscheint es richtig, bei der Bewertung vom Vermögenswert der Aktie oder des Anteils auszugehen und die Ertragsaussichten nur in gewissem Umfang zu berücksichtigen."

Als nach vorstehendem nunmehr wichtigsten Teil der Schätzformel wird zuerst der Vermögenswert besprochen.

b) Der Vermögenswert

Auszugehen ist hierbei vom Einheitswert des Betriebsvermögens. Hinzuzurechnen sind die Wirtschaftsgüter, die gemäß §§ 59 und 60 BewG nicht zum Betriebsvermögen gehören. Die Abschnitte 18[3] und 19[4]

---

[3] Dort heißt es:
(1) Nach § 59 BewG gehören nicht zum Betriebsvermögen:
    1. Die Wirtschaftsgüter, die nach dem Vermögensteuergesetz von der Vermögensteuer befreit sind (vgl. Abs. 2);
    2. die Wirtschaftsgüter, die nach anderen Gesetzen als dem Vermögensteuergesetz von der Vermögensteuer befreit sind (vgl. Abs. 3);
    3. die Wirtschaftsgüter, die nach § 67 Ziff. 5 Sätzen 2 bis 4 BewG nicht zum sonstigen Vermögen gehören.
(2) Nach dem Vermögensteuergesetz sind befreit:
    a) die Wirtschaftsgüter, die nach § 1 Abs. 2 VStG außer Ansatz bleiben. Das sind Vermögensgegenstände der im § 77 BewG genannten Art, die auf die sowjetische Zone, den sowjetischen Sektor Berlins und das Saargebiet entfallen;
    b) die Wirtschaftsgüter, für die sich aus § 3 VStG objektive Befreiungen von der Vermögensteuer ergeben.
(3) Nach anderen Gesetzen als dem Vermögensteuergesetz sind von der Vermögensteuer insbesondere folgende Wirtschaftsgüter befreit:
    a) die Steuerfreie Deutsche Reichsbahnanleihe 1931 (§ 14 des Dritten Teils der Verordnung vom 19. September 1931, RGBl I S. 493, 507);

der AntBewR 1953 enthalten eine Aufzählung der Wirtschaftsgüter, die nicht zum Betriebsvermögen gehören, bzw. die Vergünstigungen für Schachtelgesellschaften. Als Abzugsglied sind die Schulden anzusetzen, die mit den vorgenannten Wirtschaftsgütern in wirtschaftlichem Zusammenhang stehen und deshalb bei der Einheitswertermittlung nicht berücksichtigt worden sind. Ferner ist noch die Vermögens-

b) die Anlagen der steuerbegünstigten Wasserkraftwerke während der Bauzeit (§ 5 Satz 1 der Verordnung über die steuerliche Begünstigung von Wasserkraftwerken vom 26. Oktober 1944. RGBl I S. 278, RStBl S. 657); wegen der steuerlichen Begünstigung nach dem Betriebsbeginn vgl. Abschn. 120 Abs. 5;

c) die „Steuerfreie Wohnungsbauanleihe der Kreditanstalt für Wiederaufbau" (§ 1 des Gesetzes über die Steuerfreiheit einer Wohnungsbauanleihe der Kreditanstalt für Wiederaufbau vom 10. August 1949). Die Steuerfreiheit der Wohnungsbauanleihe wirkt zu Gunsten des jeweiligen Gläubigers der Anleihe für den Zeitraum, der zwischen dem Erwerb der Anleihe und der Veräußerung der Anleihe liegt (Besitzdauer). Werden die Anleihestücke mit Vermögen erworben, das in dem vor Erwerb dieser Stücke festgestellten Einheitswert des Betriebsvermögens enthalten ist, so ist der Einheitswert auf den dem Erwerb folgenden 1. Januar ohne Rücksicht auf die Wertfortschreibungsgrenzen neu festzustellen. (Wegen der Behandlung bei der Vermögensteuer vgl. Abschnitt 87);

d) die Berliner Schuldverschreibungen 1949 nach dem Gesetz über die Ausgabe von Berliner Schuldverschreibungen und über die Steueramnestie vom 5. Oktober 1949 unter den für die Befreiung von der Vermögensteuer aufgestellten Voraussetzungen;

e) die Wirtschaftsgüter, deren Befreiung sich aus einer Regelung ergibt, die mit einem ausländischen Staat zur Vermeidung der Doppelbesteuerung getroffen worden ist (§ 9 Ziff. 2 StAnpG).

⁴ Dieser Abschnitt lautet:
(1) Nach § 60 BewG ist die Vergünstigung für Schachtelgesellschaften davon abhängig, daß die Beteiligung an dem Grundkapital oder Stammkapital nachweislich seit Beginn des Wirtschaftsjahres, das dem Feststellungszeitpunkt vorangeht, besteht. Der Beseitigung von Zweifelsfragen dient die Bestimmung im § 52 BewDV. Betrug z. B. die Beteiligung einer inländischen Kapitalgesellschaft an einer anderen inländischen Kapitalgesellschaft zu Beginn des maßgebenden Wirtschaftsjahres 30 vH und erwirbt die Gesellschaft im Laufe des Wirtschaftsjahrs eine weitere Beteiligung von 10 vH hinzu, so ist die Vergünstigung nur für die ursprüngliche Beteiligung von 30 vH, nicht dagegen für die hinzuerworbene Beteiligung von 10 vH zu gewähren. Das gilt auch für neu ausgegebene junge Aktien oder Anteile (RFH — vom 16. April 1943, RStBl S. 548). Durch § 52 BewDV soll außerdem klargestellt werden, daß die Schachtelvergünstigung einer inländischen Kapitalgesellschaft auch dann nicht zusteht, wenn sie zwar seit Beginn des letzten maßgebenden Wirtschaftsjahrs die für die Vergünstigung erforderliche Beteiligung ununterbrochen besitzt, es sich aber bei diesem Wirtschaftsjahr um ein „Rumpfwirtschaftsjahr" handelt, das weniger als zwölf Monate umfaßt. § 52 BewDV schreibt deshalb ausdrücklich vor, daß die Beteiligung seit mindestens zwölf Monaten vor dem maßgebenden Abschlußtag bestanden haben muß.

(2) Versicherungsvereine auf Gegenseitigkeit sind keine Kapitalgesellschaften. Für Beteiligungen an dem Grundkapital oder Stammkapital einer inländischen Kapitalgesellschaft, die einem inländischen Versicherungsverein auf Gegenseitigkeit zustehen, würde deshalb nach dem Bewer-

abgabeschuld mit dem Zeitwert, der sich nach § 77 LAG ergibt, abzuziehen.

aa) *Abweichungen des Reinvermögens
von dem in der Steuerbilanz ausgewiesenen Vermögen*

Dann bestimmen die AntBewR noch, daß für den Fall einer Abweichung des Reinvermögens von dem in der Steuerbilanz des Unternehmens ausgewiesenen Vermögen in ganz erheblichem Umfang dieser Umstand bei der Berechnung des Vermögenswerts zu berücksichtigen ist. Die AntBewR bringen in diesem Zusammenhang das Beispiel, daß die Steuerbilanz wesentlich höhere Beträge für Betriebsgrundstücke als die Einheitswerte ausmachen, ausweisen kann.

Berg[5] erblickt in der vorstehenden Bestimmung *„eine ungeheuerliche, völlig einseitige Einstellung zu den Bewertungsproblemen um die unnotierten Anteile"*. Er begründet diese Anschuldigung damit, daß er ausführt, auf der anderen Seite lasse man wirtschaftlich notwendige Absetzungen für Rückstellungen und Rücklagen außer Betracht.

Troll und *Diedenhofen*[6] meinen zum gleichen Problem, daß es sich bei der Anwendung der Bestimmungen der AntBewR in diesem Punkt nur um krasse Fälle handeln könne, da es sonst einer Prüfung bedürfe, welcher Teil der auf den Gebäudekonten gebuchten Herstellungskosten als verlorener Bauaufwand anzusehen ist. Beide Autoren interpretieren die Richtlinien dahingehend, daß *„im Interesse einer zutreffenden Anteilsbewertung nur offensichtlichen Unterbewertungen großen Ausmaßes"* entgegengewirkt werden soll.

Im vorliegenden Zusammenhang ist der Erlaß des BdF vom 22. Juni 1956[7] von Interesse. Dort heißt es: *„Ein erhebliches Abweichen des sich nach dem Einheitswert ergebenden Reinvermögens von dem in der Steuerbilanz der Gesellschaft ausgewiesenen Vermögen kann unter Umständen bei der Berechnung des Vermögenswertes entsprechend berücksichtigt werden. So kann beispielsweise an Stelle des Einheits-*

---

tungsgesetz die Schachtelvergünstigung an sich nicht gelten. Durch § 52 Abs. 2 BewDV wird den inländischen Versicherungsvereinen auf Gegenseitigkeit diese Vergünstigung gewährt. Die Voraussetzungen für die Vergünstigung sind die gleichen wie bei den Kapitalgesellschaften. Dagegen hat ein eingetragener Verein keinen Anspruch auf die Schachtelvergünstigung (RFH — vom 6. August 1942, RStBl 1943, S. 60).

(3) Die Schachtelvergünstigung wird nicht gewährt, wenn es sich um Anteile an Unternehmungen handelt, die subjektiv steuerfrei sind (RFH-Urteile vom 30. Juli 1935, RStBl S. 1198 und vom 21. November 1940, RStBl 1941 S. 119). Bei teilweiser sachlicher Befreiung ist die Vergünstigung zu gewähren (RFH — vom 22. September 1936, RStBl S. 1182).

[5] *Berg*, Aus der Diskussion um die Bewertung von GmbH-Anteilen, GmbH-Rdsch. 1954, S. 166.

[6] *Troll* und *Diedenhofen*, Neue Richtlinien über die Bewertung nichtnotierter Anteile und Aktien, Beilage Nr. 2 zu Heft 5/1955, Der Betrieb, S. 3.

[7] BdF-Erlaß vom 22. 6. 1956 — S 3630, mitgeteilt durch Verfügung der Oberfinanzdirektion Koblenz vom 18. 7. 1956 — S 3630 A (BB 1956, S. 917/918).

wertes eines Betriebsgrundstücks der höhere Buchwert angesetzt werden." Dieser Anordnung liegt folgende Überlegung zugrunde:

„*Die Einheitswerte des Grundbesitzes werden noch nach den Wertverhältnissen vom 1. 1. 1935 festgestellt und entsprechen oft nicht mehr den gegenwärtigen Wertverhältnissen des Grundstücksmarktes. Die Buchwerte der Steuerbilanz sollen deshalb, wenn sie offensichtlich den gegenwärtigen Wertverhältnissen besser entsprechen, an die Stelle der Einheitswerte der Betriebsgrundstücke treten. Diese Regelung schließt nicht aus, daß — falls weder der Einheitswert noch die Buchwerte der Steuerbilanz den wirtschaftlich maßgebenden Wert der Betriebsgrundstücke repräsentieren — eine anderweitige Wertermittlung auf Grund besonderer Berechnungen vorgenommen wird.*"

Anknüpfend an die Ausführungen *Bergs*, der bemängelt, daß wirtschaftlich notwendige Rückstellungen und Rücklagen nicht abgezogen werden können, sei hier an die Rückstellung für Pensionsanwartschaften erinnert (vgl. in diesem Zusammenhang auch die Seiten 53 bis 56), die zum Hauptfeststellungszeitpunkt 31. Dezember 1952 noch nicht abgezogen werden durften, obwohl sie ohne jeden Zweifel jeder Erwerber eines Unternehmens kaufpreismindernd angesehen hat. Diese betriebswirtschaftliche Betrachtungsweise wird in gleicher Weise Rückstellungen für Garantieverpflichtungen (vgl. S. 56) bei der Einheitswertfeststellung berücksichtigen[8]. Gleiches gilt hinsichtlich der Steuerschulden, die über den nach § 53 a BewDV zulässigen Umfang hinausgehen. Ein RFH-Urteil[9] hat die Abzugsfähigkeit dieser Last bejaht.

Berg[10] bezeichnet es als ein „*Erfordernis konsequenter Objektivität*", den Umstand vermögensmindernd zu berücksichtigen, daß durch den Rückfluß von Darlehen nach den §§ 7 c), 7 d) Abs. 2 und 7 f) EStG 1953 eine Körperschaftsteuerschuld ausgelöst wird; dem steht bisher Abschnitt 31 AntBewR 1953 entgegen. *Berg* wendet sich auch dagegen, daß nach Maßgabe des Abschnittes 32 AntBewR 1953 höhere Teilwerte für das bewegliche Anlagevermögen angesetzt werden als in den Ertragsteuerbilanzen.

„*Alle auf diese Weise entstandenen zulässigen steuerlichen Bewertungsreserven, die ertragsteuerlich noch unversteuerte stille Rücklagen bedeuten, werden noch eine Körperschaftsteuerschuld bei ihrer Realisierung auslösen, die außerdem zum Teil die Substanz betrifft, soweit sie nur nominelle, aber keine wirklichen Gewinne zur Folge hat.*"

Meines Erachtens ist gegen die im vorstehenden Absatz dargelegten Ansichten einzuwenden, daß die vom Gesetzgeber in der Sicht eines bestimmten Zieles eingeräumten Vergünstigungen bewußt nur mit er-

---

[8] Redaktionsmitteilung: Anteilsbewertung und Rückstellungen, GmbH-Rdsch. 1956, S. 31.
[9] RFH — vom 27. 11. 1941 — III 156/41 — RStBl 1942 S. 93.
[10] *Berg*, Aus der Diskussion um die Bewertung von GmbH-Anteilen, GmbH-Rdsch. 1954, S. 166.

tragsteuerlicher Wirksamkeit ausgestattet wurden und es daher nicht angeht, die Auswirkungen in anderen Steuerarten zu Lasten des Fiskus zu berücksichtigen. Im übrigen kann mit *Troll* und *Diedenhofen*[11] vermutet werden, daß sich im allgemeinen die in Handelsbilanz bzw. Steuerbilanz einerseits und Vermögensbilanz andererseits ergebenden werterhöhenden und wertmindernden Umstände wohl gegenseitig aufheben und eine kleinliche Prüfung daher unterbleiben kann.

Die sich in diesem Zusammenhang stellende Frage nach der eventuellen Berücksichtigung eines Firmenwerts muß nach den von der Rechtsprechung entwickelten Grundsätzen[12] dahingehend beantwortet werden, daß zwar der Ansatz eines originären Firmenwerts in keinem Fall in Betracht kommt, jedoch ein derivativer Geschäftswert berücksichtigt werden muß.

Mit Rücksicht auf die Vollständigkeit der hier zu erörternden Probleme muß in vorliegendem Zusammenhang auf die Seiten 58 bis 79 hingewiesen werden, wo in ausführlicher Weise die Werte auf Grund des DMBG behandelt worden sind. Die dort festgestellte Problematik der Ausgangswerte gilt — mit Rücksicht auf die inzwischen verflossene Zeit — allerdings in abgeschwächter Form auch für die Hauptfeststellung 1953, da ja große Teile der Vermögenswerte vom Zeitpunkt der Währungsreform her in den Unternehmen vorhanden sind und sich damit Bewertungsfehler in allen folgenden Jahren noch auswirken.

bb) *Vermögenswert der Gesellschaft — Vermögenswert der Anteile*

Die AntBewR berücksichtigen in ihrer weiteren Folge (Abs. 4) die immer wieder in der Literatur beanstandete Gleichsetzung von Vermögenswert der Gesellschaft und Vermögenswert der Anteile an dieser Gesellschaft, indem sie folgendes bestimmen: *„Es kann vorkommen, daß das Vermögen oder einzelne Teile des Vermögens der Gesellschaft für den Anteilseigner nicht denselben Wert haben wie für das Unternehmen selbst*[13]. *Einzelfeststellungen hierzu lassen sich praktisch kaum durchführen. Es erscheint daher vertretbar, das nach Abs. 3 ermittelte*

---

[11] *Troll* und *Diedenhofen*, Neue Richtlinien über die Bewertung nichtnotierter Aktien und Anteile, Beilage Nr. 2 zu Heft Nr. 5, 1955, Der Betrieb, S. 3.
[12] RFH — vom 16. 11. 1933 — III A 243/33 — RStBl 1934, S. 37.
RFH — vom 29. 10. 1942 — III 124/42 — RStBl 1943, S. 69.
RFH — vom 28. 7. 1942 — I 49/42 — RStBl 1942, S. 911.
BFH — vom 26. 3. 1952 — II 105/51 U — BStBl 1952, III, S. 139.
BFH — vom 14. 6. 1955 — I 154/54 U — BStBl 1955, III, S. 221.
BFH — vom 29. 5. 1956 — I 39/56 S — BStBl. 1956, III, S. 226.
[13] Anmerkung: Hierbei ist insbesondere an Rücklagen für Krisenzeiten zu denken. Für den Fall, daß außergewöhnliche Verhältnisse vorliegen, gilt Abschnitt 2 Abs. 11 AntBewR 1953.

Vermögen in allen Fällen um 10 vH zu kürzen. Ein weiterer Abschlag vom Vermögen ist daneben nicht zulässig."

Troll und Diedenhofen schreiben hierzu[14], daß die starre Anwendung eines bestimmten Hundertsatzes eine möglichst gleichmäßige Berechnungsgrundlage schaffen soll. Den weiteren Ausführungen zu diesem Punkt ist zu entnehmen, daß sich der Satz von 10 vH bei Probeberechnungen ergeben und für den Regelfall als zutreffend erwiesen habe. Berücksichtigt man, daß sich im Einzelfall die Frage nach der Höhe des Abschlags, der den Gegebenheiten in allen Punkten Rechnung trägt, wohl kaum wird richtig beantworten lassen, dürfte sich meines Erachtens der Abschlag in Höhe von 10 vH als gerecht erweisen. Im übrigen räumt Abs. 11 des Abschnitts 2 die Möglichkeit ein, bei besonderen Umständen, die in den Berechnungen nicht hinreichend zum Ausdruck gebracht sind, Zu- oder Abschläge vom gemeinen Wert anzusetzen.

Nach Metzger[15] *"sollen damit (mit dem 10 %igen Abschlag) alle Einwendungen, die in dieser Beziehung erhoben werden, abgegolten sein, weil Einzelfeststellungen praktisch kaum durchführbar sind".*

Berg[16] allerdings erklärt sich mit der vorstehenden Lösung nicht einverstanden, wenn er anknüpfend an den Wortlaut der Richtlinien ausführt: *"Wenn hier gesagt wird, daß Einzelfeststellungen darüber, daß das Vermögen oder einzelne Teile des Vermögens der Gesellschaft für den Anteilseigner nicht denselben Wert haben wie für das Unternehmen selbst, kaum durchführbar sind, so wird hiermit die Bedeutung des Vermögenswertes der Gesellschaft als eine rein rechnerische Fiktion bei der Ermittlung des Kurses für nichtnotierte Anteile nur unterstrichen. Der Normalfall ist nämlich, daß das Vermögen der Gesellschaft für den Anteilseigner nicht denselben Wert wie für das Unternehmen selbst hat und das umgekehrte ist der Ausnahmefall. Wenn daher gesagt wird, daß das nach Abschnitt 2 Abs. 3 ermittelte Vermögen in allen Fällen um 10 vH zu kürzen ist, so besteht hier ein Widerspruch zu dem zunächst herausgestellten Grundsätzlichen. Damit wird aber auch bereits die Vorschrift der Richtlinien, daß ein weiterer Abschlag als 10 vH vom Vermögen nicht zulässig sein soll, unmöglich. Für den Anteilseigner wird insbesondere auch die Zusammensetzung des Vermögenswertes nach dem Nennwert der Anteile und Rücklagen einschließlich dem Kapitalausgleichsposten zwi-*

---

[14] Troll und Diedenhofen, Neue Richtlinien über die Bewertung nichtnotierter Anteile und Aktien, Beilage Nr. 2 zu Heft Nr. 5/1955, Der Betrieb, S. 3.
[15] Metzger, Die Bewertung der nichtnotierten Aktien und Anteile an Kapitalgesellschaften, BB 1955, S. 93.
[16] Berg, Verwaltungsanordnung zur Bewertung nichtnotierter Aktien und Anteile, GmbH-Rdsch. 1955, S. 34.

schen Handels- und Steuerbilanz von großer praktischer Bedeutung sein."

Die Ausführungen Bergs zeugen von einer sehr starren Haltung in diesem Punkt, die — man kann sich dieses Eindrucks nicht erwehren — meiner Meinung nach auf eine falsche Beurteilung der Verhältnisse von Personalunternehmen und Kapitalgesellschaften zurückzuführen ist. Diese Unternehmensformen sind ja nicht nur von der steuerlichen Seite, sondern auch von betriebswirtschaftlicher und zivilrechtlicher Seite zu sehen.

Der in den AntBewR folgende Absatz 5 legt das Rechenschema fest, nach dem die Vermögenswertbestimmung zu erfolgen hat. Es ergibt sich danach die gleiche Formel wie beim Berliner Verfahren, nämlich:

$$V = \frac{RV \times 100}{K}$$

Dabei bedeutet:
V = Vermögenswert
RV = Reinvermögen
K = Grund- oder Stammkapital

(vgl. in diesem Zusammenhang auch S. 48).

Damit kann die Behandlung des *„Vermögenswertes"* im Rahmen des *„Stuttgarter Verfahrens"* verlassen und zu der Besprechung der *„Ertragsaussichten"* übergegangen werden. Abschließend ist jedoch noch zusammenfassend zu sagen, daß die Ermittlung des Vermögenswertes nach dem *„Stuttgarter Verfahren"* nicht wesentlich von den entsprechenden Vorschriften des *„Berliner Verfahrens"* abweicht. Positiv unterscheiden sich die neuen Bestimmungen insofern von den früheren, als die Feststellung des Reinvermögens nach betriebswirtschaftlichen Gesichtspunkten erfolgt und damit der Sicht des Problems vom Standpunkt des Käufers von Anteilen besser entspricht.

c) Die Ertragsaussichten
(Ermittlung des Ertragshundertsatzes)

Nach Maßgabe der Richtlinien ist hier nicht mehr der Ertragswert, wie bei dem *„Berliner Verfahren"*, sondern der Ertragshundertsatz zu ermitteln. Demnach kann rein rechnerisch der Vergleich mit der Normalrendite unterbleiben, so daß nurmehr die Formel bleibt:

$$EH = \frac{DE \times 100}{K}$$

Dabei bedeutet:
EH = Ertragshundertsatz
DE = Durchschnittsertrag
K = Grund- oder Stammkapital

Von dem vorstehend formelmäßig zum Ausdruck gebrachten Wert kann gesagt werden, daß er in etwa der Dividende einer an der Börse gehandelten Aktie entspricht[17].

Zum Hauptfeststellungszeitpunkt 31. Dezember 1952 konnte bereits auf eine Reihe von DM-Jahresabschlüssen zurückgeblickt werden, so daß die AntBewR in Abschnitt 2 Abs. 6 von dem Durchschnitt der Gewinne in den Jahren 1950, 1951, 1952 und 1953 ausgehen. Als Jahresertrag ist, wie die Richtlinien festlegen, das *„Betriebsergebnis"* des einzelnen Jahres anzusetzen. Darunter wird der jeweilige körperschaftsteuerliche Gewinn zuzüglich der Einnahmen und abzüglich der Ausgaben, die auf Grund der besonderen Vorschriften des Körperschaftsteuergesetzes außer Ansatz geblieben sind, verstanden. Sieht man von der unzutreffenden Bezeichnung „Betriebsergebnis" ab, so kommt man bei sinngemäßer Auslegung des vorstehend Ausgedrückten in etwa zu dem *„Unternehmungserfolg"*[18] im Sinne der Betriebswirtschaftslehre.

Die AntBewR geben im Anschluß daran Beispiele für die Hinzurechnungen (z. B. Einnahmen aus Schachtelbeteiligungen) und Kürzungen (z. B. Aufsichtsratsvergütungen, nichtabzugsfähige Spenden).

Unter Beachtung der einschlägigen Vorschriften läßt sich eine schematische Darstellung[19] des *„Betriebsgewinns"*, wie ihn die Richtlinien bezeichnen, etwa folgendermaßen entwickeln:

1. Körperschaftsteuerlicher Gewinn eines Jahres   DM ....
2. Hinzurechnungen
   a) Sonderabschreibungen nach §§ 7 a, 7 d Abs. 1, 7 e EStG; § 36 IHG; wenn nach § 7 a Abs. 1 oder § 7 d Abs. 1 EStG für einkommensteuerliche Zwecke die Absetzungen nur nach dem Restwert zu bemessen sind, der nach den Sonderabschreibungen noch verblieben ist, so ist hier von den Anschaffungs- oder Herstellungskosten auszugehen   DM ....
   b) Unverzinsliche Darlehen nach §§ 7 c, 7 d Abs. 2, 7 f EStG (nicht jedoch verlorene Zuschüsse)   DM ....
   c) Verlustabzug gemäß § 10 Abs. 1 Ziffer 4 EStG, soweit er nicht aus einem in die Durchschnittsberechnung einzubeziehenden Jahr herrührt   DM ....   DM ....
3. Zwischensumme   DM ....

---

[17] Vgl. hierzu auch: Wortlaut der AntBewR (Abschnitt 2 Abs. 8 Satz 1): „Der ausschüttungsfähige Jahresertrag ist wie bei der Dividendenberechnung mit dem Nennkapital der Gesellschaft zu vergleichen."
[18] *Schäfer*, Die Unternehmung, Bd. III, S. 297.
[19] Vgl. hierzu auch: Schemata bei *Metzger*, Die Bewertung der nichtnotierten Aktien und Anteile an Kapitalgesellschaften, BB 1955, S. 93.
Troll und *Diedenhofen*, Neue Richtlinien über die Bewertung nichtnotierter Aktien und Anteile, Beilage Nr. 2 zu Heft 5, 1955, Der Betrieb.
Troll, Zur Bewertung nichtnotierter Aktien und Anteile, StWrt 1956, S. 30, 31.

4. Hinzurechnungen
   a) Schachtelgewinne (§ 9 KStG)   DM ....
   b) im Einkommen nach Ziffer 1 nicht enthaltene
      aa) steuerfreie Kapitalerträge (§ 33 a u. b EStG, § 5 Abs. 3 Satz 3 IHG) DM ....
      bb) dem Steuerabzug mit 30 oder 60 vH unterliegende Kapitalerträge nach Abzug der Kapitalertragsteuer und sonstiger Werbungskosten   DM ....
   c) Absetzbarer Betrag nach § 4 AusfFördG (nicht jedoch die Rücklage)   DM ....
   d) Verlustabzug nach § 10 Abs. 1 Ziff. 4 EStG aus einem in die Durchschnittsberechnung einzubeziehenden Jahr   DM .... DM ....

5. Berichtigter Jahresgewinn   DM ....

6. Kürzungen
   a) Körperschaftsteuer aus Ziffer 3   DM ....
   b) Notopfer Berlin aus Ziffer 3   DM ....
   c) sonstige Personensteuern (VSt insbesondere)   DM ....
   d) ¹/₃ Soforthilfeabgabe (Zinsanteil); der Zinsanteil für die VA ist bereits bei der Ermittlung des körperschaftsteuerlichen Gewinns berücksichtigt   DM ....
   e) Aufsichtsratsvergütungen   DM ....
   f) nicht abzugsfähige Spenden   DM ....
   g) nicht abzugsfähige sonstige Ausgaben (nicht jedoch verdeckte Gewinnausschüttungen)   DM .... DM ....

7. Betriebsgewinn   DM ....

aa) Berücksichtigung der Körperschaftsteuer

Zu der vorstehenden schematischen Darstellung der Ermittlung der dem Ertragshundertsatz zugrunde zu legenden „Betriebsgewinne" muß noch erläuternd gesagt werden, daß die Körperschaftsteuer und das Notopfer Berlin in der Höhe abgesetzt werden müssen, als ob die unter Ziffer 2 aufgeführten Hinzurechnungen der Besteuerung unterliegen. Deshalb wurde auch in dem vorliegenden Schema die Zwischensumme 3. gebildet.

bb) Berücksichtigung des Zinsverlustes aus der Hingabe unverzinslicher Darlehen

Hinsichtlich der Behandlung der unverzinslichen Darlehen im Sinne der §§ 7 c, 7 d Abs. 2 und 7 f EStG ist einerseits nach wie vor zu bemängeln, daß der mit der Hingabe begründete Zinsverlust und auch der gegebenenfalls eintretende Verlust der Rückzahlung nicht in irgendeiner Form Berücksichtigung findet. Allerdings kann andererseits dagegen gesagt werden, daß ja in der vom Gesetzgeber geschaffenen Möglichkeit, Steuern im Jahr der Hingabe in teilweise beträchtlichem Umfang zu sparen, um dann Steuern gegebenenfalls erst nach Jahren in kleinen Beträgen je nach Rückfluß der Darlehen zahlen zu müssen, ein Ausgleich der vorgeschilderten Benachteiligung erblickt werden darf.

cc) Berücksichtigung verdeckter Gewinnausschüttungen

Gegen die Regelung der verdeckten Gewinnausschüttungen — die Richtlinien nennen als Beispiel Bezüge von Gesellschaftergeschäftsführern — ist einzuwenden, daß eine einheitliche Handhabung mit Rücksicht darauf nicht angebracht erscheint, als ja nicht abzugsfähige Gehälter für die Gesellschafter, welche kein Gehalt beziehen, Betriebsausgaben darstellen[20]. Im übrigen kann bezüglich der Berechnung der Angemessenheit derartiger Bezüge auf S. 95 hingewiesen werden.

dd) Der ausschüttungsfähige Ertrag

Die Richtlinien bestimmen weiterhin, daß aus den so ermittelten Ergebnissen der einzelnen Jahre der Durchschnitt zu errechnen ist, wobei gleichzeitig zu prüfen ist, ob dieser Durchschnittsertrag auch in Zukunft zu erzielen sein wird. Mit Rücksicht auf diese Bestimmung ist es also ohne weiteres möglich, von dem errechneten Durchschnittsertrag nach unten oder oben abzuweichen. Das wird im Einzelfall immer dann in Betracht kommen, wenn sich am Bewertungsstichtag eine Auf- bzw. Abwärtsentwicklung in der Ertragslage abzeichnet. Meiner Auffassung nach muß es aus den gleichen Gründen heraus auch möglich sein, Vergleichsjahre, die wegen besonderer Einflüsse im besonderen Maße ertragsstark bzw. ertragsschwach sind, aus der Berechnung des durchschnittlichen Jahresergebnisses herauszunehmen. Den vielfach in der Literatur vertretenen Überlegungen, daß der so ermittelte Durchschnittsertrag in der Regel nicht restlos ausgeschüttet werden kann, weil betriebswirtschaftliche Gründe dagegen sprechen, ist in den Richtlinien insofern Rechnung getragen worden, als Abs. 7 bestimmt, daß der ausschüttungsfähige Ertrag maßgebend ist. Vom durchschnittlichen Jahresertrag, der nach dem vorstehenden Schema zu errechnen ist, muß deshalb ein Abschlag genommen werden, der von den Richtlinien mit 30 vH angenommen wird. Ein höherer Abschlag kann dann in Betracht kommen, wenn der ausschüttungsfähige Ertrag künftig durch zwangsläufige, außergewöhnliche Aufwendungen beeinträchtigt wird. Unter solchen Beeinträchtigungen verstehen die AntBewR Belastungen, die der Gesellschaft durch gesetzliche und behördliche Auflagen erwachsen (z. B. Vorrichtungen zur Abwasserbeseitigung oder dergleichen) oder die erforderlich sind, um Kriegs- und Kriegsfolgeschäden (z. B. Demontageschäden) zu beseitigen.

---

[20] *Berg*, Verwaltungsanordnung zur Bewertung nichtnotierter Aktien und Anteile vom 14. 2. 1955, GmbH-Rdsch. 1955, S. 34.

Troll und *Diedenhofen*[21] wählen zu den vorstehenden Bestimmungen einige Beispiele. So erblicken sie eine über den Satz von 30 vH hinausgehende Beeinträchtigung des ausschüttungsfähigen Ertrags bei einer Gerberei darin, daß diese in Zukunft umfangreiche und kostspielige Anlagen zur Abwasserreinigung errichten muß. Weiter sehen sie den Fall einer außergewöhnlichen Belastung der Betriebsergebnisse darin, daß durch umwälzende Erfindungen wertvolle Betriebsvorrichtungen plötzlich veralten, so daß die Gewinne der nächsten Jahre für zwingend notwendige Investitionen verwendet werden müssen. Demgegenüber halten die Autoren Rationalisierungsmaßnahmen (z. B. Automatisierung eines Betriebs) nicht für ausreichend, um weitere Abzüge vornehmen zu können. Auch aus der schlechten Konjunkturlage einzelner Branchen glauben *Troll* und *Diedenhofen* keine Berechtigung zu weiteren Abschlägen herleiten zu sollen, denn diese Umstände, so argumentieren sie, haben sich schon bei der Beurteilung der Ertragsaussichten ausgewirkt. *Metzger*[22] meint zum gleichen Problem, die Erfahrung hätte gezeigt, *„daß im allgemeinen ein Abschlag von 30 vH den Verhältnissen genügend Rechnung trägt"*.

Nachdem *Metzger*, wie an anderer Stelle[23] schon einmal erwähnt, führend an der Ausarbeitung des *„Stuttgarter Verfahrens"* beteiligt war, kann unterstellt werden, daß er auf Grund seines reichen Erfahrungsschatzes ohne weiteres in der Lage ist, zu übersehen, ob das Abzugsglied von 30 vH des durchschnittlichen Jahreserfolgs in der überwiegenden Mehrzahl der Bewertungsfälle, den Verhältnissen ausreichend Rechnung trägt. Im übrigen läßt die in den Richtlinien eingeräumte Möglichkeit — weitere Abschläge in begründeten Fällen vorzunehmen — ausreichenden Spielraum für die *„richtige Bemessung"* des durchschnittlichen Jahresertrags, der nach Maßgabe der auf S. 122 wiedergegebenen Formel als Basis für die Ermittlung des Ertragshundertsatzes dient.

d) Gemeiner Wert am 31. Dezember 1952

Es gilt, den gemeinen Wert der Anteile nach den Vorschriften des § 13 Abs. 2 BewG auf der Grundlage des Gesamtvermögens und der Ertragsaussichten zu schätzen.

Die Richtlinien stellen in Abschnitt 2 Abs. 9 auf den Erwerber eines Anteils ab. Es heißt dort:

---

[21] *Troll* und *Diedenhofen*, Neue Richtlinien über die Bewertung nichtnotierter Aktien und Anteile, Beilage Nr. 2 zu Heft Nr. 5/1955, Der Betrieb, S. 4.
[22] *Metzger*, Die Bewertung der nichtnotierten Aktien und Anteile an Kapitalgesellschaften, BB 1955, S. 93.
[23] Vgl. S. 115 dieses Buches.

Die Bewertung nach dem „Berliner" und „Stuttgarter Verfahren"

„... Bei der Bemessung des Kaufpreises wird ein Käufer im allgemeinen neben dem Vermögenswert auch die Ertragsaussichten berücksichtigen. Die Ertragsaussichten beurteilt er weniger nach der Verzinsung des Nennkapitals der Gesellschaft als vielmehr nach der Rendite des Kapitals, das er zum Erwerb des Anteils aufwenden muß. Er wird deshalb die auf den Anteil entfallenden Erträge der Gesellschaft mit den Zinsen vergleichen, die das von ihm aufzuwendende Kapital, falls er es in anderer Weise anlegt, erbringen würde. Im allgemeinen wird er nur insoweit bereit sein, einen über dem Vermögenswert liegenden Kaufpreis zu bezahlen, als in einem übersehbaren Zeitraum die Erträge des Anteils, den Betrag dieser Zinsen übersteigen. Er wird entsprechend weniger bezahlen, wenn die Erträge des Anteils unter diesem Betrag liegen. Es kann davon ausgegangen werden, daß ein Käufer, der sein Kapital am Stichtag in anderer Weise angelegt hätte, nach den damaligen wirtschaftlichen Verhältnissen mit einer Verzinsung bis zu 8 vH rechnen konnte. Bei den anschließenden Berechnungen ist von einem Zinssatz von 8 vH auszugehen. Als noch übersehbar ist ein Zeitraum von drei Jahren anzunehmen."

Die Richtlinien gehen also von der Unterstellung aus, der Erwerber eines Anteils wolle eine Kapitalanlage tätigen. Damit werden automatisch all die vielfältigen Möglichkeiten ausgeschlossen, die im wirtschaftlichen Leben tatsächlich zum Kauf und Verkauf von Anteilen führen; daß jedoch diese „Unwägbarkeiten" bei einer Wertermittlung, die das Ziel einer gleichmäßigen und gerechten Besteuerung verfolgt, zwangsläufig ausgeklammert werden müssen, steht außer Frage, will man nicht einer willkürlichen Bewertung, die von den unterschiedlichsten Beweggründen beeinflußt wird, Tür und Tor öffnen. Allerdings ist manches gegen die Unterstellung einzuwenden, ein Käufer werde bereit sein, in erster Linie für den Vermögenswert des Anteils an einer Unternehmung zu bezahlen. Dieser Behauptung widerspricht schon die in den Richtlinien vorausgesetzte Absicht des Käufers, eine rentierliche Kapitalanlage zu tätigen. Denn sicherlich wird ein Erwerber nicht so sehr interessiert sein, eine Kapitalanlage um des Sachvermögensbesitzes willen vorzunehmen, sondern vielmehr um des laufenden Ertrages willen. Damit stehen aber die Ertragsaussichten im Vordergrund. Doch soll an dieser Stelle nicht näher auf die Problematik der besonderen Betonung des Vermögenswertes im Rahmen des „Stuttgarter Verfahrens" eingegangen werden.

Metzger[24] schreibt zu der Wahl eines Zeitraums von drei Jahren als voraussehbaren Zeitabschnitt:

„Ein Käufer wird nur dann mehr als den Vermögenswert bezahlen, wenn das Unternehmen gut geht. Dies wird davon abhängen, welche Erträge künftig mit einiger Sicherheit zu erwarten sind. Selbst im günstigsten Fall wird aber eine einigermaßen zutreffende Vorhersage auf mehr als etwa 3 Jahre nicht möglich sein. Die folgende Zeit wird vom Käufer im Normal-

---

[24] Metzger, Zur Bewertung unnotierter Anteile an Kapitalgesellschaften, BB 1953, S. 705.

fall wegen der bestehenden Ungewißheit nicht mehr in den Kreis seiner Erwägungen einbezogen."

Troll und Diedenhofen[25] sind der Auffassung, daß in Anlehnung an diese Gedanken im „Stuttgarter Verfahren" von einem für drei Jahre errechneten Ertragshundertsatz ausgegangen wird, wobei sie die sich aufdrängende Frage, ob dieser Zeitabschnitt nicht auch länger oder kürzer gefaßt sein könnte, damit abtun, daß sich dies *„systematisch nicht eindeutig beantworten"* läßt. Die vorgenannten Autoren äußern sich weiter dahin, daß die auf einer Grundlage von drei Jahren angestellten Berechnungen im allgemeinen zu zutreffenden Werten führen, während sich die Ertragsaussichten bei 4, 5 oder noch mehr Jahren schon wieder so stark günstig bzw. ungünstig auswirkten, *„daß im Normalfall wieder die unerwünschten Wirkungen des Berliner Verfahrens eintreten würden"*. Liegen Verluste vor, darf angenommen werden — so meinen sie —, daß ein Unternehmen *„kaum auf einen längeren Zeitraum als drei Jahre mit nachhaltigen erheblichen Verlusten rechnet"*, da es sonst richtiger handeln würde, in Liquidation zu treten. Im übrigen beruht der Zeitraum von drei Jahren auf Probebewertungen.

Uhlich[26] äußert sich ebenfalls dahingehend, daß viele praktische Versuche die Richtigkeit der Zugrundelegung von drei Jahren bestätigt hätten.

Damit hat man meines Erachtens einen Weg gewählt, der zwar nicht allen Anforderungen entspricht, immerhin jedoch eine Methode vorschreibt, die in den meisten Fällen zu brauchbaren Werten führt.

Für die Berichtigung des Vermögenswertes wird also in den Richtlinien die Voraussetzung aufgestellt, daß ein Käufer die auf seinen Anteil in den nächsten drei Jahren entfallenden ausschüttungsfähigen Erträge beim Kauf mitbezahlen wird, und daß er deshalb diese erwarteten Erträge erst einmal mit der Rendite vergleichen wird, die im Falle einer anderweitigen Anlage des Kaufpreises im gleichen Zeitraum normalerweise zu erwarten ist. Dadurch besteht die Notwendigkeit, einen „Normalzinssatz" festzulegen. Metzger[27] meint dazu:

„Das neue Verfahren (er meint das ‚Stuttgarter Verfahren' — eigene Anmerkung) stellt nicht mehr auf die Dividende, sondern auf die Rendite ab. Die Durchschnittsrendite liegt aber naturgemäß unter der Durchschnittsdividende. Die Erträge der Dividendenpapiere waren in den vergangenen Jahren noch stark beeinträchtigt durch den großen Kapitalbedarf für Wiederaufbau- und Rationalisierungsmaßnahmen und derglei-

---

[25] *Troll* und *Diedenhofen*, Neue Richtlinien über die Bewertung nichtnotierter Aktien und Anteile, Beilage Nr. 2 zu Heft 5/1955, Der Betrieb, S. 4.
[26] *Uhlich*, Die Bewertung der nichtnotierten Aktien und Anteile, DStZ 1955, S. 51.
[27] *Metzger*, Die Bewertung der nichtnotierten Aktien und Anteile an Kapitalgesellschaften, BB 1955, S. 94.

chen. Nicht zuletzt stand auch die Dividendenabgabeverordnung höheren Ausschüttungen im Wege. Am Bewertungsstichtag wurde vor allem mit einer baldigen Aufhebung des Dividendenstops und ganz allgemein mit einer wesentlichen Besserung der Dividendenausschüttungen gerechnet. Auch die Zinssätze der festverzinslichen Papiere und anderer Kapitalanlagen lagen höher. Die Richtlinien gehen deshalb davon aus, daß ein Käufer bei anderweitiger Anlage seines Kapitals nach den damaligen wirtschaftlichen Verhältnissen im allgemeinen mit einer Verzinsung bis zu 8 vH rechnen konnte. Der für die weiteren Berechnungen maßgebende Zinssatz wurde daher auf 8 vH festgesetzt."

Troll und *Diedenhofen*[28] äußern sich zum Zinssatz dahingehend, daß bei dem Erwerb von Anteilen der Vergleich mit der Rendite von Wertpapieren am nächsten liege. Wertpapiere sind in den Jahren um den Hauptfeststellungszeitpunkt mit 8 vH ausgegeben worden, so daß es gerechtfertigt erscheint, einen Zinssatz von 8 vH zu wählen. *Troll*[29] folgt diesen Überlegungen, wenn er ausführt:

„Der hier (gemeint ist das ‚Stuttgarter Verfahren': eigene Anmerkung) zugrunde gelegte Normalzinssatz von 8 vH dürfte deshalb (er meint die Wertpapier-Emissionen: eigene Anmerkung), vom Standpunkt des Steuerpflichtigen aus betrachtet, den tatsächlichen Verhältnissen mehr als gerecht werden."

Den Darlegungen und Ausführungen zu dem „Normalzinssatz" darf meines Erachtens gefolgt werden, insbesondere auch aus der Überlegung heraus, daß der Zinssatz eine andere — nämlich schwächere — Bedeutung beim „Stuttgarter" als beim „Berliner Verfahren" hat, ganz abgesehen davon, daß die „Ertragsaussichten" nicht die Rolle spielen, welche dem Ertragswert im Rahmen des „Berliner Verfahrens" zukommt.

Die Richtlinien entwickeln anschließend in Abs. 10 die Formel, aus der sich im Hinblick auf die vorstehenden Ausführungen der gemeine Wert der Anteile ergibt. Vorzugehen ist demnach so, daß der Vermögenswert um den Mehrertrag bzw. Minderertrag gemehrt bzw. gemindert wird, der sich aus der Differenz zwischen Ertragshundertsatz und der Verzinsung des aufzuwendenden Kapitals (= gesuchter gemeiner Wert) — berechnet auf drei Jahre — ergibt.

Mathematisch ist dies wie folgt auszudrücken:

$$GW = V + 3 \left(EH - \frac{8 \, GW}{100} \right)$$

dann ist $100 \, GW = 100 \, V + 300 \, EH - 24 \, GW$

oder $GW = \frac{100}{124} (V + 3 \, EH)$

---

[28] *Troll* und *Diedenhofen*, Neue Richtlinien über die Bewertung nichtnotierter Aktien und Anteile, Beilage Nr. 2 zu Heft 5, 1955, Der Betrieb, S. 4.
[29] *Troll*, Zur Bewertung nichtnotierter Aktien und Anteile, StWrt 1956, S. 31.

oder $\quad GW = \dfrac{80{,}64}{100} (V + 3\ EH)$

Dabei bedeutet:
GW = Gemeiner Wert
V = Vermögenswert
EH = Ertragshundertsatz

Der Quotient $\dfrac{80{,}64}{100}$ ist in den Richtlinien zur Vereinfachung auf 80 vH abgerundet worden, so daß sich als gemeiner Wert 80 vH der Summe bzw. Differenz aus Vermögenswert und dreifachem Ertragshundertsatz errechnet.

Berg[30] bemerkt zu dieser Formel: *„Die Berechnungsweise ist ein Mischmasch aus Vermögenswert, Ertragshundertsatz, bezogen auf den Nennwert der Anteile, und Normalertrag, bezogen auf den gemeinen Wert."* Anschließend beleuchtet er zur Begründung seiner ablehnenden Stellungnahme, die in den Richtlinien unter Abschnitt 2 Abs. 10 aufgeführten Beispiele A, B, C[31] und kommt zu folgendem Schluß: *„Bei einem ausschüttungsfähigen Ertrag von durchschnittlich DM 6300,— (Beispiel A: eigene Anmerkung) würde ein Kurs von 112 vH des Nennwertes eine jährliche Verzinsung von rund 5,5 vH des investierten Kapitals bedeuten. Hierin kommt die Überbetonung des Vermögenswertes deutlich zum Ausdruck. Wenn schon der bei der Absetzung vom Vermögen berücksichtigte Prozentsatz von 8 vH im Vergleich zu dem für risikofreie festverzinsliche Wertpapiere am 31. Dezember 1952 üblichen Zinssatz zu niedrig erscheint, so gilt dies um so mehr für das Verhältnis des ausschüttungsfähigen Gewinns zu dem nach den Richtlinien errechneten gemeinen Wert. Der Prozentsatz ist hierfür im Beispiel C unter 2. Abs. 10 der Verwaltungsanordnung sogar nur rund 5,1 vH. Besonders kraß tritt das Mißverhältnis im Beispiel B unter 2. Abs. 10 der Verwaltungsanordnung bei einem durchschnittlichen*

---

[30] Verwaltungsanordnung zur Bewertung nichtnotierter Aktien und Anteile vom 14. 2. 1955, GmbH-Rdsch. 1955, S. 35.
[31] Abschnitt 2 Abs. 10 AntBewR 1953:

Beispiele:	A	B	C
Stammkapital	DM 90 000	DM 90 000	DM 30 000
Vermögen	DM 120 000	DM 120 000	DM 100 000
Abschlag (Abs. 4)	DM 12 000	DM 12 000	DM 10 000
verbleiben	DM 108 000	DM 108 000	DM 90 000
Vermögenswert (Abs. 5)	120 vH	120 vH	300 vH
Jahresertrag	DM 9 000	./. DM 2 700	DM 30 000
ausschüttungsfähiger Ertrag (Abs. 7)	DM 6 300	./. DM 2 700	DM 21 000
Ertragshundertsatz (Abs. 8)	7 vH	./. 3 vH	70 vH
gemeiner Wert	rd. 112 vH	rd. 88 vH	rd. 408 vH

Minusertrag in Erscheinung. Die unter 2. Abs. 11 vorgesehenen Abschläge werden daher in all diesen Fällen zum Ausgleich des Mißverhältnisses der Erträge zum Vermögen unvermeidlich sein."

Diesen Ausführungen *Bergs* können die Untersuchungen *Uhlichs*[32] entgegengehalten werden, der errechnet hat, daß den in den Berechnungsbeispielen der AntBewG 1953 wiedergegebenen Prozentsätzen von 112 vH, 88 vH, 408 vH nach dem *„Berliner Verfahren"* (ohne Abschlag) die Werte 156 vH, 67 vH, 1075 vH, gegenüberstehen. Daraus läßt sich meines Erachtens unschwer ableiten, daß im *„Stuttgarter Verfahren"* der Einfluß des Ertrags in erheblichem Umfang abgeschwächt worden ist, und daß dadurch eine Konzentrierung der Wertermittlung auf eine kurze Spanne herbeigeführt wird im Gegensatz zum *„Berliner Verfahren"*, welches seine Werte breiter streut. Im gewissen Sinn muß es jedoch negativ bewertet werden, daß sich im Beispiel B (Verlustbetrieb) ein höherer Wert nach dem neuen Verfahren errechnet, als es nach dem alten der Fall ist. Hierin läßt sich ein Mangel des Verfahrens erblicken, wenn man überlegt, daß ein mit Verlusten arbeitendes Unternehmen von einem Kaufinteressenten kaum mit einem vergleichsweise hohen Kaufpreis übernommen wird. In diesem Punkt kann den Ausführungen *Uhlichs*[33] nicht beigepflichtet werden, welcher schreibt:

„Daß sich demgegenüber (gegenüber ertragsstarken Unternehmen: eigene Anmerkung) bei Verlustbetrieben eine gewisse Erhöhung (des gemeinen Werts nach dem ‚Stuttgarter Verfahren' gegenüber dem gemeinen Wert nach dem ‚Berliner Verfahren') ergibt, ist sachlich richtig."

Troll und *Diedenhofen*[34] leiten aus der vorstehend behandelten Tatsache die Berechtigung her, nach Maßgabe des Abs. 11 der AntBewR einen Abschlag auf den gemeinen Wert vornehmen zu können. In Abschnitt 2 Abs. 11 heißt es nämlich: *„Besondere Umstände, die in den bisherigen Berechnungen nicht hinreichend zum Ausdruck gekommen sind, können noch durch Zu- oder Abschläge berücksichtigt werden. Ein Abschlag ist in den Fällen geboten, in denen die Erträge der Gesellschaft nachhaltig in einem Mißverhältnis zum Vermögen stehen. Die schwere Verkäuflichkeit der Anteile und die Zusammenfassung aller oder mehrerer Anteile in einer Hand begründen nicht ohne weiteres einen Abschlag oder einen Zuschlag."*

Fälle, in welchen es angebracht erscheint, Abschläge vorzunehmen, sind z. B. anlagenintensive Zuckerfabriken, die der Verarbeitung von

---

[32] *Uhlich*, Die Bewertung der nichtnotierten Aktien und Anteile, DStZ 1955, S. 52.
[33] *Uhlich*, Die Bewertung der nichtnotierten Aktien und Anteile, DStZ 1955, S. 52.
[34] *Troll* und *Diedenhofen*, Neue Richtlinien über die Bewertung nichtnotierter Aktien und Anteile, Beilage Nr. 2 zu Heft 5/1955, Der Betrieb, S. 5.

Zuckerrüben dienen und bei der — einer Genossenschaft ähnlich — nicht so sehr das Gewinnstreben im Vordergrund steht oder private Eisenbahngesellschaften mit geringen, weil tarifgebundenen Einnahmen[35]. Auch Versorgungsbetriebe, wie Elektrizitäts-, Gas-, Wasserwerke können, soweit sie in Form von Kapitalgesellschaften betrieben werden, unter die typischen Beispiele eingereiht werden[36]. Da die Richtlinien jedoch keinen Anhaltspunkt für die Bemessung von Abschlägen geben, wirft sich die Frage auf, in welcher Form das geschehen soll. *Metzger*[37] gibt einen Hinweis, indem er die Meinung vertritt, daß in den Fällen, in welchen nachhaltige Mindererträge der Gesellschaft vorliegen, ein *„etwas längerer Zeitraum als drei Jahre berücksichtigt"* werden soll.

Troll[38] erinnert in diesem Zusammenhang an die unbefriedigende Lösung der Wertfestsetzung bei stark unterkapitalisierten Gesellschaften. Er führt aus, daß in den vergangenen Jahren, mit Rücksicht auf die hohe Steuerbelastung, Vertriebsgesellschaften von Produktionsbetrieben gegründet worden sind, welche mit einem Minimum von Nennkapital ausgestattet wurden, zwischenzeitlich jedoch ein Vielfaches an Vermögen erworben haben. Dieses Vermögen besteht aus nicht ausgeschütteten Gewinnen, im wesentlichen aber aus Kapitalvermögen. Ein Käufer wird nun zwar mit der Ausschüttung der angesammelten Gewinne rechnen, gleichzeitig aber bedenken, daß ein beträchtlicher Teil der Ausschüttungen durch die Kapitalertragsteuer absorbiert wird. Man könnte hier einen Abschlag zulassen, der sich an die Höhe der abzuführenden Kapitalertragsteuer anlehnt, also etwa 25 vH des Teiles, der über 100 vH des gemeinen Werts hinausgeht.

Die Bestimmung in den Richtlinien, daß schwere Verkäuflichkeit der Anteile und die Zusammenfassung aller oder mehrerer Anteile in einer Hand nicht ohne weiteres einen Zu- oder Abschlag begründen, stützt sich wahrscheinlich auf das RFH-Urteil vom 9. Dezember 1937[39], das auf S. 108 bereits behandelt worden ist.

Damit kann die Besprechung der Bestimmung des gemeinen Werts in normalen Fällen abgeschlossen und zu dem Bewertungsproblem in Sonderfällen übergegangen werden.

---

[35] *Troll* und *Diedenhofen*, Neue Richtlinien über die Bewertung nichtnotierter Aktien und Anteile, Beilage Nr. 2 zu Heft 5/1955, Der Betrieb, S. 5.
[36] *Metzger*, Die Bewertung der nichtnotierten Aktien und Anteile an Kapitalgesellschaften, BB 1955, S. 94.
[37] Ebenda.
[38] *Troll*, Zur Bewertung nichtnotierter Aktien und Anteile, StWrt 1956, S. 32.
[39] RFH — vom 9. 12. 1937 — III 276/37 — RStBl 1938, S. 362.

e) Bewertung in Sonderfällen

Die Sonderfälle sind in Abschnitt 3 geregelt und umfassen:
a) Aktien und Anteile im Streubesitz;
b) Außerachtlassung der Ertragsaussichten;
c) Nicht voll eingezahltes Grund- oder Stammkapital;
d) Eigene Aktien und eigene Anteile;
e) Neugründung und Kapitalveränderung.

Um in der Systematik der VStR 1949 zu bleiben, damit eine bessere Übersicht und Vergleichbarkeit gewährleistet ist, wird als erstes der Fall c) behandelt:

aa) Nicht voll eingezahltes Grund- oder Stammkapital

Die hier getroffene Regelung deckt sich mit der bisherigen Behandlung; das heißt, ist mit der Einzahlung nicht zu rechnen, dann ist der Anspruch auf Einzahlung sowohl bei dem Vermögen der Gesellschaft außer acht zu lassen als auch beim Ertragshundertsatz. Ist dagegen mit der Einzahlung zu rechnen, so ist der Einzahlungsanspruch als Vermögen der Gesellschaft zu behandeln und mit dem vollen Nennkapital zu vergleichen.

bb) Eigene Anteile und eigene Aktien

Die diesbezüglichen Werte, deren Wesen schon auf S. 106 dargestellt worden ist, sind nach den Bestimmungen der AntBewR weder bei der Ermittlung des Vermögenswertes noch bei der Ermittlung des Ertragshundertsatzes zu berücksichtigen. Damit ist, um mit *Uhlich*[40] zu sprechen, *„die Lösung klarer und einfacher"*. So auch das RFH-Urteil vom 14. Oktober 1937[41], welches ausführt, daß es *„vielleicht möglich wäre, den Vermögenswert der Anteile so zu ermitteln, daß beim Vermögen der Gesellschaft auch ihre eigenen Anteile berücksichtigt werden. Das würde aber eine verwickelte Berechnung erfordern, von der aus Zweckmäßigkeitsgründen abzusehen sein wird"*.

Metzger[42] plädiert ebenfalls für diese Lösung, indem er darauf aufmerksam macht, daß eine Ertragsausschüttung auf die im Eigenbesitz befindlichen Anteile nicht in Betracht kommt.

Mittermüller[43] greift jedoch meines Erachtens mit Recht die vorzitierte RFH-Entscheidung an, wenn er die *„fadenscheinige Begründung als Erkenntnismangel des Sachverhalts"* kritisiert. *Troll*[44] kommt

---

[40] *Uhlich*, Die Bewertung der nichtnotierten Aktien und Anteile, DStZ 1955, S. 53.
[41] RFH — vom 14. 10. 1937 — III A 147/37 — RStBl 1937, S. 1223.
[42] *Metzger*, Die Bewertung der nichtnotierten Aktien und Anteile an Kapitalgesellschaften, BB 1955, S. 95.
[43] *Mittermüller*, ZfhF 1955, S. 417.
[44] *Troll*, Die vermögensteuerliche Bewertung von eigenen GmbH-Anteilen, GmbH-Rdsch. 1956, S. 41.

auf Grund seiner eingehenden Untersuchungen des Problems zu den nachstehenden Erkenntnissen, denen meines Erachtens unbedingt zu folgen ist. Er meint, daß Eigenanteile nur dann wie Fremdanteile behandelt werden sollten, wenn die Absicht besteht, sie wieder zu veräußern, daß sie dagegen außer Betracht bleiben sollten, wenn „*offensichtlich ist, daß sie aus dem Verkehr gezogen sind*". Er setzt sich auch gegen die Bestimmungen der Richtlinien ein, daß bei der Einheitsbewertung der Gesellschaft die eigenen Anteile mit dem festgestellten gemeinen Wert zu bewerten sind. Er schreibt, daß ein einheitliches Verfahren gelten solle, in der Weise, daß eigene Anteile, soweit sie wie Fremdanteile zu behandeln sind, sowohl bei der Anteilsbewertung als auch bei der Bewertung des GmbH-Vermögens als Fremdanteile behandelt werden. Sind eigene Anteile nicht zu bewerten, sollen sie so behandelt werden, als seien sie bereits eingezogen, das heißt sie sollen sowohl bei der Anteilsbewertung als auch bei der Bewertung des GmbH-Vermögens außer Betracht bleiben.

Diesen Ausführungen kann nur zugestimmt werden.

cc) Außerachtlassen der Ertragsaussichten

Für verschiedene Gesellschaften kommt nach dem Wortlaut der Richtlinien nur eine Bewertung mit dem Vermögenswert in Frage, und zwar sind es in Liquidation befindliche Firmen, Grundstücksgesellschaften, nicht jedoch Wohnungsbaugesellschaften. Bei diesen letzteren ist in der Regel nicht mit besonders günstigen Erträgen zu rechnen (hohe Verzinsung des Fremdkapitals, erhebliche Aufwendungen für Reparaturen usw.), so daß sich bei einer Vernachlässigung der Ertragsaussichten unbrauchbare Werte ergeben würden.

Die Richtlinien erwähnen in der Folge noch, daß die Anteile gemeinnütziger Wohnungsbauunternehmen nicht über den Nennwert hinaus bewertet werden dürfen. Diese Bestimmung ist darauf zurückzuführen, daß die Anteilseigner bei Liquidation einer gemeinnützigen Wohnungsbaugesellschaft nur die eingezahlten Einlagen zurückgezahlt erhalten[45].

dd) Aktien und Anteile im Streubesitz

Unter Hinweis auf das RFH-Urteil vom 2. Oktober 1941[46] legen die AntBewR in Abschnitt 3 Abs. 1 fest, daß die Ertragsaussichten nach dem ausgeschütteten Gewinn zu beurteilen sind, wenn eine Gesellschaft viele Gesellschafter hat und der einzelne Gesellschafter keinen Einfluß auf die Geschäftsführung besitzt (vgl. in diesem Zusammenhang auch Abschnitt 105 Abs. 10 Ziffer 3 und 4 VStR 1949). Neben der Wahl der Ausgangsbasis der tatsächlich ausgeschütteten Dividenden ist

---

[45] *Metzger*, Die Bewertung der nichtnotierten Aktien und Anteile an Kapitalgesellschaften, BB 1955, S. 94.
[46] RFH — vom 2. 10. 1941 — III 108/41 — RStBl 1941, S. 844.

das nach Maßgabe des Abschnittes 2 Abs. 3 AntBewR ermittelte Vermögen um 20 vH (nicht 10 vH) zu kürzen und zwar in Ansehung dessen, daß im vorliegenden Fall das Gesellschaftsvermögen für den Anteilseigner nicht dieselbe Bedeutung wie in den anderen Fällen hat.

Abs. 2 bestimmt ausschließlich, daß diese Berechnung auch dann durchzuführen ist, wenn sich in der Hand eines oder weniger Anteilseigner die Mehrheit der Aktien oder Anteile befinden und sich der Rest in kleine Posten aufteilt.

Beim Studium des Textes drängt sich unvermeidlich die Frage auf, was ist unter *„Streubesitz"* zu verstehen, um so mehr als außer in der Überschrift das Wort „Streubesitz" im Wortlaut nicht mehr auftaucht. Unbestrittenermaßen handelt es sich jedoch bei dieser Wortschöpfung um einen vieldeutigen Ausdruck, dessen Auslegung die größten Schwierigkeiten bereitet.

Gottschling[47] hat sich der schwierigen Aufgabe unterzogen, diesen Begriff zu klären. Er knüpft an den Ausdruck der Richtlinien *„viele Gesellschafter"* an und stellt hierzu richtig fest, daß die Worte *„viel"* und *„wenig"* relativ sind und damit zwangsläufig von der subjektiven Auffassung des Beurteilenden abhängen. *Gottschling* versucht dann das Problem einzuengen, indem er ausführt, von vielen Gesellschaftern könne man sprechen, wenn wegen ihrer Anzahl die Willensbildung erschwert und der Einfluß des einzelnen dabei gering ist. Nach Maßgabe des § 47 Abs. 2 GmbHG hängt das Stimmrecht der Gesellschafter vom Geschäftsanteil ab[48]; bei der Beschlußfassung entscheidet die Mehrheit der abgegebenen Stimmen (§ 47 Abs. 1 GmbHG[49]). Die untere Grenze der *„sehr wenigen Gesellschafter"* nimmt *Gottschling* mit 4 an, indem er an die Bestimmung des § 17 Abs. 1 EStG und § 13 Abs. 3 BewG anknüpft (wesentliche Beteiligung bei mehr als 25 vH aller Anteile, die zur Beherrschung der Gesellschaft führen kann). Dementsprechend beginnt bei der Zahl 5 die Gruppe der *„wenigen Gesellschafter"*. Sind nun 9 Gesellschafter an einer GmbH beteiligt mit etwa den gleichen Anteilen, so muß mindestens der fünfte Gesellschafter mit für einen Beschluß stimmen, wenn die Mehrheit erreicht werden soll. *Gottschling* schreibt dazu:

„Erfahrungsgemäß macht aber die Beschlußfassung meistens Schwierigkeiten, wenn die Mehrheit von mehr als fünf Gesellschaftern gebildet wird. Dieses Mehrheitsverhältnis verlangt aber ein Beteiligungsverhältnis von

---

[47] *Gottschling*, Zur Anteilsbewertung des Streubesitzes, GmbH-Rdsch. 1956, S. 22.
[48] § 47 Abs. 2 GmbHG lautet: „Jede hundert Deutsche Mark eines Geschäftsanteils gewähren eine Stimme."
[49] § 47 Abs. 1 GmbHG lautet: „Die von den Gesellschaftern in den Angelegenheiten der Gesellschaft zu treffenden Bestimmungen erfolgen durch Beschlußfassung nach der Mehrheit der abgegebenen Stimmen."

mindestens 10 Gesellschaftern. Von vielen Gesellschaftern muß man daher mindestens sprechen, wenn 10 Gesellschafter gleichmäßig an der GmbH beteiligt sind."

Von spezieller Bedeutung ist hierbei noch die Tatsache, daß bei 10 Gesellschaftern mit gleichmäßiger Beteiligung die Stammkapitalbeteiligung je 10 vH beträgt und das GmbHG an diesen Satz das Minderheitsschutzrecht nach den §§ 50, 61, 66 knüpft. Hinsichtlich des weiteren Kriteriums, des Einflusses auf die Geschäftsführung, ist nur noch auszuführen, daß die Gesellschafter nicht Geschäftsführer sein dürfen.

Mit den vorstehenden Ausführungen dürfte klar abgegrenzt sein, wann die Bestimmungen des Abschnitts 3 Abs. 1 AntBewR 1953 erfüllt sind. Um es zu wiederholen: Streubesitz kann bei 10 und mehr Gesellschaftern mit annähernd gleichmäßiger Beteiligung, von welchen jedoch keiner zum Geschäftsführer bestellt sein darf, angenommen werden.

Der erhöhte Abschlag vom Vermögenswert mit 20 vH ist nach Maßgabe des Abs. 2 — wie oben schon ausgeführt — auch dann vorzunehmen, wenn sich nur ein Teil der Anteile in Streubesitz, die Mehrheit der Anteile dagegen in einer Hand oder in Händen weniger Anteilseigner befinden. *Gottschling*[50] meint dazu, man könne von *„kleinen Posten"* (so drücken sich die AntBewR aus) dann sprechen, wenn sie mindestens ein Zwanzigstel des Stammkapitals ausmachen.

Nach der Festlegung der Voraussetzungen, wann nach *„Streubesitz"* zu bewerten ist, soll abschließend noch ein Wort zu dem 20prozentigen Abschlag vom Vermögenswert in diesen Fällen geäußert werden.

Berg[51] meint dazu, daß ein Abschlag *„von nur 20 vH meistens zu gering"* sein wird, da in Fällen des Streubesitzes *„der Vermögenswert eine noch weit geringere Bedeutung für den Anteilseigner als in anderen Fällen hat"* und *„der Ansatz der tatsächlich ausgeschütteten Dividende an Stelle des ausschüttungsfähigen Gewinns in der Berechnungsweise der Verwaltungsanordnung sich kaum nennenswert auswirkt, da hier der Schwerpunkt beim Vermögenswert liegt"*. Demgegenüber ist jedoch meines Erachtens *Metzger*[52] Recht zu geben, der eine Erhöhung des Abschlags vom Vermögen auf das Doppelte (von 10 vH auf 20 vH — also 100 vH Erhöhung) für ausreichend hält.

Hinsichtlich der Beschränkung auf den ausgeschütteten Gewinn erübrigt sich eine Stellungnahme, nachdem diese Regelung ohne weiteres klar ist.

---

[50] *Gottschling*, Zur Anteilsbewertung des Streubesitzes, GmbH-Rdsch. 1956, S. 23.
[51] *Berg*, Verwaltungsanordnung zur Bewertung nichtnotierter Aktien und Anteile vom 14. 2. 1955, GmbH-Rdsch. 1955, S. 36.
[52] *Metzger*, Die Bewertung der nichtnotierten Aktien und Anteile an Kapitalgesellschaften, BB 1955, S. 94.

Damit kann dieses Kapitel verlassen werden, um als nächstes die Regelungen bei Neugründung einer Gesellschaft und bei Kapitalveränderungen in einer Gesellschaft zu behandeln.

ee) Neugründungen und Kapitalveränderungen

In Abs. 8 bestimmen die AntBewR, daß bei einer im Aufbau begriffenen Gesellschaft der Anteilswert in der Regel mit 100 vH des eingezahlten Nennkapitals zu bewerten ist, indem sie mit Recht unterstellen, daß den Gründern der Gesellschaft die Anteile noch so viel wert sind, als sie zu deren Erwerb an Kapital aufgewendet haben. Diese Lösung erscheint auch gerechtfertigt, wenn man überlegt, daß ein neugegründetes Unternehmen eine gewisse Zeit braucht, um sich in das wirtschaftliche Leben einzuordnen. Die in dieser Zeit etwa auftretenden Vermögenseinbußen, welche nur vorübergehender Natur sind, können keinesfalls als Begründung dienen, mit dem Vermögenswert unter den Nennwert zu gehen.

Für den Fall der Herab- oder Heraufsetzung des Grund- oder Stammkapitals ordnen die Richtlinien in Abschnitt 3 Abs. 9 an, daß die Gesamtheit der Aktien und Anteile wie neu ausgegebene zu behandeln sind. Damit verliert der auf das bisherige Nennkapital festgesetzte Anteilswert seine Bedeutung und es muß eine neue Bewertung auf den sich nach Maßgabe des § 69 Abs. 2 Satz 2 BewG (alte Fassung) ergebenden Stichtag durchgeführt werden[53].

Durch diese Regelung ergibt sich ein Widerspruch gegen die Bestimmungen des § 69 Abs. 2 Satz 2 BewG, welche nur von der Neubegebung von Anteilen sprechen.

Verschiedene Finanzämter haben die vorstehende Bestimmung nach *Berg*[54] so interpretiert, daß sie auf alle auf den ersten derartigen Stichtag folgenden 31. Dezember eines Jahres Neubewertungen durchgeführt haben. Damit muß jedoch ein schwerwiegender Verstoß gegen die Gleichmäßigkeit der Besteuerung festgestellt werden; denn es geht meines Erachtens nicht an, so zu verfahren, wenn § 69 Abs. 1 BewG den Stichtag für die Bewertung auf den Hauptfeststellungszeitpunkt festlegt, und § 69 Abs. 1 Satz 1 eindeutig bestimmt, daß dieser Wert bis zur nächsten Hauptveranlagung unverändert maßgebend ist. Einleuchtend wird diese Folgerung noch dadurch unterstrichen, daß nicht jedes Jahr Steuerkurswerte vom Bundesfinanzministerium veröffentlicht werden.

---
[53] Vgl. hierzu auch Erlaß d. FM Nordrhein-Westfalen vom 10. 8. 1955 — S 3259 — 8819/VC — 1, WPg 1955, S. 450.
[54] *Berg*, Zur Bewertung von Anteilen bei Kapitalveränderungen nach dem Hauptfeststellungszeitpunkt, GmbH-Rdsch. 1956, S. 136.

Berg[55] macht in einer interessanten Untersuchung zu diesem Problem deutlich, daß die Kurve von 462 an westdeutschen Börsen notierten repräsentativen Aktien von einem Durchschnittskurs zum 31. Dezember 1953 von 97,01 vH auf 167,34 vH zum 31. Dezember 1954 gestiegen sind. Hier können die alten niedrigen Steuerkurswerte von den Inhabern fortgeführt werden, während sich Eigner von Anteilen teilweise eine Neubewertung gefallen lassen mußten.

Ein Ausweg kann meines Erachtens — neben der Möglichkeit auch bei Kapitalveränderungen bei dem ursprünglichen Anteilswert zu bleiben — darin gefunden werden, daß nur die neu begebenen Anteile neu bewertet werden, während die ursprünglichen ihren alten Wert behalten.

In der Folge werden nunmehr entsprechend der Systematik der Richtlinien die Anordnungen über den Paketzuschlag — soweit erforderlich — behandelt werden.

ff) Paketzuschlag

Inhaltlich stimmt Abschnitt 4 AntBewR, abgesehen von kleinen Abweichungen, mit Abschnitt 108 VStR 1949 überein, so daß im vorliegenden Absatz weitestgehend auf die Ausführungen auf S. 110 ff. verwiesen werden kann.

Eine Abweichung gegenüber der Regelung in 1949 liegt darin, daß für die Vermutung einer Beteiligung (25 vH aller Anteile der Gesellschaft) nicht mehr die Anteile aller Angehörigen des Steuerpflichtigen herangezogen werden, sondern nur noch die des Ehegatten und der Kinder. Daneben ist noch bestimmt, daß Anteile für den vorliegenden Fall dann noch in Betracht kommen, wenn sie dem Eigner die Ausübung der Gesellschafterrechte ganz oder teilweise gewähren. Das wird in der Regel jedoch nur bei minderjährigen Kindern der Fall sein.

Berg[56] wendet sich gegen die Festsetzung der 25-vH-Grenze für die Annahme einer Beteiligung, indem er schreibt:

„Ein Besitz von 25 vH bedeutet jedoch noch keine irgendwie geartete entscheidende Einflußmöglichkeit des betreffenden Gesellschafters auf die Ertragsausschüttungen der Gesellschaft. Warum soll dann in derartigen Fällen eine Sonderbewertung für die Ermittlung des Paketzuschlages nach dem bereits als unmöglich nachgewiesenen neuen Bewertungsverfahren (gemeint ist das Stuttgarter Verfahren — eigene Anmerkung) erfolgen?"

Mit dieser generellen Negation des Verfahrens in diesem Punkt, die nicht an exakte Tatbestände anknüpft, ist meines Erachtens nicht viel gewonnen, um so mehr als ganz allgemein das schon auf S. 111 Gesagte gilt. Der Paketzuschlag kann maximal die Wertdifferenz zwi-

---

[55] *Berg*, Zur Bewertung von Anteilen bei Kapitalveränderungen nach dem Hauptfeststellungszeitpunkt, GmbH-Rdsch. 1956, S. 136.
[56] *Berg*, Aus der Diskussion um die Bewertung von GmbH-Anteilen, GmbH-Rdsch. 1954, S. 167.

schen der Bewertung nach Abschnitt 2 AntBewR 1953 und der Bewertung nach Abschnitt 3 Abs. 1 und 2 ausmachen, also ist es unnötig, überhaupt einen Paketzuschlag vorzusehen. Liegt eine Beteiligung im Sinne des Abschnitt 4 Abs. 1 vor, so sollte in jedem Falle die Bewertung nach dem einfachen Vermögenswert und Ertragshundertsatz im Sinne der Verfahrensvorschriften in Abschnitt 2 AntBewR erfolgen. Damit wäre die ganze Problematik des Paketzuschlags ausgeräumt.

Der Vollständigkeit halber sei noch erwähnt, daß in Abschnitt 5 AntBew 1953 die Verfahrensvorschriften geregelt sind, die im Rahmen des vorliegenden Buches jedoch nicht näher besprochen zu werden brauchen.

4. Die Bewertung unnotierter Anteile und Aktien auf den 31. Dezember 1956 (AntBewR 1957) nach dem „Stuttgarter Verfahren"

Die für die Vermögensteuer-Hauptveranlagung 1957 erschienenen *„Richtlinien zur Bewertung nichtnotierter Aktien und Anteile an Kapitalgesellschaften"*[1] schreiben, wie schon für die Hauptveranlagung 1953, die Anwendung des *„Stuttgarter Verfahrens"* vor. Im wesentlichen lehnen sich die AntBewR 1957 eng an die AntBewR 1953 an — in einigen Punkten erhielten sie jedoch eine neue Fassung; des weiteren sind im Rahmen der Überarbeitung hier und da Ergänzungen vorgenommen worden — so daß sich die folgenden Ausführungen darauf beschränken können, die Bestimmungen zu behandeln, welche sich gegenüber den AntBewR 1953 geändert haben bzw. welche neu eingefügt worden sind.

Metzger[2] schreibt dazu:

„Das neue Verfahren, in der Literatur vielfach als ‚Stuttgarter Verfahren' bezeichnet, hat sich in der Praxis im allgemeinen gut bewährt. Es bestand daher kein Anlaß, an den grundsätzlichen Bestimmungen etwas zu ändern. So wurden im wesentlichen nur gewisse Ergänzungen und Klarstellungen vorgenommen, um aufgetretene Zweifel zu beseitigen und Hinweise für die Bewertung bisher nicht ausdrücklich geregelter Sonderfälle zu geben. Rein äußerlich wurde durch eine andere Einteilung der einzelnen Abschnitte eine übersichtlichere Gliederung des Stoffes erreicht."

a) Der Schätzwert

Die Grundlage des Schätzwerts bilden auch zum Hauptfeststellungszeitpunkt 31. Dezember 1956 wieder unverändert der Vermögenswert und der Ertragshundertsatz.

---
[1] Verwaltungsanordnung vom 28. Januar 1958, BAnz Nr. 21 vom 31. Januar 1958.
[2] *Metzger*, Die Bewertung nichtnotierter Aktien und Anteile auf den 31. 12. 1956, BB 1957, S. 1270.

b) Der Vermögenswert

Ausgangsbasis für die Ermittlung des Vermögenswertes ist nach Maßgabe des Abschnitt 3 Abs. 1 AntBewR 1957 wie schon 1953 der Einheitswert des Betriebsvermögens. Dieser ist entsprechend den Bestimmungen der AntBewR 1957 in gewissen Fällen der Berichtigung zu unterwerfen, nur ist dies — entgegen der früheren Regelung — so vorzunehmen, daß die zu berichtigenden Wertansätze mit den Verkehrswerten, nicht mit den Werten der Steuerbilanz zu vergleichen sind. Das bedeutet, daß die Steuerbilanzwerte mit ihren oft sehr beträchtlichen Reserven nicht mehr wie früher den Vergleichswert bilden können, daß vielmehr alle Werte, die unter dem Verkehrswert liegen, zu berichtigen sind.

aa) Berücksichtigung von Verbindlichkeiten

Gleichzeitig haben die Richtlinien 1957 teilweise präzisiert, welche bei der Einheitsbewertung nicht abzugsfähigen Schuldposten, bei der Anteilsbewertung zu berücksichtigen sind. Erwähnt sind Rückstellungen für Garantieleistungen, die jedoch nur dann abgesetzt werden können, wenn eine Inanspruchnahme aus diesen Verpflichtungen im Durchschnitt der letzten drei Jahre vor dem Stichtag erheblich höher ist, als die bei der Einheitsbewertung zugelassene Rückstellung. Durch diese Abgrenzung kann unter Umständen der Fall eintreten, daß den tatsächlichen Erfordernissen, welche auch seitens eines Kaufinteressenten kaufpreismindernd betrachtet werden, nicht genügend Rechnung getragen wird. Man müßte dann auf die Vorschriften des Abschnitt 5 Abs. 3 AntBewR zurückgreifen, um Sonderabschläge vornehmen zu können.

bb) Berücksichtigung unverzinslicher Darlehen

Des weiteren ist in den Richtlinien der Fall vorgesehen, daß zum Betriebsvermögen einer Gesellschaft Darlehen nach den §§ 7 c, 7 d Abs. 2 und 7 f EStG gehören, die vor dem 1. Januar 1955 hingegeben worden sind. Hier kann die Belastung mit Ertragsteuern, die bei Rückfluß der Darlehen in Zukunft zu erwarten ist, in Form einer Rückstellung berücksichtigt werden. Das bedeutet, daß bei den am 1. Januar 1957 gültigen Steuersätzen und bei einem angenommenen Gewerbesteuerhebesatz von 300 vH etwa 55 vH des abgezinsten Darlehensbetrages als Schuldposten geltend gemacht werden können[3].

Müller[4] meint in diesem Zusammenhang, als Abzugsglied wäre die Steuerbelastung aus der Auflösung einer Preisdifferenzrücklage, einer

---
[3] *Metzger*, Die Bewertung nichtnotierter Aktien und Anteile auf den 31. 12. 1956, BB 1957, S. 1271.
[4] *Müller*, Die Bewertung nichtnotierter Aktien und Anteile an Kapitalgesellschaften bei der VSt-Hauptveranlagung 1957, Mitteilungsblatt der Steuerberater 1958, Heft 2, S. 22.

Ausfuhrförderungsrücklage sowie eines Importwarenabschlags entsprechend zu berücksichtigen, da — so äußert er sich — *„die Richtlinien (gemeint sind die AntBewR 1957 — eigene Anmerkung) wohl nur als eine beispielsweise Aufführung von Fällen angesehen werden können"*. Dieser Auslegung ist unbedingt zu folgen.

cc) *Berücksichtigung betrieblicher Pensionsverpflichtungen*
Hinsichtlich der Möglichkeit des Abzugs von Rückstellungen für Pensionsanwartschaften darf auf die Ausführungen der S. 53 ff. verwiesen werden. Eine Regelung in den Richtlinien selbst hat sich mit Rücksicht auf das BFH-Urteil vom 26. Juli 1957[5] erübrigt, nachdem auf Grund vorstehenden Urteils diesbezügliche Rückstellungen bereits bei der Einheitsbewertung abgesetzt werden können. Die Frage stellt sich allerdings, wie die Gesellschaften behandelt werden sollen, bei welchen das Gesetz der großen Zahl nach dem voraufgeführten Urteil angeblich nicht gegeben ist, nämlich dann, wenn die Zahl derjenigen, welche eine Anwartschaft auf Pension besitzen, unter 100 liegt. Der Käufer wird derartige Anwartschaftsrückstellungen ohne Zweifel als Belastung und daher kaufpreismindernd ansehen. Meines Erachtens ist sogar ein kleiner Kreis von Pensionsanwartschaftsbesitzern als höhere Belastung anzusehen, weil die Zusagen ein wesentlich höheres Risiko für das Unternehmen darstellen. Das ist dadurch zu begründen, daß eine Fluktuation in nennenswertem Umfang höchstwahrscheinlich nicht auftreten wird, weil der meist hochqualifizierte Stamm unter den gerade ihm eingeräumten Vorteilen fest mit der Firma verbunden ist.

Neben dem im Vorstehenden behandelten Problem erhebt sich auch noch die Frage nach der Behandlung des Teils der Rückstellung für Pensionsanwartschaften, der nach Maßgabe des BFH-Urteils vom 26. Juli 1957 mit Rücksicht auf den eigenkapitalähnlichen Charakter der Rückstellung und die Fluktuation des Bestandes nicht als abzugsfähige Last angesehen wird. Zweifellos wird ein Kaufinteressent diese Kürzung der mathematisch errechneten Rückstellung nicht anerkennen. In Ansehung dieser Überlegungen scheint es daher folgerichtig, wenn gefordert wird, das volle Deckungskapital, welches nach versicherungsmathematischen Grundsätzen errechnet worden ist, als Schuldposten zum Abzug bei der Anteilsbewertung zuzulassen.

dd) *Abweichungen des Reinvermögens*
von dem in der Steuerbilanz ausgewiesenen Vermögen
Eine Erhöhung des Betriebsvermögens sehen die AntBewR 1957 neben dem Fall, daß Betriebsgrundstücke erheblich vom Verkehrswert

---
[5] BFH — vom 26. 7. 1957 — III 161/54 S — BStBl 1957, III, S. 314.

abweichen, auch dann als notwendig an, wenn Gewerbeberechtigungen vorliegen, deren Verkehrswert höher liegt als im Einheitswert zum Ausdruck kommt.

Abschließend kann zu den oben behandelten Ergänzungen der Richtlinien durch Aufzählung konkreter Fälle, in denen vom Einheitswert nach oben oder unten abzuweichen ist, mit *Metzger*[6] gesagt werden:

„Weitere zu berücksichtigende Rückstellungen sind in den Richtlinien nicht erwähnt. Es mag sein, daß im Einzelfall noch andere Berichtigungen erforderlich erscheinen... Sofern sie von größerer Bedeutung sind, wäre zu prüfen, ob sie eventuell einen Abschlag nach Abschnitt 5 Abs. 3 der Richtlinien begründen können. Es darf jedoch nicht übersehen werden, daß werterhöhende Umstände, wie z. B. Firmenwert, Wert von Patenten usw., in der Regel wegen ihrer schweren Erfaßbarkeit nur in den seltensten Fällen zu einem Zuschlag führen werden, daß aber diese Werte für einen Käufer von Anteilen ebenfalls eine, unter Umständen sogar ausschlaggebende Rolle spielen. Wenn daher die Richtlinien sowohl Zu- als auch Abrechnungen etwas abgrenzen und sie auf erhebliche Abweichungen beschränken, so erscheint das durchaus gerechtfertigt."

Mit diesen Ausführungen kann der Abschnitt über den Vermögenswert der AntBewR 1957 verlassen und zur Besprechung der Abweichungen, welche in bezug auf den Ertragshundertsatz gegenüber der AntBewR 1953 festzustellen sind, übergegangen werden.

c) Die Ertragsaussichten
(Ermittlung des Ertragshundertsatzes)

Nach den AntBewR 1957 sind die Ertragsaussichten aus dem Durchschnitt der Jahreserträge 1955, 1956 und 1957 herzuleiten; die Gewinne, aus welchen der Durchschnitt zu nehmen ist, sind dabei nach dem auf S. 123 entwickelten Schema zu ermitteln, mit der Ausnahme, daß der bei den nach dem 1. Januar 1955 hingegebenen Darlehen nach § 7 c EStG abgesetzte Betrag von 25 vH der Darlehenssumme wieder hinzuzurechnen ist. Diese Abweichung gegenüber den AntBewR 1953 ist auf die gesetzliche Änderung der 7 c-Vergünstigungen zurückzuführen.

Des weiteren heben die AntBewR 1957 ausdrücklich hervor, daß der künftige Ertrag dann zu schätzen ist, wenn Unternehmen in den maßgebenden Jahren 1955, 1956, 1957 im Durchschnitt nur Verluste oder nur ganz geringe Erträge erzielt haben oder die Unternehmen infolge besonderer Konjunkturempfindlichkeit schon bisher mit auffallend großen Umsatzschwankungen zu rechnen hatten. Es dürfte jedoch in diesen Fällen ganz außerordentlich schwierig sein, eine derartige Schätzung vorzunehmen. *Wenmakers*[7] drückt es so aus:

---

[6] *Metzger*, Die Bewertung nichtnotierter Aktien und Anteile auf den 31. 12. 1956, BB 1957, S. 1271.
[7] *Wenmakers*, Bewertung von GmbH-Anteilen nach den Anteilsbewertungs-Richtlinien 1957, GmbH-Rdsch. 1958, S. 55.

"Der aus diesen Betriebsergebnissen arithmetisch gemittelte Durchschnittsertrag muß auf seine Nachhaltigkeit hin geprüft werden. Über die Art und Weise dieser Prüfung schweigen die Richtlinien und resignieren: Gegebenenfalls ist der künftige Ertrag zu schätzen."

aa) Der ausschüttungsfähige Ertrag

Die Richtlinien, welche im übrigen für den Normalfall an dem Abschlag in Höhe von 30 vH für die Feststellung des ausschüttungsfähigen Ertrags festhalten, bringen in Abschnitt 4 Abs. 3 Hinweise, wann ein höherer Abschlag gerechtfertigt ist. Diese Sonderabschläge kommen dann in Betracht, wenn der ausschüttungsfähige Ertrag künftig durch zwangsläufige, außergewöhnliche Aufwendungen beeinträchtigt wird. Als solche werden angesehen, Aufwendungen infolge gesetzlicher oder behördlicher Auflagen, die nicht zu einer unmittelbaren Förderung der Ertragslage dienen, z. B. also Anlagen zur Abwässerbeseitigung, um Flüsse sauber zu halten.

bb) Ertrag des in der Gesellschaft angelegten Kapitals

Der obige Hinweis wird ergänzt durch die Bestimmung, daß ein über den Satz 30 vH hinausgehender Abschlag bei solchen Gesellschaften berechtigt ist, bei denen der Ertrag ausschließlich und unmittelbar von der in der Art eines freien Berufes ausgeübten Tätigkeit der Gesellschafter-Geschäftsführer abhängig ist. Das trifft oftmals bei Steuerberatern, Wirtschaftsprüfern, Werbefachleuten — um nur ein paar freie Berufe aufzuzählen — zu. Das Betriebsvermögen derartiger Gesellschaften ist im allgemeinen gering. Die erzielten Erträge sind in der Hauptsache auf die Arbeitskraft des oder der Gesellschafter-Geschäftsführer zurückzuführen. Die Richtlinien fahren in diesem Zusammenhang fort, zu bestimmen, daß auch in den vorstehenden Fällen ein angemessener Teil des Betriebsergebnisses als sachlicher Ertrag der Gesellschaft angesehen werden muß. Dabei ist auf das RFH-Urteil vom 6. Februar 1941[8] hingewiesen, in welchem ausgeführt wird, daß *"nur die Erträge des in der Gesellschaft angelegten Kapitals berücksichtigt werden können"*. Dieser von den Richtlinien als *"angemessen"* bezeichnete Teil des Ertrags dürfte sich schwer bestimmen lassen, da es zu sehr auf die Verhältnisse im Einzelfall ankommt. Daß jedoch dieser angemessene Teil nicht zu klein sein darf, dürfte schon aus der Überlegung zu entnehmen sein, daß ein Käufer eines derartigen Unternehmens den im Vermögenswert nicht berücksichtigten Firmenwert mitbezahlen wird, der durch das Klientel der betreffenden Gesellschaft verkörpert wird und der unter Umständen sehr hoch sein kann.

---

[8] RFH — vom 6. 2. 1941 — III 54/40 — RStBl 1941, S. 444.

Im Anschluß an die Besprechung der Abweichungen, welche die AntBewR 1957 gegenüber den von 1953 im Hinblick auf die Ertragsaussichten ausweisen, kann im folgenden zu der Behandlung des gemeinen Werts nach Maßgabe der Richtlinien 1957 übergegangen werden.

d) Gemeiner Wert am 31. Dezember 1956

Hinsichtlich des rechnerischen Vorgangs bedienen sich die Richtlinien 1957 völlig des 1953 eingeführten Verfahrens. So ist insbesondere auch an dem Zinssatz von 8 vH festgehalten worden. Hierzu meint *Müller*[9], dieser Zinssatz sei heute nicht mehr ausreichend, da Gewinnausschüttungen — im Gegensatz zu den 1953 herrschenden Verhältnissen — 10 bis 12 vH erreichten. Dementgegen rechtfertigt meines Erachtens die Kapitalmarktentwicklung keineswegs ein derartiges Hochschrauben.

Abschnitt 5 Abs. 3 AntBewR 1957 enthält in Abweichung von den AntBewR 1953 präziser gefaßte Angaben, wann und in welchem Umfang Korrekturmöglichkeiten für den gemeinen Wert bestehen. Es heißt dort, daß im allgemeinen ein Abschlag bei den Gesellschaften geboten ist, bei denen nachhaltig unverhältnismäßig geringe Erträge einem großen Vermögen gegenüberstehen und daß in diesen Fällen Abschläge bis zu 30 vH des ermittelten Werts in Betracht kommen können. Während nun *Müller*[10] vorschlägt, Kürzungen abgestuft vorzunehmen, d. h. das Abzugsglied desto höher zu wählen, je mehr der Ertrag von der Normalverzinsung von 8 vH abweicht, unterstellt *Metzger*[11], daß erst dann ein Abschlag vorgenommen werden kann, wenn der durchschnittliche Ertrag um mindestens die Hälfte unter dem Normalbetrag liegt. Hier ist nach objektiven Gesichtspunkten den Vorschlägen *Müllers* der Vorzug zu geben.

Die Richtlinien 1957 beschäftigen sich ferner mit Fällen, in denen ein Sonderabschlag nicht gerechtfertigt ist, und zwar für zu erwartende Ertragsteuern bei Verkauf der Anteile oder Liquidation der Gesellschaft oder bei einer Unterkapitalisierung der Gesellschaft.

Zum ersten der drei Fälle läßt sich sagen, daß der gemeine Wert nicht davon beeinflußt wird, ob bei dem Veräußerer Gewinne entstehen, die der Steuerpflicht unterliegen. Der zweite Fall, in welchem ein Sonderabschlag wegen zu erwartender Ertragsteuern bei Liquida-

---

[9] *Müller*, Die Bewertung nichtnotierter Aktien und Anteile an Kapitalgesellschaften bei der VSt-Hauptveranlagung 1957, Mitteilungsblatt der Steuerberater 1958, Heft 2, S. 22.
[10] *Müller*, Die Bewertung nichtnotierter Aktien und Anteile an Kapitalgesellschaften bei der VSt-Hauptveranlagung 1957. Mitteilungsblatt der Steuerberater 1958, Heft 2, S. 22.
[11] *Metzger*, Die Bewertung nichtnotierter Aktien und Anteile auf den 31.12.1956, BB 1957, S. 1272.

Die Bewertung nach dem „Berliner" und „Stuttgarter Verfahren"

tion der Gesellschaft verneint wird, liegt insofern anders, als die Steuerbeträge die Gesellschaft tragen muß. Es ist jedoch meines Erachtens fast als absurd zu bezeichnen, ein Erwerber werde beim Kauf von Anteilen schon die Steuerbelastung kalkulieren, mit welcher bei der Liquidation zu rechnen ist. Anhaltspunkte dafür, ob zum Zeitpunkt der Liquidation überhaupt noch ein zu versteuerndes Vermögen bzw. stille Reserven vorhanden sein werden, zeigen sich nirgends. Bei unterkapitalisierten Unternehmen, als dem dritten der in den AntBewR 1957 vorgesehenen Fälle, in welchem ein Abschlag nicht gerechtfertigt ist, besteht ein Mißverhältnis zwischen dem haftenden Kapital (Nennkapital) und dem gesamten Eigenkapital. Da jedoch das Nennkapital eine vom Kapitalbedarf bei der Gründung abhängige Größe ist und in der Regel — soweit nicht überhaupt die gesetzlichen Mindestbeträge angesetzt sind[12] — mehr oder weniger vom Zufall abhängt, fehlen meines Erachtens schlüssige Gründe für den Ansatz eines Abschlags, so daß den Richtlinien in diesem Punkt voll und ganz gefolgt werden kann. *Metzger*[13] ist der gleichen Auffassung, wenn er schreibt:

„*Eine Beteiligung an einer Gesellschaft mit beispielsweise 25 vH und einem Vermögen der Gesellschaft von 400 000 DM repräsentiert offensichtlich den gleichen Wert, ohne Rücksicht darauf, ob das Nennkapital nun 40 000 DM oder 400 000 DM beträgt. Man könnte sogar im Gegenteil die Meinung vertreten, daß bei einem geringeren Nennkapital mit hohen Reserven der Käufer eines solchen Anteils eher noch einen höheren Preis anlegen würde, weil er mit größerer Sicherheit angemessene Gewinnausschüttungen auch in schlechten Jahren erwarten kann.*"

Den Einwand, daß das über das Nennkapital hinausgehende Vermögen weniger wert sei, weil der Anteilseigner bei einer Ausschüttung der Reserven mit erheblichen Ertragsteuern belastet wird, kann *Metzger*[14] ausräumen, indem er ausführt:

„*Der Käufer eines Anteils will ja eine Beteiligung an dem Unternehmen in dessen Bestand am Tage des Kaufes erwerben. Er erwirbt nicht, um aufgespeicherte Reserven ausschütten zu können, sondern um sich an den in Zukunft erzielbaren Erträgen zu beteiligen. Daß sich bei unterkapitalisierten Gesellschaften vielfach sehr hohe Vermögenswerte ergeben, kann somit kein Grund für einen Abschlag sein.*"

Müller[15] unterscheidet neben dem vorstehend besprochenen Fall einen weiteren, indem er nämlich die Unterkapitalisierung auch auf

---
[12] Bei Aktiengesellschaften nach Maßgabe des § 7 AktG 100 000 DM; bei Gesellschaften mit beschränkter Haftung nach Maßgabe des § 5 GmbHG 20 000 DM.
[13] *Metzger*, Die Bewertung nichtnotierter Aktien und Anteile auf den 31. 12. 1956, BB 1957, S. 1272.
[14] *Metzger*, Die Bewertung nichtnotierter Aktien und Anteile auf den 31. 12. 1956, BB 1957, S. 1272.
[15] *Müller*, Die Bewertung nichtnotierter Aktien und Anteile an Kapitalgesellschaften bei der VSt-Hauptveranlagung 1957, Mitteilungsblatt der Steuerberater 1958, S. 22/23, Heft 2.

das Mißverhältnis von Eigenkapital zu Fremdkapital bezieht. Hier ist seiner Argumentation zu folgen, wenn er bei sehr niedrigem Eigenkapital aus zwei Gründen einen zusätzlichen Abschlag bejaht, nämlich erstens wegen der sehr erheblich eingeschränkten Möglichkeit, in Zukunft Gewinne ausschütten zu können und zweitens wegen des wesentlich höheren Risikos.

Mit der Erörterung der Abweichungen, die sich hinsichtlich der Ermittlung des gemeinen Werts in den AntBewR 1957 gegenüber den AntBewR 1953 finden, kann dieser Abschnitt abgeschlossen werden. Im folgenden Abschnitt wird nunmehr die Bewertung in Sonderfällen behandelt.

e) Bewertung in Sonderfällen

In diesen Punkten ist die Systematik der Richtlinien 1957 gegenüber der von 1953 etwas geändert. Die Ermittlung des gemeinen Werts ist geregelt in Abschnitt 6 für Aktien und Anteile im Streubesitz, in Abschnitt 7 unter Außerachtlassung der Ertragsaussichten, in Abschnitt 8 für Anteile mit ungleichen Rechten, in Abschnitt 9 bei nicht voll eingezahltem Grund- oder Stammkapital, in Abschnitt 10 bei verdeckten Stammkapitaleinlagen, in Abschnitt 11 für eigene Aktien und Anteile, in Abschnitt 12 für Kuxe und andere Anteile an bergrechtlichen Gesellschaften, in Abschnitt 13 bei Neugründungen und Kapitaländerungen; schließlich und endlich enthält Abschnitt 14 die Bestimmungen über den Paketzuschlag.

Zur Gewährleistung einer besseren Übersicht werden die im vorstehenden aufgezählten Sonderfälle so gegliedert, daß eine leichtere Vergleichbarkeit mit der Gliederung der VStR 1949 und den AntBewR 1953 möglich ist. Zunächst sind also die Bewertungsvorschriften bei nicht voll eingezahltem Grund- oder Stammkapital zu behandeln.

aa) Nicht voll eingezahltes Grundkapital oder Stammkapital

Hier ist eine Änderung gegenüber den AntBewR 1953 festzustellen. Sofern sich nämlich auf Grund einer besonderen Vereinbarung, z. B. im Gesellschaftsvertrag, die Beteiligung am Vermögen und am Gewinn nach der Höhe des eingezahlten Stammkapitals richtet, werden für Zwecke der Anteilswertermittlung Vermögen und Ertrag nur mit dem tatsächlich eingezahlten Kapital verglichen.

bb) Eigene Anteile und Aktien

In diesem Punkt ist eine materielle Änderung nicht eingetreten. Es ist nur ausdrücklich vermerkt worden, daß eigene Anteile und Aktien, die dazu bestimmt sind, eingezogen zu werden, außer Ansatz bei dem Betriebsvermögen der Gesellschaft zu bleiben haben[16].

---

[16] Vgl. hierzu auch BFH — vom 3.2.1959 — I 88/58 U — BStBl 1959 III S. 139.

cc) Außerachtlassen der Ertragsaussichten

Hier wird klargestellt, daß bei Liquidationsgesellschaften der volle sich nach Abschnitt 3 ergebende Vermögenswert anzusetzen ist. Das ist deswegen notwendig, weil ja die Anwendung des Prozentsatzes (80 vH) gemäß Abschnitt 5 die Einbeziehung des Ertragshundertsatzes in die Berechnungen voraussetzt.

dd) Aktien und Anteile im Streubesitz

Die Bewertungsvorschriften haben sich in diesem Punkt gegenüber 1953 nicht geändert. *Metzger*[17] weist in diesem Zusammenhang auf ein OFH-Urteil vom 30. März 1949[18] hin, auf Grund dessen eine Feststellung von zwei Werten, nämlich für Streubesitzanteile und für Anteile mit Beteiligungscharakter, für *eine* Gesellschaft im Rahmen des einheitlichen Verfahrens gemäß §§ 64 ff. BewDV anerkannt worden ist. Er zieht daraus die Folgerung, daß gegen eine entsprechende Anordnung in künftigen Richtlinien nichts mehr eingewendet werden könne, insbesondere auch schon deshalb, weil unter Abschnitt 8 der AntBewR 1957 die Festsetzung verschiedener Werte bei Anteilen mit ungleichen Rechten vorgesehen ist.

ee) Neugründungen und Kapitalveränderungen

Abs. 2 des Abschnitts 13 regelt nunmehr ausdrücklich auch die Wertermittlung für Anteile an Gesellschaften, die ihre Rechtsform durch Umwandlung änderten. In derartigen Fällen kann die Bewertung in der gebräuchlichen Weise vorgenommen werden, wobei hinsichtlich der Erträge auf die Jahresergebnisse zurückgegriffen werden kann, welche das Unternehmen in seiner früheren Rechtsform erzielt hat. Dabei darf selbstverständlich nicht übersehen werden, daß die Umstände außer Ansatz bleiben müssen, die mit Rücksicht auf die spezielle Rechtsform des Unternehmens in der zurückliegenden Zeit die Ergebnisse beeinflußt haben.

Durch die Neufassung des § 69 Abs. 2 BewG[19] gilt nunmehr bei Kapitaländerungen als Stichtag für die Neubewertung der 31. Dezember des Jahres, in dem die Kapitaländerung stattfindet. Diese Bestimmung ist in den vorgenannten Absatz der AntBewR 1957 aufgenommen worden, wobei noch festgelegt ist, daß der neu ermittelte Wert grundsätzlich für den Rest des Hauptveranlagungszeitraums oder bis zu einer neuen Kapitaländerung gilt. Bei Abweichungen des neuen Kapitals vom früheren, die bei 10 vH und darunter liegen, kann von der

---

[17] *Metzger*, Die Bewertung nichtnotierter Aktien und Anteile auf den 31. 12. 1956, BB 1957, S. 1272.
[18] OFH — vom 30. 3. 1949 — Amtliche Sammlung 54/316.
[19] Gesetz zur Änderung steuerrechtlicher Vorschriften v. 26. 7. 1957 — BGBl 1957 I S. 848.

Neubewertung abgesehen werden. Damit ist im Hinblick auf die Erörterungen auf S. 137 ff. jedenfalls ein klarer Weg vorgeschrieben.

ff) Anteile mit ungleichen Rechten

Der hier behandelte Abschnitt 8 ist neu in die Richtlinien aufgenommen worden. Er regelt die Fälle, in denen auf Grund des Gesellschaftsvertrags die Beteiligung der Gesellschafter an Vermögen und Gewinn der GmbH nicht im gleichen Verhältnis zur Verteilung der Anteile am Stammkapital steht. Die Richtlinien wählen ein Beispiel, in dem die Gesellschafter A und B zwar je zur Hälfte am Vermögen beteiligt sind, A jedoch vom Gewinn 75 vH, B nur 25 vH erhält. Der Vermögenswert errechnet sich in der bekannten Weise; die Berechnung des Ertragshundertsatzes ist jedoch in zwei Verfahren aufzuspalten, nach welchen der Berechnung des Ertragshundertsatzes für die Anteile des Gesellschafters A drei Viertel, für die des Gesellschafters B ein Viertel des Gewinns zugrundezulegen ist. Erstreckt sich die Unterschiedlichkeit der Beteiligung auch auf den Liquidationserlös, so muß eine getrennte Berechnung auch im Hinblick auf den Vermögenswert in analoger Weise wie beim Ertragshundertsatz durchgeführt werden. Denkbar ist zum Beispiel, daß bei Kapitalerhöhungen die Vereinbarung getroffen wird, daß die neuen Anteile an den bisher angesammelten offenen Reserven nicht teilhaben[20].

Nachdem die vorstehenden Ausführungen mit Rücksicht darauf, daß sie als selbstverständlich angesehen werden dürfen, keiner Kommentierung bedürfen, kann gleich zur Besprechung des nächsten neu eingeführten Abschnitts übergegangen werden.

gg) Verdeckte Stammeinlagen

Ausgelöst durch das BFH-Urteil vom 25. Februar 1955[21] stellte sich das oben aufgeführte Problem zwar bereits bei dem *„Berliner Verfahren"* (das Urteil bezieht sich auf einen Bewertungsfall nach dem Berliner Verfahren) und später bei dem *„Stuttgarter Verfahren"* 1953. Es hat jedoch erst in den AntBewR 1957 eine Regelung erfahren, so daß an dieser Stelle die Besprechung erfolgt.

Zuerst ist zu klären, was unter einer verdeckten Stammeinlage zu verstehen ist. Troll[22] führt dazu aus:

„Werden von einem Gesellschafter Zahlungen an die Gesellschaft geleistet, die ihren Grund in den gesellschaftlichen Beziehungen haben, so ist, wenn der Gesellschafter nach den Satzungen zu diesen Zahlungen nicht verpflichtet ist, zu prüfen, was rechtlich und wirtschaftlich damit bezweckt

---

[20] *Wenmakers*, Bewertung von GmbH-Anteilen nach den Anteilsbewertungsrichtlinien 1957, GmbH-Rdsch. 1958, S. 55.
[21] BFH — v. 25. 2. 1955 — III 153/53 U — BStBl 1955 III S. 133.
[22] *Troll*, Die Anteilsbewertung bei verdeckten Stammeinlagen, GmbH-Rdsch. 1955, S. 219/220.

werden soll. Meist handelt es sich hier um sogenannte Gesellschafterdarlehen, mit denen erreicht werden soll, was sonst nur mit einer Kapitalerhöhung möglich ist, nämlich eine Stärkung des Eigenkapitals der Gesellschaft. Unter Umständen kann hierin ein Mißbrauch rechtlicher Gestaltungsmöglichkeiten zu erblicken sein, so daß dann ein solches Gesellschafterdarlehen nach § 5 und § 6 StAnpG steuerlich wie eine Stammeinlage zu behandeln ist. Im extremen Fall würde dies auch der zivilrechtlichen Behandlung entsprechen; denn im Konkurs der Gesellschaft würde dieses Gesellschafterdarlehen als Konkursforderung nicht anerkannt werden (RGZ 166, 57)."

Der BFH sieht entsprechend seinem Urteil vom 15. Mai 1953[23] ein Gesellschafterdarlehen nur dann als verdeckte Stammeinlage an, wenn die Zuführung weiterer Mittel objektiv notwendig war und weiteres Kapital nach den Umständen des Einzelfalles durch Fremdkapital nicht beschafft hätte werden können (vgl. hierzu auch den entsprechenden Wortlaut der AntBewR 1957 in Abschnitt 10 Abs. 1).

Nun ist nach Maßgabe des Abschnitt 105 Abs. 4 VStR 1949 das Vermögen der Gesellschaft mit dem Nennbetrag des Grund- oder Stammkapitals zu vergleichen, um den Vermögenswert der Anteile zu errechnen. Der durchschnittliche Jahresertrag war nach Abschnitt 105 Abs. 7 VStR 1949 in einem Hundertsatz zum Nennbetrag des Grund- oder Stammkapitals auszudrücken. Analog hierzu bestimmt Abschnitt 5 Abs. 3 AntBewR 1953, daß der gemeine Wert eines Anteils für je DM 100,— des Grund- oder Stammkapitals festzustellen ist. Gleichzeitig legten Abschnitt 9 Abs. 3 VStR 1949 und Abschnitt 9 Abs. 3 VStR 1953 fest, daß zum Vermögen einer Kapitalgesellschaft auch Darlehen der Gesellschafter gehören, wenn sie als *„verdeckte Beteiligungen"* am Gesellschaftskapital anzusehen sind[24].

Anläßlich der Besprechung der Bewertungsreferenten der Länder am 12. Oktober 1955 wurde dann über die Anwendbarkeit des BFH-Urteils vom 25. Februar 1955[25] verhandelt und das im Erlaß des BdF vom 21. November 1955[26] niedergelegte Ergebnis gefunden. Danach ist bereits bei der Anteilsbewertung auf den Hauptfeststellungszeitpunkt 31. Dezember 1952 wie folgt zu verfahren:

a) Die verdeckte Stammeinlage kann hinsichtlich der Beteiligung am Gewinn und am Vermögen dem Geschäftsanteil gleichgestellt sein, so daß in diesem Fall der gemeine Wert nicht für je DM 100,— des Nennkapitals (Geschäftsanteil), sondern ähnlich wie in Abschnitt 3 c Abs. 6 AntBewR 1953 für je DM 100,— des eingezahlten Kapitals zu ermitteln ist.

---
[23] BFH — vom 15. 5. 1953 — III 103/52 S — BStBl 1953 III, S. 208.
[24] Berg, Zur Frage der Berücksichtigung verdeckter Stammeinlagen bei der Bewertung von nichtnotierten Anteilen, GmbH-Rdsch. 1957, S. 142.
[25] BFH — vom 25. 2. 1955 — III 153/53 U — BStBl 1955 III S. 133.
[26] BdF — Erlaß v. 21. 11. 1955 — IV C/1 — S 3263 — 19/55 — WPg 1956 S. 38 ff.

b) Ist für die verdeckte Stammeinlage keine Beteiligung am Gewinn und am Vermögen vereinbart, sondern muß die Einlage zum Nennwert zurückgezahlt und bis dahin mit einem festen Zinssatz verzinst werden, so muß bei der Berechnung des Vermögenswerts die verdeckte Stammeinlage von dem Vermögen gekürzt werden (abweichend von der Feststellung des Einheitswerts des Betriebsvermögens der Gesellschaft). Ebenso muß bei der Gewinnermittlung der Betrag abgezogen werden, der auf die verdeckte Stammeinlage als Zinsen oder unter einer anderen Bezeichnung als Beteiligung am Ertrag gezahlt worden ist. Das um die verdeckte Stammeinlage verminderte Vermögen und der um den Ertrag der verdeckten Stammeinlage geminderte Durchschnittsertrag sind zu dem Stammkapital ins Verhältnis zu setzen. Der sich ergebende Wert bezieht sich dann nur auf das Nennkapital. Bei dem Geber der verdeckten Stammeinlage ist sie als besonderes Wirtschaftsgut anzusetzen und im allgemeinen mit dem Nennwert zu bewerten, soweit nicht eine besonders hohe bzw. niedrige Verzinsung Abweichungen vom Nennwert erfordert.

c) Ist die verdeckte Stammeinlage am Vermögen beteiligt, erfährt sie aber eine feste Verzinsung statt einer Gewinnbeteiligung, so kann es angebracht sein, die verdeckte Stammeinlage in die Anteilsbewertung einzubeziehen, dabei aber einen besonderen Wert für die verdeckte Stammeinlage zu ermitteln.

Die vorstehend entwickelten Grundsätze, deren Anwendung für die Hauptfeststellung 1953 — wie bereits oben erwähnt — auf Grund des BdF-Erlasses vom 21. November 1955 gesichert ist, haben in den AntBewR 1957 unmittelbar ihren Niederschlag gefunden.

Abschnitt 10 Abs. 2 regelt wie oben unter a) den Fall, daß das verdeckte Kapital dem nominellen Stammkapital gleichgestellt ist, so daß bei der Vermögenswertermittlung das um die verdeckte Stammeinlage erhöhte Kapital angesetzt werden muß. Das gleiche gilt hinsichtlich der Ermittlung des Ertragshundertsatzes.

Abschnitt 10 Abs. 3 bestimmt wie oben unter c) für den Fall, daß das verdeckte Kapital am Vermögen beteiligt ist, jedoch eine feste Verzinsung stattfindet, daß bei Ermittlung des Vermögenswertes, das Stammkapital einschließlich des verdeckten Stammkapitals zum Ansatz gelangen muß. Für den Ertragshundertsatz wird der Jahresertrag um die Zinsen für die verdeckte Kapitaleinlage vermindert und der dann sich ergebende ausschüttungsfähige Gewinn in das Verhältnis zum Nominalkapital gesetzt. Die verdeckten Stammkapitaleinlagen werden mit dem gleichen Vermögenswert bewertet wie vorstehend: hinsichtlich des Ertragshundertsatzes gilt der Zinssatz, mit dem die Einlage verzinst wird, also beispielsweise 6 vH.

Abschnitt 10 Abs. 4 behandelt wie oben unter b) den Fall, daß das verdeckte Stammkapital als Darlehen mit fester Verzinsung bzw. Beteiligung am Ertrag zu werten ist. Hier wird für die Anteilsbewertung das Vermögen um die verdeckte Einlage gekürzt und zum Nominalkapital ins Verhältnis gesetzt. Bei der Ermittlung des Ertragshundertsatzes wird der Ertrag um die Zinsen auf die verdeckte Stammeinlage vermindert. Das verdeckte Kapital ist — in Abweichung von der Feststellung des Einheitswertes des Betriebsvermögens der Gesellschaft — bei dem Darlehensgeber als Darlehensforderung zu bewerten und zwar in der Regel mit dem Nennwert, wenn nicht ein besonders hoher oder niedriger Zinssatz ein Abweichen vom Nennwert gebietet.

Meiner Meinung nach kommt das Verfahren, über das mit den vorstehenden Ausführungen ein Überblick gegeben wird, zu richtigen Wertansätzen auch in betriebswirtschaftlicher Sicht, denn würden verdeckte Stammeinlagen bei der Anteilsbewertung völlig außer Ansatz gelassen, so würde dies zweifelsohne nicht nur eine Benachteiligung der anderen Anteilseigner bedeuten, sondern vielmehr auch ein falsches wirtschaftliches Bild ergeben. Deshalb kann auch den Ausführungen Bergs[27] nicht beigepflichtet werden, der zu diesem Problem ausführt:

„Abgesehen von den grundsätzlichen Einwendungen, die gegen das ‚Stuttgarter Verfahren'.... zu erheben sind...., zeigt gerade die Behandlung verdeckten Beteiligungskapitals besonders die Unzulänglichkeit eines Schemas für die Anteilsbewertung überhaupt. Für verdecktes Beteiligungskapital gibt es in der Regel besondere Gründe, die in der Zusammensetzung und den Eigenarten des Gesellschaftsvermögens, der Ertragsituation und der Gesellschafter selbst liegen. Es handelt sich dabei sowohl um Tatsachen als auch um Imponderabilien, die bei jeder normalen, also nicht schematischen Unternehmens- und Anteilsbewertung unter rein wirtschaftlichen Gesichtspunkten beachtet werden müssen."

Soviel zu der Frage der Berücksichtigung verdeckter Stammeinlagen; der nächste Abschnitt ist den bergrechtlichen Gesellschaften gewidmet.

hh) Kuxe und andere Anteile an bergrechtlichen Gesellschaften

Dieser neu in die AntBewR 1957 aufgenommene Abschnitt trägt den Besonderheiten der bergrechtlichen Gewerkschaft Rechnung. Danach ist der gemeine Wert für Kuxe und andere Anteile an bergrechtlichen Gesellschaften nicht in einem Hundertsatz, sondern jeweils in DM für den einzelnen Kux zu ermitteln. Diese Regelung ist notwendig, da ja bekanntlich bergrechtliche Gewerkschaften kein Nennkapital haben. Das anteilige Vermögen errechnet sich formelmäßig wie folgt:

$$\text{Vermögenswert} = \frac{\text{Vermögen}}{\text{Anzahl der Kuxe}}$$

---

[27] Berg, Zur Frage der Berücksichtigung verdeckter Stammeinlagen bei der Bewertung von nichtnotierten Anteilen, GmbH-Rdsch. 1957, S. 144.

Der Ertragsanteil bestimmt sich wie folgt:

$$\text{Ertragsanteil} = \frac{\text{Ertrag}}{\text{Anzahl der Kuxe}}$$

Der gemeine Wert errechnet sich aus den vorstehenden Werten nach Maßgabe der allgemeinen Formel (vgl. S. 129).

Damit kann die Behandlung der Bewertung in Sonderfällen abgeschlossen werden, nachdem die Regelungen über den Paketzuschlag in den AntBewR 1957 genau so lauten wie in den AntBewR 1953. Über das Verfahren, welches in Abschnitt 15 der AntBewR 1957 näher beschrieben ist, brauchen im Rahmen des hier zu behandelnden Themas keine Ausführungen gemacht zu werden.

ii) Organschaft

Die im vorliegenden Abschnitt behandelte Frage hat erstmals eine einheitliche Regelung durch den ländereinheitlichen Erlaß vom 22. März 1958[28] gefunden.

Einleitend zu dem Problem ist darzulegen, daß Organschaft dann vorliegt, wenn eine Gesellschaft in das beherrschende Unternehmen wirtschaftlich, finanziell und organisatorisch derart eingegliedert ist, daß sie keinen eigenen Willen mehr hat[29]. Das beherrschende Unternehmen wird als Obergesellschaft, das beherrschte Unternehmen als Organ bzw. Organgesellschaft bezeichnet.

Während sich in den VStR 1949 keine Bestimmungen über die Anteilsbewertung in Organschaftsfällen finden, heißt es in Abschnitt 1 Abs. 1 AntBewR 1953, daß die Feststellung des gemeinen Wertes dann unterbleiben kann, *„wenn sie weder für die Vermögensteuer noch für die Gewerbesteuer Bedeutung hat (z. B. bei Schachtelgesellschaften, deren gesamte Anteile sich in der Hand von Obergesellschaften befinden)"*. Ähnlich lauten die AntBewR 1957, wo es in Abschnitt 1 Abs. 1 unter anderem heißt: *„Die Feststellung des gemeinen Wertes kann unterbleiben, wenn die Aktien und Anteile weder zur Vermögensteuer noch zur Gewerbesteuer heranzuziehen sind"*.

Hat nun eine Obergesellschaft, deren Anteile für Zwecke der Vermögensteuer zu bewerten sind — Schachtelbeteiligungen — so stellen diese ohne Zweifel ein echtes Wirtschaftsgut dar, das sowohl im Rahmen der Anteilsbewertung gemäß den AntBewR 1953 (Abschnitt 2 Abs. 3) als auch den AntBewR 1957 (Abschnitt 3 Abs. 1) dem Ein-

---

[28] Erlaß des FM des Landes Nordrhein-Westfalen vom 22. 3. 1958, S 3263 — 20908/VC — 1 BStBl 1958 II S. 53; analoge Erlasse für alle übrigen Länder der Bundesrepublik.
[29] Vgl. hierzu Erlaß betr. körperschaftsteuerrechtliche und gewerbesteuerrechtliche Behandlung von Organschaften des FM des Landes Nordrhein-Westfalen v. 23. 10. 1959 S 2526 a — 4640/59 VA — 2 — BStBl 1959 II S. 161, analoge Erlasse für alle übrigen Länder der Bundesrepublik.

heitswert des Betriebsvermögens hinzugerechnet werden muß, in dem es ja mit Rücksicht auf die Bestimmungen des § 60 BewG (Vergünstigung für Schachtelgesellschaften) nicht enthalten ist. Daraus erwächst wiederum die Notwendigkeit, die Anteile an der Organgesellschaft zu bewerten. Diese Erkenntnis führte — wie eingangs schon erwähnt — zu dem ländereinheitlichen Erlaß vom 22. März 1958 für die Hauptfeststellung 1956. Hiernach ist hinsichtlich der Bewertung wie folgt zu verfahren:

Abschnitt a) des Erlasses behandelt die Fälle der Organschaft, bei der ein Ergebnisabführungsvertrag besteht, also den Regelfall. Unter einem Ergebnisabführungsvertrag, wie ihn die Richtlinien bezeichnen — sonst spricht man auch von einer Gewinn- und Verlustausschlußvereinbarung — versteht man die Verpflichtung[30] des Organs, den Gewinn an die Obergesellschaft abzuführen bzw. die Forderung, die das Organ gegenüber der Obergesellschaft im Falle eines Verlustes geltend machen kann. In der Umkehrung folgt daraus, daß die Obergesellschaft bei Gewinnen des Organs eine Forderung und bei Verlusten des Organs eine Verbindlichkeit in der Bilanz auszuweisen hat.

Der Erlaß bestimmt nun, daß bei der Ermittlung des Ertragshundertsatzes der Organanteile die Auswirkungen nicht zu berücksichtigen sind, die sich aus dem Ergebnisabführungsvertrag ergeben. Das heißt, daß das Geschäftsergebnis des Organs als eigener Betriebsgewinn anzusehen ist. Die Berechnungen müssen also hier wie für den Normalfall durchgeführt werden, so daß infolgedessen auch die Ertragsteuern berücksichtigt werden müssen, die in Wirtlichkeit von der Obergesellschaft übernommen werden. Es gilt also eine fiktive Rechnung aufzumachen in Anlehnung an das auf S. 123 der vorliegenden Arbeit entwickelte Schema.

Abschnitt b) des Erlasses regelt die Fälle, in denen sich Aktien und Anteile nicht nur im Eigentum der Obergesellschaft befinden, sondern in geringem Umfang auch im Eigentum anderer Gesellschaften (Streubesitz). Der Erlaß geht dabei wieder von dem Regelfall aus, daß dem Streubesitz von der Obergesellschaft eine Dividende in bestimmter Höhe garantiert ist. Bei der Wertermittlung ist so vorzugehen, daß die Grundsätze über die Anteile mit ungleichen Rechten (Abschnitt 8 AntBewR 1957) angewendet werden, wobei beim Vermögenswert für die im Streubesitz befindlichen Anteile 20 vH abzuschlagen sind. Bezüglich der Ermittlung des Ertragshundertsatzes ist für den Streubesitz von der durch die Obergesellschaft garantierten Dividende auszugehen, während bei der Ertragshundertsatz-Ermittlung für die Anteile, welche der Obergesellschaft gehören, der Durchschnittsertrag um die garantierte Dividende für Streubesitzanteile zu kürzen ist.

---

[30] BFH — vom 24. 11. 1953 — I 109/53 U — BStBl 1954 III S. 21.

Abschnitt c) des Erlasses regelt den eingangs geschilderten Fall, daß der Organträger als Obergesellschaft den Wert der Beteiligung am Organ anzusetzen hat. Zu verfahren ist dann nach den in den Abschnitten a) und b) entwickelten Grundsätzen, wobei der Anspruch der Obergesellschaft auf den Gewinn des Organs im Vermögenswert der Anteile an der Obergesellschaft seinen Niederschlag findet. Bei der Ertragshundertsatz-Ermittlung für die Anteile an der Obergesellschaft muß auch das Ergebnis des Organs, sei es negativ (Verlust) oder positiv (Gewinn) berücksichtigt werden. Die gegebenenfalls an den Streubesitz abgeführte Dividende ist folgerichtig abzugsfähige Betriebsausgabe bei der Obergesellschaft.

Den in den vorstehenden Ausführungen kurz beschriebenen Hinweisen des Erlasses ist in fast allen Punkten zuzustimmen, tragen sie doch auch den wirtschaftlichen Tatsachen weitestgehend Rechnung. Nur hinsichtlich der Bestimmung, daß die Ergebnisse des Organs auch bei der Ermittlung des Ertragshundertsatzes für die Anteile an der Obergesellschaft zu berücksichtigen sind, dürften meines Erachtens im Hinblick auf das RFH-Urteil vom 15. Februar 1940[31] Bedenken bestehen. Dort wird ausgeführt: *„Der Gewinn der Tochtergesellschaft muß, auch wenn er an die Muttergesellschaft abgeführt werden muß, bei der Bewertung der Anteile an der Tochtergesellschaft berücksichtigt werden; denn er bleibt das Ergebnis der wirtschaftlichen Betätigung der Organ-GmbH. Folgerichtig sind diese Gewinne bei der Bewertung der Anteile der Muttergesellschaft außer Betracht geblieben.*" Immerhin darf gesagt werden, daß dem Ertragshundertsatz im Rahmen des *„Stuttgarter Verfahrens"* nicht die große Bedeutung zukommt, so daß durch die obengenannte Bestimmung des Erlasses dem Anteilseigner keine erheblichen Nachteile erwachsen.

Der dieser Darstellung der Wertermittlung in Fällen der Organschaft folgende Abschnitt befaßt sich — um einen umfassenden Überblick zu gewährleisten — mit der Bewertung von Anteilen an ausländischen Gesellschaften.

kk) Ausländische Gesellschaften

Hierzu ist ganz allgemein zu sagen, daß das *„Stuttgarter Verfahren"* nicht anwendbar ist, da die erforderlichen Bewertungsunterlagen, wie Einheitswert des Betriebsvermögens, körperschaftsteuerliche Merkmale über die Erträge in der Regel fehlen. Überdies ist ja auch ein Betriebsfinanzamt nicht vorhanden. Also ist es erforderlich, daß das für den Anteilseigner zuständige Finanzamt den gemeinen Wert zu ermitteln hat, wobei es dem Geschick des Bewertenden bzw. dem Ver-

---

[31] RFH — vom 15. 2. 1940 — III 253/38 — RStBl 1940 S. 494.

handlungsgeschick des Anteilseigners überlassen ist, Werte festzusetzen[32].

Dem vorstehend nur kurz angeschnittenen Problem kommt jedoch keine allzu große Bedeutung zu, nachdem eine große Anzahl von Doppelbesteuerungsabkommen zwischen der Bundesrepublik Deutschland und ausländischen Staaten abgeschlossen worden ist, so daß eine inländische Vermögensbesteuerung ausländischer Gesellschaften ausscheidet.

f) Zusammenfassende Betrachtung über Wert und Unwert des „Stuttgarter Verfahrens"

Der Meinungsstreit in der Fachliteratur hat sich — ähnlich wie bei dem „Berliner Verfahren" — auch bereits am „Stuttgarter Verfahren" entzündet. Wenn die Anzahl der Artikel, welche dafür und dagegen Stellung nehmen noch nicht so zahlreich sind, so liegt das sicherlich daran, daß noch nicht so viele Beispiele aus der Bewertungspraxis vorliegen, aus denen hinsichtlich der materiellen Auswirkungen Erfahrungen geschöpft werden können, als das beim „Berliner Verfahren" mit Rücksicht auf seine Anwendung seit dem Jahre 1935 der Fall sein konnte.

Zintzen[33], der in einer sehr ausführlichen Studie Änderungsvorschläge zum „Stuttgarter Verfahren" erarbeitet hat, schlägt vor, den Abschlag vom Vermögenswert mit mindestens 30 vH anzusetzen und den ausschüttungsfähigen Gewinn im Normalfall um 50 bis 55 vH zu kürzen. In Spezialfällen (z. B. bei Unternehmen, deren Liquidität sehr stark angespannt ist) fordert er sogar einen Abschlag von 100 vH, also völlige Außerachtlassung der Ertragsaussichten.

Berg[34] meint, das „Stuttgarter Verfahren" presse die Anteilsbewertung in ein starres System. Er vertritt im übrigen den Standpunkt, wie schon beim „Berliner Verfahren" (vgl. S. 112), daß stets vom Anteilseigner und seinem Verhältnis zum Anteil auszugehen ist, nicht von der Gesellschaft. Er schreibt: *„Jede Kombination von Vermögenswert und Ertrag in einem Schema führt zu mehr oder weniger willkürlichen Werten. Der Vermögenswert steht überwiegend unter statischen, der Ertragswert überwiegend unter dynamischen Gesichtspunkten und jeder der beiden Werte bedarf einer unabhängigen Beurteilung für sich. Beide Werte sind lediglich als Grundlagen für die*

---

[32] *Kaps*, Bewertung von Anteilen an ausländischen Gesellschaften, GmbH-Rdsch. 1957, S. 204.
[33] *Zintzen*, Die vermögensteuerliche Bewertung von nicht notierten Aktien und Anteilen, GmbH-Rdsch. 1955, S. 189.
[34] *Berg*, Verwaltungsanordnung zur Bewertung nichtnotierter Aktien und Anteile vom 14. 2. 1955, GmbH-Rdsch. 1955, S. 33, und Aus der Diskussion um die Bewertung von GmbH-Anteilen, GmbH-Rdsch. 1954, S. 165.

Unternehmungs- und Anteilsbewertung zu gebrauchen, die individuell erfolgen muß."

Troll und *Diedenhofen*[35] fordern eine forgfältigste Prüfung, ob alle wertmindernden Faktoren berücksichtigt sind dann, wenn der errechnete Anteilswert sehr hoch ist. Sie legen sich jedoch nicht darauf fest, von welcher Grenze an sie einen außergewöhnlich hohen Wert annehmen wollen. Vielleicht könnte hier in anologer Anwendung *Boettcher*[36] herangezogen werden, der vorgeschlagen hat, eine obere Grenze von 200 vH festzulegen und zwar in Ansehung dessen, daß zum 31. Dezember 1952 nur ganz wenige Börsenkurse über 200 vH hinausgingen.

Metzger[37] ist der Auffassung, das neue Verfahren versuche die wesentlichen Faktoren für die Preisbildung zahlenmäßig zu erfassen und gelange dadurch zu einer möglichst wirklichkeitsnahen Bewertung.

Uhlich[38] hebt positiv hervor, daß das „Stuttgarter Verfahren" den Finanzämtern leichtere Handhabungsmöglichkeiten biete und einheitlicher angewendet werden könne. Er bezweifelt allerdings, ob es möglich sein wird, den Finanzämtern für die Anteilsbewertung bei unterkapitalisierten Gesellschaften bestimmte Richtlinien zu geben.

An den oben zusammengestellten Meinungen herrschender Autoren fällt dem Betrachter gegenüber den Stellungnahmen zum *„Berliner Verfahren"* auf, daß sie im allgemeinen weniger scharf das Bewertungssystem kritisieren und vielfach, neben unbedeutenden Änderungsvorschlägen, lobende Worte finden. Das mag schon zeigen, daß das „*Stuttgarter Verfahren"* sich größerer Zustimmung erfreuen kann als sein Vorgänger. So kann abschließend mit *Metzger*[39] gesagt werden:

„Ein in allen Fällen restlos befriedigendes Verfahren wird und kann es nicht geben. So werden auch Einwendungen gegen das Verfahren, insbesondere gegen Einzelheiten der Berechnung, zu erwarten sein. Inwieweit diesen Einwendungen in Zukunft Rechnung getragen werden kann, wird weitgehend von den bei der Bewertung gemachten Erfahrungen abhängen."

V. Vergleichende Gegenüberstellung des „Berliner Verfahrens" und des „Stuttgarter Verfahrens"

Es kann als völlig ausreichend angesehen werden, wenn im Rahmen dieses Abschnitts nur die Punkte behandelt werden, in denen das

---

[35] *Troll* und *Diedenhofen*, Neue Richtlinien über die Bewertung nichtnotierter Aktien und Anteile, Beilage Nr. 2 zu Heft 5/1955, Der Betrieb, S. 2.
[36] *Boettcher*, Zur Bewertung unnotierter Anteile besonders an Familiengesellschaften, StW 1953, Sp. 531.
[37] *Metzger*, Die Bewertung der nichtnotierten Aktien und Anteile an Kapitalgesellschaften, BB 1955, S. 95.
[38] *Uhlich*, Die Bewertung der nichtnotierten Aktien und Anteile, DStZ 1955, S. 53.
[39] *Metzger*, Die Bewertung der nichtnotierten Aktien und Anteile an Kapitalgesellschaften, BB 1955, S. 95.

Gegenüberstellung des „Berliner" und des „Stuttgarter Verfahrens" 157

„Stuttgarter Verfahren" wesentlich vom „Berliner Verfahren" abweicht.

Der hauptsächlichste Unterschied in den beiden Bewertungsverfahren liegt demnach darin, daß das „Stuttgarter Verfahren" im Gegensatz zum „Berliner Verfahren" keine schematische Mittelung von Vermögenswert und Ertragswert kennt, vielmehr dem Vermögenswert das Hauptgewicht zumißt. Der Ertragswert des „Berliner Verfahrens" ist auf den Ertragshundertsatz des „Stuttgarter Verfahrens" zusammengeschrumpft, einem Wert, der damit praktisch zu einem Korrekturposten des Vermögenswerts wird.

Die zweite Abweichung von erheblichem Einfluß ist darin zu erblicken, daß der Kapitalisierungszinsfuß im Rahmen des Ertragshundertsatzes auf 8 vH im Gegensatz zu 5,5 vH im Ertragswert des „Berliner Verfahrens" erhöht worden ist.

Ferner ist eine einschneidende Veränderung darin eingetreten, daß an Stelle des erzielten Gewinnes im „Berliner Verfahren", der ausschüttungsfähige Gewinn im „Stuttgarter Verfahren" zu treten hat.

Ein sehr anschauliches Bild, welches besser als alle Worte den Unterschied zwischen den Werten nach dem „Berliner Verfahren" und den Werten nach dem „Stuttgarter Verfahren" deutlich werden läßt, bietet die nachstehende Darstellung im Koordinatensystem. Ausgangspunkt sind dabei die im folgenden entwickelten Formeln für den gemeinen Wert einerseits nach „Berliner Verfahren", andererseits nach „Stuttgarter Verfahren".

„Berliner Verfahren":
Die Wertermittlung erfolgt hier, wie in den vorhergehenden Abschnitten bereits dargestellt worden ist, nach zwei Formeln[1]:

$$V = \frac{RV \cdot 100}{K} \quad \text{und} \quad E = \frac{DE \cdot 100 \cdot 100}{K \cdot 5{,}5}$$

und daraus $$GW = \frac{V + E}{2}$$

Setzt man nun an Stelle von V und E wieder die jeweiligen Formeln, so ergibt sich:

$$GW = \frac{50}{100} \cdot \left(\frac{RV \cdot 100}{K} + \frac{DE \cdot 100 \cdot 100}{K \cdot 5{,}5} \right)$$

Diese Formel läßt sich nun in zwei Formeln ausdrücken, um eine Darstellungsmöglichkeit im Koordinatensystem zu gewinnen (GW ist dabei auf der Ordinate, $\frac{DE \cdot 100}{K}$ auf der Abszisse aufgetragen.)

---
[1] *Zeichenerklärung:* GW = gemeiner Wert, V = Vermögenswert, E = Ertragswert, DE = Durchschnittsertrag, RV = Reinvermögen, K = Grund- bzw. Stammkapital, EH = Ertragshundertsatz.

158 Die Bewertung nach den Vorschriften des Steuerrechts

$$GW_1 = \frac{50 \cdot RV \cdot 100}{100 \cdot K} \quad \text{und}$$

$$GW_2 = \frac{50 \cdot DE \cdot 100 \cdot 100}{100 \cdot K \cdot 5{,}5}$$

Um Werte für die Darstellung im Koordinatensystem zu gewinnen, werden zwei vereinfachte Zahlenbeispiele gebildet:

Beispiel 1:
K = 100 000
RV = 100 000
DE = 10 000

Damit ist:
$$GW_1 = \frac{50 \cdot 100\,000 \cdot 100}{100 \cdot 100\,000}$$
$$GW_1 = 50$$

Das bedeutet, daß auf der Ordinate 50 aufgetragen werden muß.

$$GW_2 = \frac{50 \cdot 10\,000 \cdot 100 \cdot 100}{100 \cdot 100\,000 \cdot 5{,}5}$$

$$GW_2 = \frac{500}{5{,}5}$$

$$GW_2 = 91{,}9$$

Weil nun der Ausdruck $\frac{DE \cdot 100}{K}$ auf der Abszisse den Wert von 10 im vorliegenden Fall annimmt, so muß dort der zu findende Punkt um 91,9 Teilstriche nach oben verschoben sein.

Beispiel 2 (Kontrollrechnung):
K = 100 000
RV = 100 000
DE = 18 000

GW_1 bleibt auch in diesem Fall 50.
GW_2 lautet nunmehr:

$$GW_2 = \frac{50 \cdot 18\,000 \cdot 100 \cdot 100}{100 \cdot 10\,000 \cdot 5{,}5}$$

$$GW_2 = \frac{50 \cdot 18}{5{,}5}$$

$GW_2 = 163{,}6$

In diesem Beispielsfall nimmt der Ausdruck $\frac{DE \cdot 100}{K}$ auf der Abszisse den Wert 18 an. Der zu findende Punkt muß also dort um 163,6 Teilstriche nach oben verschoben sein.

„*Stuttgarter Verfahren*":

Die Wertermittlung erfolgt hier, wie in den vorhergehenden Abschnitten dargestellt worden ist, nach den Formeln:

$$V = \frac{RV \cdot 100}{K} - \frac{10}{100} \quad \text{und} \quad 3 \cdot EH = \frac{DE \cdot 100}{K}$$

und daraus $GW = \frac{80}{100} (V + 3 EH)$

Setzt man nun an die Stelle von V und EH die jeweiligen Formeln, so ergibt sich:

$$GW = \frac{80}{100} \left(\frac{RV \cdot 100 - 10}{K} + \frac{3 \cdot DE \cdot 100}{K} \right)$$

Auch diese Formel läßt sich in zwei Formeln ausdrücken, um die Möglichkeit der Darstellung im Koordinatensystem zu gewinnen (GW ist dabei auf der Ordinate, $\frac{DE \cdot 100}{100}$ auf der Abszisse aufgetragen):

$$GW_1 = \frac{80 - RV \cdot 100 - 10}{100 \cdot K} \quad \text{und}$$

$$GW_2 = \frac{80 \cdot 3 \cdot DE \cdot 100}{100 \cdot K}$$

Um auch hier Werte für das Koordinatensystem zu gewinnen, werden zwei weitere Zahlenbeispiele gebildet:

Beispiel 1:
  K = 100 000
  RV = 100 000
  DE = 10 000

Es ist $GW_1 = \dfrac{80 \cdot 100\,000 \cdot 100 - 10}{100 \cdot 100\,000}$

$GW_1 = 72$

Das heißt, von der Ordinate muß von 72 ausgegangen werden.

$$GW_2 = \frac{80 \cdot 3 \cdot 10\,000 \cdot 100}{100 \cdot 100\,000}$$

$GW_2 = 24$

Der Ausdruck $\dfrac{DE \cdot 100}{K}$ bleibt, wie schon beim „Berliner Verfahren" 10, so daß der gesuchte Punkt um 24 Teilstriche über der durch Punkt 72 laufenden Geraden liegt.

Beispiel 2 (Kontrollrechnung):

K = 100 000
RV = 100 000
DE = 18 000
GW_1 bleibt in diesem Fall auch 72.

GW_2 lautet dagegen:

$$GW_2 = \frac{80 \cdot 3 \cdot 18\,000 \cdot 100}{100 \cdot 100\,000}$$

$GW_2 = 43{,}2$

Im Beispielsfall errechnet sich für $\frac{DE \cdot 100}{100}$ der Wert 18, so daß der gesuchte Punkt um 43,2 Teilstriche über der durch Punkt 72 laufenden Geraden liegt.

Das folgende Schaubild, welches die vorstehend errechneten Werte darstellt, zeigt, daß die Werte des *„Stuttgarter Verfahrens"* wesentlich flacher verlaufen als die des *„Berliner Verfahrens"*. Was dort durch Abschläge mannigfaltigster Art erzielt werden sollte, ist hier bereits im Verfahren selbst berücksichtigt. Dies darf unbestreitbar als ein wesentlicher Fortschritt gewertet werden.

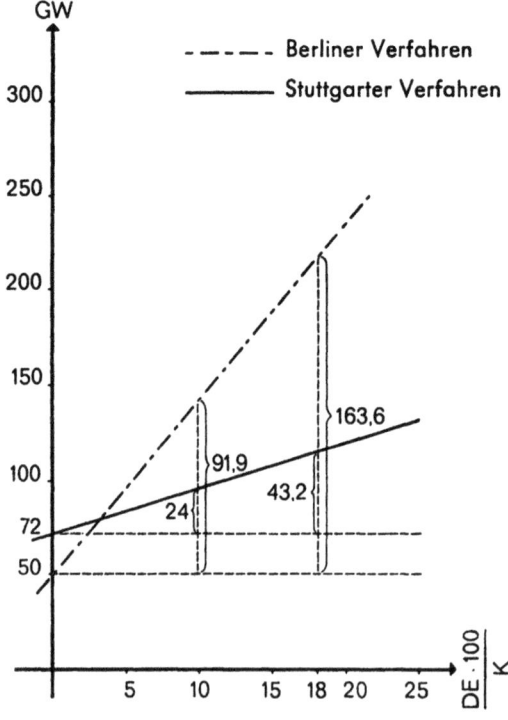

C. Die Bewertung unnotierter Anteile und Aktien in betriebswirtschaftlicher Sicht

Eingangs dieser Ausführungen muß an die Ausführungen in den AntBewR 1953 und 1957 angeknüpft werden, die übereinstimmend in Abschnitt 1 Abs. 3 feststellen, daß die Ermittlung des gemeinen Werts für Anteile durch Vergleich mit börsengängigen Werten *regelmäßig (!)* nicht in Betracht kommt und zwar wegen der Verschiedenheit der Verhältnisse, die darin erblickt werden, daß z. B. Unterschiede in dem Verhältnis des Nennkapitals der einzelnen Gesellschaften zu ihrem jeweiligen Vermögen bestehen[1].

Nun gibt das Wort „*regelmäßig*" schon einen Hinweis darauf, daß sich — zumindest in Einzelfällen — eine Beziehung zwischen Gesellschaften, deren Aktien an der Börse notiert werden, und Gesellschaften, deren Aktien und Anteile nicht notiert werden, herstellen läßt. Daß in der Tat eine enge Verwandtschaft — und nicht nur in Einzelfällen — vorliegt, kann jedoch schon daraus geschlossen werden, daß allgemein gültige Bewertungsgrundsätze und Erfahrungen für die Kurswertbildung im weiteren Sinne, also auch für unnotierte Anteile, gelten.

I. Maßgebende Faktoren für die Gestaltung der Börsenkurswerte

Hampel[2] hat in seinen Untersuchungen festgestellt, daß folgende Faktoren für die Gestaltung des Kurswerts maßgebend sind; nämlich:
- a) als ertragsbedingte Faktoren
  - (1) die Dividende
  - (2) die Aktienrendite
  - (3) der Reingewinn
- b) als substanzbedingte Faktoren
  - (1) die Innenkapitalanreicherung
  - (2) etwaige Kapitalerhöhungen
- c) als kreditbedingte Faktoren
  - (1) die Lage auf dem Geldmarkt
  - (2) die Lage auf dem Rentenmarkt.

---

[1] Vgl. dazu auch das in den Richtlinien angezogene RFH — Urteil vom 8. 6. 1937 — III A 37/37 — RStBl 1937 S. 929.
[2] *Hampel*, Der deutsche Aktienmarkt seit der Weltkrise, Diss. Erlangen 1952, S. 159 ff.

Dabei hat nach den Erkenntnissen *Hampels* in den vergangenen 20 Jahren (also von 1932 bis 1952) das Gewicht der einzelnen kurswertbildenden Faktoren ständig gewechselt.

Zintzen[3] unterscheidet als wertbildende Faktoren:
a) endogene oder unternehmensbezogene Faktoren
  (1) die Substanzwertverhältnisse (Vermögenslage)
  (2) die Ertragswertverhältnisse (insbesondere deren Nachhaltigkeit)
  (3) die Herrschaftsverhältnisse (Majoritäten, Minoritäten, konzern- bzw. organschaftliche Bindungen)
b) exogene oder marktbezogene Faktoren
  (1) die volks- und weltwirtschaftlichen Verhältnisse
  (2) die Lage auf dem Geld- und Kapitalmarkt.

Auch *Zintzen* hebt dazu hervor, daß eine genaue Analysierung des Gewichts der einzelnen wertbildenden Faktoren sehr schwierig ist, weil bald die einen, bald die anderen im Vordergrund stehen.

Prion[4] arbeitet in seinen Untersuchungen die nachstehend aufgezählten Faktoren, welche den Kurs bestimmen, heraus:
a) der innere Wert der Aktien, der sich ergibt aus dem Anteil am Geschäftsvermögen, dem Stimmrecht, dem Anteil am Geschäftsgewinn, der Kapitalisierung dieses Gewinnanteils und dem dabei zugrunde gelegten Kapitalisierungszinssatz;
b) den Geldmarkt mit den sich auf ihm ergebenden Zinssätzen;
c) die Wirtschaftslage, wozu auch die Börsenmeinung, die Handels- und Finanzpresse, die Konjunkturforschung sowie die Publizitätspflicht gehören;
d) den Börsenverlauf und gewisse Entwicklungstendenzen, wie z. B. die Kartellbildung und die Dividendenpolitik.

Die vorstehend gegebene Übersicht läßt deutlich werden, daß im wesentlichen immer die gleichen Einflüsse auf den Kurswert wirken, womit auch die eingangs aufgestellte Behauptung bewiesen ist, daß für die Bewertung allgemeine Grundsätze, Gesetze und Erfahrungen Gültigkeit besitzen. Die Schwierigkeiten liegen allerdings darin, eine einfache und klare Ausgangsbasis zu finden, um damit in der Praxis arbeiten zu können. Dies gilt insbesondere für die Bewertungspraxis der Finanzämter, welche schon aus Zeitmangel unmöglich komplizierteste Berechnungen anstellen können. Damit aber entsteht die Notwendigkeit, die Methode auf klar erfaßbare Faktoren abzustellen und alle komplexen Einflußgrößen, soweit es nur irgend vertretbar scheint, auszuschalten. In der Verfolgung dieses Zieles drängen sich unbestreit-

---

[3] *Zintzen*, Zur Bewertung von Kapitalbeteiligungen, WPg 1957, S. 386.
[4] *Prion*, Die Preisbildung an der Wertpapierbörse, insbesondere auf dem Aktienmarkt der Berliner Börse.

Maßgebende Faktoren für die Gestaltung der Börsenkurswerte

bar die Komponenten auf, von denen bereits das „Berliner Verfahren" und das „Stuttgarter Verfahren" ausgehen, nämlich Substanzwert auf der einen Seite und Ertragswert auf der anderen Seite.

Untersuchungen dieser beiden Werte — genauer gesagt trat an Stelle des Ertragswerts die Durchschnittsdividende — hinsichtlich ihres Einflusses auf die Kurswerte, hat, nach den Ausführungen von Zintzen[5], Vossloh angestellt. Vossloh ging dabei vom Zahlenmaterial der von der „Rheinisch-Westfälischen Bank" herausgegebenen Schrift „Das Börsenbild des Jahres 1952" aus. Danach beeinflussen die genannten Größen den Kurs folgendermaßen, wie aus den nachstehenden Schaubildern hervorgeht:

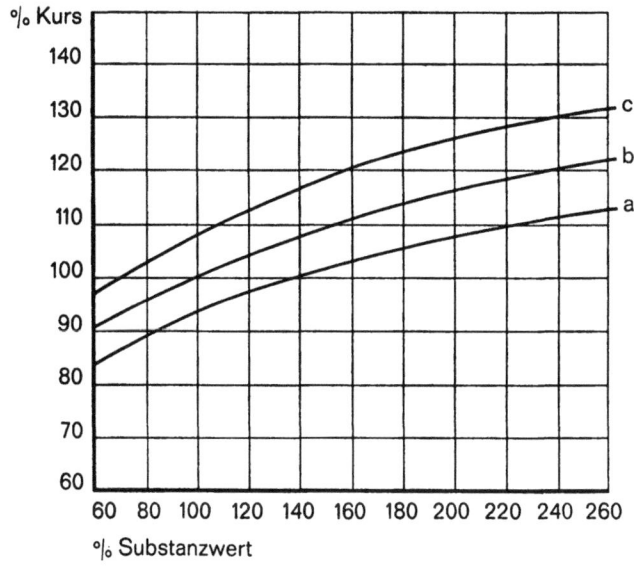

Schaubild I
Einwirkung des Substanzwertes auf den Kurs
bei gleicher Dividende und zwar a) 1,5 %, b) 3,0 %, c) 6,0 %

Vossloh errechnete, daß eine Dividendenerhöhung von 1,5 vH eine Kurssteigerung von 7 Punkten nach sich zieht, daß dagegen eine Substanzwertsteigerung von 60 Punkten notwendig ist, um den gleichen Kursanstieg zu erreichen (Schaubild I). Aus der Tatsache, daß die Substanzwertsteigerung von 60 Punkten einer Vervielfachung der Dividendenerhöhung von 1,5 vH um das Vierzigfache entspricht, kann

---

[5] Zintzen, Die vermögensteuerliche Bewertung von nichtnotierten Aktien und Anteilen, GmbH-Rdsch. 1955. S. 190/191.

ersehen werden, daß die Dividende — und damit der Ertrag — in weit höherem Maße den Kurs beeinflußt als der Substanzwert.

Vossloh prüfte ferner auch den Einfluß der Dividende auf den Kurs bei gleichbleibendem Substanzwert. Das Schaubild II zeigt deutlich, daß Dividendensteigerungen den Kurs erheblich mehr verändern als Substanzwerterhöhungen.

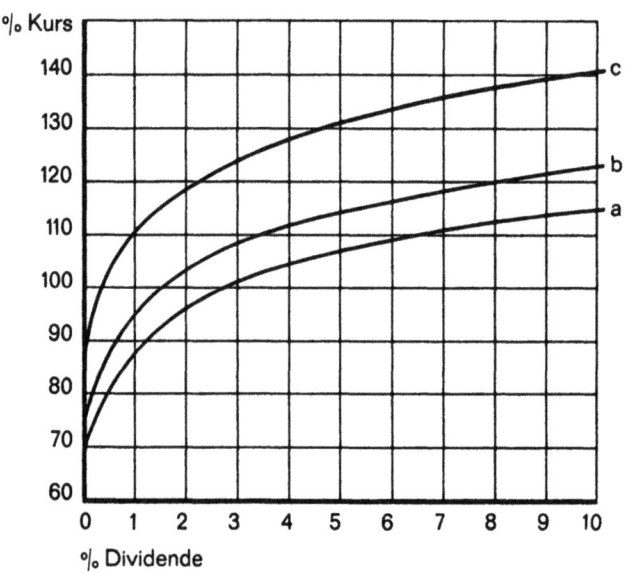

Schaubild II
Einwirkung der Dividende auf den Kurs
bei gleichem Substanzwert und zwar a) 100 %, b) 140 %, c) 280 %

Gleichwohl lassen jedoch die Kurven der Schaubilder erkennen, daß sich die Steigerung des Kurses weder einerseits zur Dividende noch andererseits zum Substanzwert proportional entwickelt. Vorstehende Erkenntnis läßt nun zwar den Schluß zu, daß Dividende und Substanzwert nicht ausschließlich die Höhe des Kurses bestimmen, daß sie jedoch zu einem beträchtlichen Teil dazu beitragen, und daß dabei insbesondere der Dividende das Hauptgewicht, ja das Übergewicht, zukommt.

Aus den eben getroffenen Feststellungen kann weiter gefolgert werden, daß das „Berliner" und das „Stuttgarter Verfahren" vor allem wegen der Überbetonung des Substanzwerts — neben der zu hohen Bemessung des ausschüttungsfähigen Gewinns — nicht die geeignetsten Methoden für die Ermittlung des gemeinen Werts darstellen, weil eben die danach vorgenommenen Berechnungen Werte ergeben, die erheblich von dem Kursniveau börsenmäßig gehandelter Aktien abweichen. Diese erheblichen Abweichungen sind jedoch meines Erachtens schon im Hinblick auf den Grundsatz der Gleichmäßigkeit der Besteuerung nicht ganz gerechtfertigt.

Unter Zuhilfenahme der von der Betriebswirtschaftslehre entwickelten Bewertungsmethoden läßt sich zur Lösung des hier anstehenden Problems der im folgenden näher dargestellte Vorschlag unterbreiten.

II. Der Schätzungscharakter der Bewertung von Unternehmungen (und damit der unnotierten Anteile und Aktien)

Aus den Ausführungen eingangs dieses Werkes (vgl. S. 37) ergibt sich, daß der Wert einer Unternehmung nur auf indirektem Weg — durch Schätzung also — ermittelt werden kann. Nun trägt jedes wirtschaftliche Bewerten bereits Schätzungscharakter. Um so mehr ist dies jedoch der Fall, wenn es sich um Zukunftsrechnungen und Zukunftsüberlegungen handelt, obwohl man sich natürlich rechnerisch an das halten muß, was Vergangenheit und Gegenwart an Tatsachen bieten.

1. Der Substanzwert als Hilfswert bei der Bewertung von Unternehmungen (und damit der unnotierten Anteile und Aktien)

Ausgehend von der Überlegung, daß der Käufer einer Unternehmung entscheiden muß, ob er ein bestehendes Unternehmen (das Bewertungsobjekt) erwerben oder ein gleich leistungsfähiges Unternehmen selbst aufbauen soll, kommt man zu dem Schluß, daß der Substanzwert gleichzusetzen ist mit dem Betrag an Kapital, der aufgewendet werden müßte, um eine der bestehenden Unternehmung entsprechende Unternehmung neu zu gründen und in Betrieb zu setzen. Bei dieser Betrachtung zeigt sich, daß es sich bei dem Substanzwert um die Wiedererrichtungskosten, also die Summe aller Aufwendungen, die notwendig sind, um ein gleichwertiges Unternehmen zu errichten, handelt. Dieser sogenannte Reproduktionswert der Unternehmung umfaßt alle Einzelwerte der Sachgegenstände, wie Anlagen, Vorräte usw., aber auch alle immateriellen Werte, wie Patentrechte, Markenrechte usw., insbesondere jedoch die positiven Werte von Forderungen und die negativen Werte von Verpflichtungen[1]. Ergänzt werden die voraufgeführten Positionen durch die Werte, für die in die Bilanz keine Posten eingestellt sind. Hier wären u. a. zu nennen, der Wert der Betriebsorganisation, des Kundenstamms usf., das also, was man ge-

---

[1] *Lehmann*, Allgemeine Grundsätze für die Bewertung ganzer Unternehmen, ZfB 1954, S. 70.

meinhin mit „goodwill" bezeichnet. Daß diese Momente zu berücksichtigen sind, wird verständlich, wenn man sich in Erinnerung ruft, daß die Aufwendungen für diese Bestandteile des Substanzwertes nach und nach gemacht werden und in den Gewinn- und Verlustrechnungen der einzelnen Geschäftsjahre untergehen. Im gleichen Zusammenhang muß jedoch unbedingt berücksichtigt werden, daß in die Berechnung des Substanzwertes nur solche Werte einbezogen werden dürfen, die dem „Flaschenhals", also dem kleinsten Querschnitt des Produktionsapparates entsprechen. Alles übrige wäre nur zu den Preisen anzusetzen, die sich bei Zerschlagung des Unternehmens erzielen lassen[2]. Diese Überlegungen treffen sich mit dem durch die steuerliche Rechtsprechung entwickelten Begriff des „notwendigen Betriebsvermögens" (das sind Vermögenswerte, die stets in der Bilanz geführt werden müssen — nach steuerbilanzrechtlichen Grundsätzen!).

Die im vorstehenden entwickelten Gedankengänge sollen noch ergänzt werden durch die genaue Definition dessen, was unter Reproduktionswert, den *Schmidt*[3] daneben auch Wiederbeschaffungs- oder Tagesbeschaffungswert nennt, verstanden wird. *Schmidt*[4] schreibt:

„Der Tagesbeschaffungswert eines Gutes ist der Preis, zu dem am wirklichen oder einem fingierten Beschaffungs- oder Wiederbeschaffungstage das betreffende Gut im Beschaffungsmarkt erworben werden kann." Dieser Tagesbeschaffungspreis hat jedoch, wie Schmidt fortfährt, *„auch die Bedeutung eines Verkaufspreises, denn er sagt uns, zu welchem Preise ein Vermögensteil im Beschaffungsmarkte absetzbar ist und gestattet so einen Vergleich mit dem Preis im Absatzmarkt."*

Schmidt[5] geht dann auf den Unternehmungswert als Summe der Einzelreproduktionswerte über. Er schreibt dazu, daß der Gesamtwert der Tagesbeschaffungswerte der Einzelteile einer Unternehmung besagt, welcher Kapitalbetrag in diesem Zeitpunkt notwendig ist, um die Unternehmung in der bestehenden Form aufzubauen. Damit ist der für die vorliegenden Betrachtungen gebrauchte Wert umrissen. Interessant ist es in diesem Zusammenhang, daß *Schmidt*[6] an anderer Stelle die Forderung erhebt, der Standpunkt der Wirtschaft verlange, daß der gemeine Wert des Steuerrechts nicht als Verkaufswert (§ 138 AO: Der gemeine Wert wird durch den Preis bestimmt ... *bei einer Veräußerungen* zu erzielen wäre; ......), sondern als Beschaffungswert definiert werde.

Zusammenfassend ist zu sagen, daß in Ansehung der in den vorhergegangenen Seiten angestellten Betrachtungen, der bei der Ermittlung

---

[2] *Lehmann*, Allgemeine Grundsätze für die Bewertung ganzer Unternehmen, ZfB 1954, S. 71.
[3] *Schmidt*, Die organische Tageswertbilanz, S. 71.
[4] Ebenda.
[5] Ebenda, S. 74.
[6] *Schmidt*, Die organische Tageswertbilanz, S. 370 ff.

des gemeinen Wertes von Anteilen mit heranzuziehende Substanzwert der Reproduktionskostenwert ist. Welche Rolle ihm allerdings bei der Wertfestsetzung selbst nur zukommen kann, soll später — nach den hier anschließenden Ausführungen über den Ertragswert einer Unternehmung — begründet werden.

2. Der Ertragswert als Hilfswert bei der Bewertung von Unternehmungen (und damit der unnotierten Anteile und Aktien)

Rein rechnerisch bestimmt sich der Ertragswert einer Unternehmung — wie schon ausgeführt — aus dem Ertrag, dividiert durch den Kapitalisierungszinsfuß und multipliziert mit 100. Mit dieser Formel stellen sich zwei Probleme, nämlich zum einen das Problem der Ermittlung des voraussichtlich in Zukunft erzielbaren Jahresertrages (vgl. Formulierung in den AntBewR 1957 „*Ertragsaussichten*") und zum anderen das Problem der Höhe des Kapitalisierungszinsfußes.

a) Das Problem der Ermittlung des voraussichtlich in Zukunft erzielbaren Jahresertrags

Ausgangspunkt bei der Ermittlung des Ertrags bildet der buchhaltungstechnisch ermittelte Ertrag, wobei man sich im klaren sein muß, daß dieser buchhaltungstechnische Ertrag keinesfalls gleichgesetzt werden darf mit dem hier einzig und allein richtigen und daher gesuchten Eigenkapital-Ertrag. Daneben muß man sich vor Augen halten, daß der Wert eines Gebrauchsgutes, wie es die Unternehmung darstellt, bestimmt wird durch die Nutzungen, welche es in Zukunft abwirft. Daraus folgt, daß die zukünftige Nutzungsmöglichkeit abzuschätzen ist. Nachdem jedoch die Vorausschau auf kommende Zeitabschnitte nicht möglich ist, muß man zunächst von den Ergebnissen des letzten oder der letzten Jahresabschlüsse ausgehen.

Dazu soll nachstehend ein Beispiel gebildet werden. Es handelt sich dabei um die Erfolgsrechnung einer GmbH, und zwar handelt es sich bei den Ziffern I um die normale Gewinn- und Verlustrechnung, bei den Ziffern II um die modifizierte Gewinn- und Verlustrechnung und bei den Ziffern III um die Wertschöpfungsrechnung[7].

Der buchhaltungstechnisch ermittelte Gewinn (Ziffern I) beläuft sich auf DM 51 830,—.

Unter den Ziffern II ist die modifizierte Erfolgsrechnung aufgestellt, die zur Feststellung des Eigenkapitalertrags führt. Wie ersichtlich ist, wurden in dieser Rechnung bei den Abschreibungen zur Ausschaltung der Preis- bzw. Geldwertänderungen statt der buchhalterischen die kalkulatorischen Abschreibungen und statt der eingetretenen Wagnis-

---

[7] Siehe *Lehmann*, Leistungsmessung durch Wertschöpfungsrechnung.

Aufwand	I	II	III
Stoffkosten	60 000	60 000	60 000
Löhne und Gehälter	154 600	154 600	—
Sozialaufwand	17 100	17 100	—
Abschreibungen	11 000	14 400	14 400
Fremddienstkosten	12 000	12 000	12 000
Steuern	18 500	18 500	—
Wagnisverluste bzw. -kosten	3 900	3 500	3 500
Skonti der Kundschaft	3 270	3 270	3 270
Hypothekenzinsen	1 250	1 250	—
A.o. Aufwand	20	—	—
Gewinn bzw. Wertschöpfung	51 830	47 910	237 510
	333 470	332 530	330 680

Ertrag	I	II	III
Absatz	330 000	330 000	330 000
Skonti bei Lieferanten	680	680	680
Beteiligungserträge	1 850	1 850	—
A.o. Erträge	940	—	—
	333 470	332 530	330 680

verluste die kalkulatorischen Wagniskosten[8] eingesetzt. Ferner sind der a.o. Aufwand und der a.o. Ertrag mit Rücksicht auf ihr nicht regelmäßiges Auftauchen ausgeklammert worden. Als Eigenkapitalertrag ergibt sich dann eine Größe von DM 47 910,—.

Nun könnte man dazu übergehen, das vorstehende Ergebnis zu kapitalisieren, um den gesuchten Ertragswert zu erhalten. Ein derartiges Vorgehen wird jedoch — wie auch die Finanzverwaltung erkannt hat — nur in den seltensten Fällen zu einem den tatsächlichen Verhältnissen gerecht werdenden Ertragswert führen, weil ein entscheidender Gesichtspunkt dabei fehlt, nämlich die Antwort auf die Frage: Wie werden sich die Ergebnisse der Folgejahre gestalten? Die voraussichtliche Entwicklung der Erträge in der Zukunft erfordert zwangsweise die Berücksichtigung der Tendenz des bisherigen Verlaufs der Erträge.

Mellerowicz[9] will z. B. den Reinertrag wie folgt ermitteln. Er sagt, es ist

1. *auszugehen von den zukünftigen Ertragschancen der Unternehmung, die an Hand von Marktforschungen und statistischen Unterlagen für die einzelnen Wirtschaftszweige selbständig zu schätzen sind. Die Schätzungen betreffen dabei die Wirtschaftslage des Landes, der Branche, des Betriebs und deren Entwicklungsmöglichkeiten. Danach erfolgt*

---
[8] *Lehmann*, Industrie-Kalkulation, S. 59.
[9] *Mellerowicz*, Der Wert der Unternehmung als Ganzes, S. 72.

2. *eine Korrektur der Vergangenheitsergebnisse zum Vergleichsgewinn und zwar*
   a) *die Korrektur hinsichtlich der Vermögen-Gewinnabgrenzung*
   b) *die Korrektur hinsichtlich der nachhaltigen Erzielbarkeit*
   c) *die Korrektur hinsichtlich der ertragswirksamen Höhe des Gesamtergebnisses.*
   Hieraus ergibt sich dann
3. *der wahrscheinliche durchschnittliche Zukunftsertrag der Unternehmung, welcher der Kapitalisierung zugrunde zu legen ist.*

Diese von *Mellerowicz* entwickelte doch wohl kaum sehr einfache Methode verbietet sich in der praktischen Durchführung wegen ihrer Schwierigkeit und Zeitaufwendigkeit von selbst.

Mellerowicz[10] vertritt die Auffassung, daß der Umsatz den besten Ausgangspunkt für die Abschätzung der Ertragsaussichten bildet, da sich nach dieser Ansicht die zukünftige Entwicklung eines Unternehmens am vollkommensten aus dem Umsatz ablesen läßt. Setzt man nun den Reinertrag beispielsweise der fünf letztvergangenen Jahre in Beziehung zum Umsatz, so erhält man gewisse Prozentsätze, die das Verhältnis von Reingewinn zu Umsatz ausdrücken.

Ein Beispiel soll dies näher zeigen:

Jahr	1955	1956	1957	1958
Umsatz (DM)	50 000	60 000	75 000	65 000
Reingewinn (DM)	8 000	8 500	9 500	8 500
in % des Umsatzes	16 %	14 %	12,6 %	13 %*

* der durchschnittliche Prozentsatz beträgt 13,7 %.

Wird nun nach eingehenden Untersuchungen angenommen, daß die zukünftige Entwicklung sich folgendermaßen gestaltet:

Jahr	1959	1960	1961	1962
Umsatz (DM)	60 000	58 000	58 000	60 000

so kann man begründetermaßen den künftigen Reinertrag mit rund 13 vH des Umsatzes, das heißt also mit etwa 7500 bis 8000 DM ansetzen.

Schmalenbach[11] stellt die Ermittlung des nachhaltig erzielbaren Zukunftserfolgs auf die Kapitalabhängigkeit der Gewinne ab und versucht, mit Hilfe eines Diagramms die schwankenden Gewinne so aus-

---
[10] *Mellerowicz*, Der Wert der Unternehmung als Ganzes, S. 55.
[11] *Schmalenbach*, Die Beteiligungsfinanzierung, 8. verbesserte Auflage, S. 47.

zugleichen, daß sich eine Tendenz nach oben oder auch nach unten abzeichnet.

Dagegen läßt sich allerdings sagen, daß die Annahme, mit steigendem Kapitaleinsatz steige auch der Gewinn, nicht in allen Fällen bestätigt werden kann.

Schmidt[12] sieht den zu kapitalisierenden Ertrag im Reinertrag eines Bilanzjahres, von dem eine ausreichende Risikoprämie abgezogen worden ist. Die Risikoprämie will er in Höhe der Differenz zwischen der Rente aus erstklassigen sicheren festverzinslichen Wertpapieren und der Rente aus Industrieaktien ansetzen. *Schmidt* unterscheidet bei dem Problem zwischen einem Ertragswert der Unternehmung am Bilanzstichtag, der die künftige Entwicklung der Erträge unberücksichtigt läßt und einem Ertragswert im Hinblick auf höhere oder geringere zukünftige Erträge. Dazu äußert er, daß der Käufer nicht unbedingt den Gegenwert für Mehrerträge, welche er zukünftig zu erzielen hofft, an den Verkäufer leisten müsse. *Schmidt* mißt auch der Methode, die Erträge mehrerer Jahre heranzuziehen, keine Bedeutung zu, wenn er schreibt, daß man keinen Ausgleich dadurch schaffen könne, daß man aufbaue auf den falschen Ertragszahlen einer Reihe von Jahren. Die Tatsache der richtigen Erkenntnis *Schmidts* in diesem Punkt und den Beweis, daß alle diesbezüglichen Versuche eine Reihe sehr schwerwiegender Unsicherheitsfaktoren in sich bergen, findet man ganz klar, wenn man sich den einfachsten Fall vorstellt, daß das Mittel aus der Entwicklung dreier zusammenhängender Jahre gezogen wird. Haben die Gewinne in dieser Zeit beispielsweise

DM 10 000,—
DM 15 000,— und
DM 11 000,—

betragen, so errechnet sich ein Durchschnitt von DM 12 000,—. Man erkennt jedoch sofort, daß unter Umständen — da vorstehender Wert über dem Ergebnis des letztvergangenen Jahres liegt — in Zukunft kein Ertrag in Höhe von DM 12 000,— erwartet werden kann und darf. Nimmt man in einem anderen Falle an, daß sich die Gewinne in drei Jahren von

DM 10 000,—
auf DM 11 000,—
und auf DM 15 000,—

entwickelt hätten, man also als Durchschnitt auch nur DM 12 000,— erhält, obwohl die Tendenz klar nach einer weiteren Steigerung der Gewinne zeigt, so erkennt man die Zweifelhaftigkeit solcher Methoden.

---

[12] *Schmidt*, Die organische Tageswertbilanz, S. 75.

Schmalenbach[13] versucht, aus den nach der bereits geschilderten Methode ermittelten Vergleichserfolgen durch Korrekturen den Zukunftserfolg zu berechnen. Er empfiehlt dazu die Berücksichtigung folgender Umstände, die er dahingehend zusammenfaßt, daß dem an Hand der Ergebnisse der vergangenen Jahre ermittelten Vergleichserfolg zuzusetzen sind alle voraussichtlichen Mehrerfolge und davon abzusetzen alle voraussichtlichen Mindererfolge, sofern diese Größen objektiv aus dem augenblicklichen Zustand der zu bewertenden Unternehmung selbst, unter Berücksichtigung der zu erwartenden branchen- und gesamtwirtschaftlichen Entwicklung, resultieren. *Schmalenbach* weist z. B. auf die Veränderung hin, welche durch Änderung steuerrechtlicher Vorschriften entsteht; weiter führt er u. a. auf, daß die branchen- oder gesamtwirtschaftlichen Veränderungen und auch die Veränderungen durch die Lebensdauer einer Unternehmung in Rechnung gestellt werden müssen.

Wie bereits einmal in anderem Zusammenhang erwähnt, will *Mellerowicz*[14] den zu kapitalisierenden Ertrag primär aus der zukünftigen Entwicklung des Umsatzes herleiten. Die Schätzung dieses Umsatzes soll dabei an Hand einer allgemeinen Markt- und Produktionsanalyse nach den Regeln der Marktforschung erfolgen. Der Bewertende müßte demzufolge

1. die allgemeine wirtschaftliche Lage
2. die wirtschaftliche Lage der betreffenden Branche und
3. die wirtschaftliche Lage des betreffenden Betriebs

beurteilen. Das ist zweifelsohne eine nicht ganz einfache Aufgabe. Dazu kommt, daß diese Schätzungen mehr Sinn bei Handelsbetrieben als bei Industrieunternehmen haben. Zwar hängt auch bei einem Industriebetrieb der Ertrag letztlich vom Umsatz ab, doch kommt auch dem unter Umständen sehr unterschiedlichen Kostenverlauf eine bedeutende Rolle zu. Hier können allerdings Investitionspläne der Unternehmen einen Anhaltspunkt geben.

Den Schwierigkeiten, wie sie doch so deutlich in dem Vorstehenden zum Ausdruck kommen, und die darin liegen, daß aus der Tendenz der bisherigen Ertragsentwicklung Schlüsse auf die voraussichtliche Entwicklung in der Zukunft gezogen werden müssen, kann jedoch meines Erachtens weitestgehend durch die aus der Wertschöpfungsrechnung[15] zu gewinnenden Erkenntnisse begegnet werden.

---

[13] *Schmalenbach*, Die Beteiligungsfinanzierung, 8. verbesserte Auflage, S. 48.
[14] *Mellerowicz*, Der Wert der Unternehmung als Ganzes, S. 51.
[15] *Lehmann*, Die Ergebnisse der Wertschöpfungsrechnung als Hilfsgrößen bei der Feststellung des Ertragswertes ganzer Unternehmungen, WPg 1951, S. 265.

Die Zahlen unter den Ziffern III der auf S. 168 befindlichen Aufstellung stellen die Wertschöpfungsrechnung einer Unternehmung dar. Ergeben sich nun beispielsweise (bei einer AG) die nachstehend angeschriebenen Zahlen aus der modifizierten Erfolgsrechnung, so zeigt sich im Vergleich zu den Zahlen aus der Wertschöpfungsrechnung, daß die Entwicklung der Erträge nicht einheitlich verläuft, da die Prozentzahlen in 1937 einen merklichen Abfall erkennen lassen, während die Prozentzahlen aus der Wertschöpfungsrechnung ständig steigende Tendenz aufweisen.

Vergleich der Entwicklung der Kapitalerträge und der Wertschöpfung einer AG[a])

Jahr	1934	1935	1936	1937
Zahlenarten:				
Kapitalerträge (in RM 1000,—)	83,4	111,5	142,8	127,4
revidierte Gewinne (in vH)	100	133	171	153
Wertschöpfung (in RM 1000,—)	244,6	295,7	363,1	373,1
entsprechend revidiert (in vH)	100	121	149	153

[a]) *Lehmann*, Die Ergebnisse der Wertschöpfungsrechnung als Hilfsgrößen bei der Feststellung des Ertragswertes ganzer Unternehmungen, WPg 1951, S. 267.

Hätte man im vorliegenden Fall der Ertragswertermittlung ausschließlich die Entwicklungstendenz der Erträge zugrunde gelegt, so wäre man zu einem zu niedrigen Wert gelangt. Zieht man jedoch die Ergebnisse der Wertschöpfungsrechnung hinzu, so läßt sich mit Hilfe des Trends, welcher der Zahlenreihe entspricht, der in Zukunft zu erwartende Ertrag entsprechend korrigieren.

Als ein weiterer und letzter Punkt, welcher bei der Ermittlung des Ertrags von Einfluß ist und deshalb berücksichtigt werden muß, soll noch die Gestaltung der Geldwertverhältnisse aufgeführt werden. Die Berücksichtigung dieses Faktors kann wie folgt geschehen. Wenn der Trend der Wertschöpfungsrechnung im vorstehenden Fall um durchschnittlich 16 vH per anno gestiegen ist, während die Geldentwertung angenommen 2 vH per anno betragen hat, so dürfen als Aufwärtsentwicklung nur 15 vH angesetzt werden, um die der Ertrag zu berichtigen ist. Doch soll damit das Kapitel über die Feststellung des Ertrags verlassen werden, um als nächstes die Frage zu behandeln, in welcher Höhe der Kapitalisierungszinsfuß anzusetzen ist.

b) Das Problem der Höhe des Kapitalisierungszinsfußes

Rein formal betrachtet ist der Zinsfuß bei der Kapitalisierung zunächst einfach Diskontfaktor; alle in der Zukunft erwarteten Erträge werden durch ihn auf einen bestimmten Zeitpunkt in der Gegenwart projiziert[16].

Von *Mellerowicz*[17] wird der Zins im Gegensatz zum Reinertrag, den er als das spezielle, individuelle Moment bezeichnet, als der allgemeine Faktor betrachtet, der die Besonderheit des isolierten Unternehmungswertes in die allgemeinen Wertzusammenhänge in der Wirtschaft hineinzieht. Der Zins darf also als allgemeiner Maßstab betrachtet werden, der an das wirtschaftliche Kapital in allen Teilen der Volkswirtschaft angelegt wird, um dessen Wert im Vergleich mit anderen Kapitalien festzustellen. *Lehmann*[18] meint dazu, daß der Kapitalisierungsfaktor in erster Linie von den jeweils volkswirtschaftlich gegebenen Verhältnissen abhängt, also verhältnismäßig hoch anzusetzen ist, wenn in einem Land das Kapital knapp ist und die Zinssätze auf dem Geld- und Kapitalmarkt hoch sind. Liegt das zu bewertende Unternehmen in einem Land, in dem reichlich Kapital zur Verfügung steht, so ist der Kapitalisierungszinsfuß verhältnismäßig niedrig, weil eben auch das allgemeine Zinsniveau niedrig liegt.

Aus den vorstehenden Ausführungen geht hervor, daß der Kapitalisierungszinsfuß vom Kapitalmarktzins abhängt. Daneben wird er jedoch, wie *Mellerowicz*[19] meint, auch von den unterschiedlichen Rentabilitätszahlen der einzelnen Branchen beeinflußt. Er plädiert damit für den Ansatz eines branchenindividuellen Zinsfußes. Das soll in der Form geschehen, daß der zunächst aus diesen allgemeinen Faktoren zusammengesetzte Zins als Mittel zwischen branchenüblichem und Landes-Zins gebildet wird. Diese Methode führt jedoch, wie *Lehmann* an Hand des nachstehenden einfachen Beispiels[20] bewiesen hat, zu falschen Ergebnissen:

Wirtschaftszweig	A		B	
	vH	vH	vH	vH
Zinsfuß des Kapitalmarktes	7,5		7,5	
⌀ Rendite des Wirtschaftszweigs	11,5	19,0	4,5	12,0
Mittel daraus		9,5		6,0
Spezielle Zuschläge		5,5		5,5
Kapitalisierungszinsfuß		15,0		11,5

[16] *Diez*, Der Kapitalisierungsfaktor als Bestandteil der Ertragswertrechnung bei der Gesamtbewertung von Unternehmungen und Unternehmungsanteilen, WPg 1955, S. 2.
[17] *Mellerowicz*, Der Wert der Unternehmung als Ganzes, S. 73.
[18] *Lehmann*, Theorie der Ertragswertermittlung im Rahmen der Unternehmungsbewertung, ZfB 1954, S. 471.
[19] *Mellerowicz*, Der Wert der Unternehmung als Ganzes, S. 78.
[20] *Lehmann*, Theorie der Ertragswertermittlung im Rahmen der Unternehmungsbewertung, ZfB 1954, S. 474.

Der Wirtschaftszweig A darf mit einer hohen durchschnittlichen Rendite (11,5 vH Branchenzins) rechnen, der Wirtschaftszweig B jedoch nur mit einer Branchenrendite von 4,5 vH im Durchschnitt. Im Endergebnis führt das zu einem Kapitalisierungszinsfuß, der im Fall A 15 vH, im Fall B dagegen nur 11,5 vH beträgt. Das bedeutet, daß sich bei Kapitalisierung des gleichen Ertrags bei A ein sehr viel niedrigerer Ertragswert errechnet als im Wirtschaftszweig B. Nun wird es in der Regel doch so sein, daß Wirtschaftszweige mit hoher Rendite einer relativ geringen Konkurrenz gegenüberstehen, während Wirtschaftszweige mit niedriger Rendite regelmäßig übersetzt sind. Trotz dieser Erkenntnis würde der Ertragswert von Unternehmen mit starker Konkurrenz höher sein, als der von Unternehmen mit geringer Konkurrenz. Es ist einleuchtend, daß aus diesem Grund der Ansatz eines branchenindividuellen Zinsfußes nicht in Frage kommen kann.

Schmidt[21] erblickt den zutreffenden Kapitalisierungszinsfuß für die Ertragswertermittlung in dem normalen Zinsfuß des Bilanztermins. Das Risiko eventueller zukünftiger Verluste berücksichtigt er in der Wahl eines höheren als des normalen Zinsfußes. Im übrigen hält er jedoch an dem Kapitalisierungszinsfuß der Gegenwart fest mit der Begründung, daß bei einem eventuellen Verkauf des Ganzen der gesamte Verkaufswert in der Gegenwart bezahlt oder doch zum mindesten vereinbart werden muß.

Doch soll an dieser Stelle zur Betrachtung des landesüblichen Zinses zurückgekehrt werden. Verständlich ist es, daß man hinsichtlich der Höhe des Zinsfußes vom Kapitalmarkt, nicht etwa vom Geldmarkt, ausgehen darf. Maßstab bilden die Papiere, die das geringste Risiko beinhalten, also beispielsweise Industrieobligationen. Nachdem jedoch die Anlage von Kapital in einem Unternehmen stets mit einem mehr oder weniger hohen Risiko belastet ist, muß ein Risikozuschlag zu dem Zinssatz, den Kapitalanlagen mit geringem Verlustrisiko besitzen, angesetzt werden. Dieser Zuschlag wird nach Meinung von *Mellerowicz*[22] von den verschiedensten Risiken beeinflußt. Er zählt rund 18 voneinander verschiedene Risikozuschläge auf. Es ist jedoch meines Erachtens völlig ausgeschlossen, in der Praxis diese Vielzahl von Risikozuschlägen zu bemessen, ganz abgesehen von den Schwierigkeiten, die sich zusätzlich daraus ergeben, daß die Zuschläge in ihrer Höhe mehr oder weniger „gegriffen" werden müßten.

Lehmann[23] unterscheidet im Gegensatz dazu nur zwischen primär produktionswirtschaftlich und primär finanzwirtschaftlich bedingten

---

[21] *Schmidt*, Die organische Tageswertbilanz, S. 75.
[22] *Mellerowicz*, Der Wert der Unternehmung als Ganzes, S. 82.
[23] *Lehmann*, Theorie der Ertragswertermittlung im Rahmen der Unternehmungsbewertung, ZfB 1954, S. 472/473.

Bestimmungsgründen für die Bemessung des Risikozuschlags zum Grundzinsfuß.

Im produktionswirtschaftlich bedingten Risikozuschlag lassen sich die auch schon von *Mellerowicz* genannten Risiken des Absatzes, der Produktion, der Beschaffung und — nach *Lehmann*[24] — drei Fünftel des allgemeinen Unternehmerrisikos zusammenfassen. Dieser produktionswirtschaftlich bedingte Risikozuschlag hängt von einer Reihe von Faktoren ab. So beispielsweise von der Elastizität des Bedarfs. *Lehmann* wählt hierzu das Beispiel der Mühlenindustrie, die einem unelastischen Bedarf gegenübersteht, auf der einen Seite und der Radioindustrie, die einem verhältnismäßig elastischen Bedarf gegenübersteht, auf der anderen Seite. Selbstverständlich muß der Risikozuschlag bei einem Unternehmen der Radioindustrie höher sein, als bei einem Unternehmen der Mühlenindustrie. Als weiterer Faktor spielt in dieser Betrachtung die Konjunkturempfindlichkeit der Preise im Einkauf und Verkauf eine Rolle.

Als weitere Komponente des Risikozuschlags nennt *Lehmann* den aus finanzwirtschaftlichen Gründen bedingten Zuschlag. Dieser wird beispielsweise durch den Mobilisierungsgrad beeinflußt; er kann beim Kauf von Aktien, welche an der Börse gehandelt werden, niedriger angesetzt werden als beim Kauf von GmbH-Anteilen, die naturgemäß keinen Börsenkurs haben.

Ein Faktor ist jedoch bei allen vorhergehenden Betrachtungen noch nicht berücksichtigt worden, die Zeit. Die bisherigen Ausführungen sind stillschweigend davon ausgegangen, daß die Lebensdauer des zu bewertenden Unternehmens unbegrenzt ist. In Wirklichkeit ist das keineswegs so. Hier ist in erster Linie jedoch nicht etwa daran gedacht, daß ein Unternehmen infolge Zahlungsunfähigkeit aufhört zu bestehen, sondern vielmehr an Heimfallunternehmen oder auch an Unternehmen — dieses Beispiel bringt *Lehmann*[25] — die über Patente verfügen, welche entscheidend für die Ertragsentwicklung sind. Bei derartigen Unternehmen muß immer damit gerechnet werden, daß entweder eine neue Erfindung die Patente entwertet, oder daß die Konkurrenz gleichwertige Patente übernimmt. In all diesen Fällen muß der Ertragswert für Unternehmen mit begrenzter Lebensdauer ermittelt werden.

Dafür ist die allgemeine Gleichung

$$W = \frac{E_1}{q} + \frac{E_2}{q^2} + \frac{E_3}{q^3} + \ldots \frac{E_n}{q^n} + \frac{L}{q^n}$$

---

[24] *Lehmann*, Theorie der Ertragswertermittlung im Rahmen der Unternehmungsbewertung, ZfB 1954, S. 472/473.
[25] *Lehmann*, Theorie der Ertragswertermittlung im Rahmen der Unternehmungsbewertung, ZfB 1954, S. 475 ff.

heranzuziehen.

Dabei bedeutet:

W = gesuchter Ertragswert
E_1, E_2 usf. = die Erträge der einzelnen Jahre
n = die Anzahl der Jahre, für die man mit Erträgen rechnen kann
L = der Liquidationswert am Ende der in Betracht kommenden Jahre
$q = \left(1 + \dfrac{p}{100}\right)$
p = Kapitalisierungsprozentsatz

Setzt man nun voraus, daß L (beispielsweise bei Heimfallunternehmen) = 0 ist, und daß die Jahreserträge (E_1, E_2, usf.) in gleicher Höhe anfallen, so erhält man die vereinfachte Gleichung:

$$W = E \cdot \frac{1 - \dfrac{1}{q^n}}{q - 1}$$

Lehmann[26] hat unter Verwendung dieser Formel die nachstehende Tabelle entwickelt, die zeigt, daß das Problem der Berücksichtigung der Lebensdauer von Unternehmungen über den Kapitalisierungszinsfuß erfolgen kann.

Kapitalisierungszinsfüße bei unbegrenzter und begrenzter Lebensdauer von Unternehmungen

Entsprechungszinsfüße	Zinsfüße bei n =			
	9 %	12 %	15 %	18 %
Lebensdauer:				
n = ∞	9,0	12,0	15,0	18,0
n = 30 Jahre	9,7	12,4	15,2	18,1
n = 25 Jahre	10,2	12,7	15,5	18,3
n = 20 Jahre	10,9	13,4	16,0	18,6
n = 15 Jahre	12,4	14,7	17,1	19,6
n = 10 Jahre	15,6	17,7	19,9	22,2
n = 5 Jahre	25,7	27,7	29,8	32,0

Aus der Tabelle ist zu ersehen, daß die Lebensdauer in den Spannen, mit welchen doch üblicherweise die Lebensdauer eines Unternehmens angenommen werden darf — so um 30 Jahre etwa — keinen großen Einfluß auf den Kapitalisierungszinsfuß ausübt. Immerhin mußte das Problem seiner grundsätzlichen Bedeutung wegen hier kurz gestreift werden.

---

[26] *Lehmann*, Theorie der Ertragswertermittlung im Rahmen der Unternehmungsbewertung, ZfB 1954, S. 475 ff.

Im Zusammenhang mit den von der Betriebswirtschaftslehre in diesem Punkt gewonnenen Erkenntnissen läßt sich abschließend sagen, daß sie einen wertvollen Beitrag zu dem hier abgehandelten Problem der Ertragswertbestimmung auch für steuerliche Zwecke geben können. Insbesondere gilt dies für die Abschätzung der Ertragsentwicklung in der Zukunft, wo die Erkenntnisse aus der Wertschöpfungsrechnung wertvolle Anhaltspunkte zu liefern in der Lage sind.

3. Der Wert von Unternehmungen (und damit der unnotierten Anteile und Aktien) als Ergebnis der Gegenüberstellung von Substanz- und Ertragswert

Wie schon bei den Ausführungen zum Substanzwert auf S. 167 erwähnt worden ist, bedarf es noch eines näheren Eingehens auf die Frage, welche Rolle dem Substanzwert bei der Wertfestsetzung überhaupt zukommt.

Regelmäßig wird man sich von der Vorstellung leiten lassen, daß das Mittel der beiden Hilfswerte den Unternehmungswert darstellt. Dieser Auffassung darf jedoch keinesfalls zugestimmt werden. Der Substanzwert kann nur als Korrekturposten zu dem Betrag, der sich aus der Ertragswertrechnung ergibt, gesehen werden und zwar unter dem Gesichtspunkt, daß der Ertragswert normalerweise größer ist als der Substanzwert. Für diesen Fall sind — wie *Lehmann*[27] zum Ausdruck bringt —

„die beiden in Betracht kommenden Grenzwerte (Ertragswert und Substanzwert) lediglich als Grenzen einer Art Wertspanne aufzufassen, innerhalb deren der wirkliche Unternehmungswert zu suchen ist, und — so fährt er fort — es kommt ganz auf die jeweils gegebenen Verhältnisse an, ob man anzunehmen hat, daß er mehr in der Nähe des (höheren) Ertragswerts oder mehr in der des (niedrigeren) Substanzwerts liegt".

Beispielsweise wird die Berechtigung, den vollen Ertragswert anzusetzen, von der Tatsache hergeleitet, daß eine sehr geringe Gefahr für die Entstehung von Konkurrenzunternehmen besteht.

Für den Fall, daß der Ertragswert niedriger als der Substanzwert liegt, ist fraglos nur der Ertragswert anzusetzen.

III. Zusammenfassende Betrachtung

Abschließend darf zu dem Thema gesagt werden, daß die hier gebrachten Vorschläge und Anregungen nicht völlig erschöpfend abgehandelt werden konnten. Zum Beweise dieser Behauptung soll nur auf die von *Schmalenbach*[1] aufgezeigte Möglichkeit der Bewertung auf

---

[27] *Lehmann*, Allgemeine Grundsätze für die Bewertung ganzer Unternehmungen, ZfB 1954, S. 73.
[1] *Schmalenbach*, Die Beteiligungsfinanzierung, 8. verbesserte Auflage, S. 78.

Grund von Leistungseinheiten hingewiesen werden. Immerhin sollte mit dem vorliegenden Buch der Versuch gemacht werden, die von Gesetzgeber und Finanzverwaltung zu dem Thema *„Bewertung unnotierter Anteile und Aktien"* erlassenen Gesetze, Anordnungen usw. eingehend zu untersuchen, um von der Betriebswirtschaftslehre her fruchtbare Anregungen und Vorschläge zu Änderungen der bestehenden Vorschriften zu unterbreiten. Es muß der weiteren Entwicklung überlassen werden, das derzeit im steuerlichen Bewertungsverfahren gebräuchliche *„Stuttgarter Verfahren"*, welches zweifelsohne gegenüber dem *„Berliner Verfahren"* einen Fortschritt darstellt, jedoch unter einer Überbetonung des Sachwertes leidet, unter den hier aufgezeigten Gesichtspunkten zu vervollkommnen.

Literaturverzeichnis*

Bücher

Adler-Düring-Schmaltz: Rechnungslegung und Prüfung der Aktiengesellschaft, 2. Auflage, Stuttgart 1948, und 3. neubearbeitete Auflage, Stuttgart 1957.

Beuck, W.: Bewertungsgrundsätze und Bewertungsbeispiele für das gewerbliche Betriebsvermögen unter Berücksichtigung der neuesten Steuergesetzgebung, Bücherei für Bilanz und Steuern, Band 16, Berlin 1926.

Berg, Karl: Bewertung unnotierter Anteile, Der Rechts- und Steuerdienst, Heft 26, Köln 1953.

Brönner, Herbert: Die Bilanz nach Handels- und Steuerrecht, Ergänzungsband, 2. Auflage, Berlin-Eberswalde 1940.

Bühler, Ottmar: Bilanz und Steuer bei der Einkommen-, Gewerbe- und Vermögensbesteuerung unter Berücksichtigung der handelsrechtlichen und betriebswirtschaftlichen Grundsätze und der Rechtsprechung, 4. Auflage, Berlin und Frankfurt/Main 1950.

— Steuerrecht der Gesellschaften und Konzerne, Berlin und Frankfurt/Main 1951.

— Allgemeines Steuerrecht, 2. Auflage, Wiesbaden 1953.

Bühler-Scherpf: Bilanz und Steuer vom Standpunkt des Steuerrechts und der betriebswirtschaftlichen Steuerlehre, 6. neubearbeitete, erweiterte Auflage, Berlin und Frankfurt/Main 1957.

Gürsching-Stenger: Kommentar zum Bewertungsgesetz und Vermögensteuergesetz, 1. bis 2. Auflage, Köln 1953/58.

Kosiol, Erich: Bilanzreform und Einheitsbilanz, Schriften des Betriebswirtschaftlichen Ausschusses Sudetenland e. V., Heft 5, Reichenberg-Leipzig-Wien 1944.

Lehmann, Max Rudolf: Leistungsmessung durch Wertschöpfungsrechnung, Essen 1954.

— Industriekalkulation, 4. erweiterte Auflage, Stuttgart 1951.

Ley, Rolf-Hasso: Die Bewertungsgrundsätze des Bewertungs- und Einkommensteuergesetzes unter besonderer Berücksichtigung der Bewertung des gewerblichen Betriebsvermögens, Berlin 1956.

Mellerowicz, Konrad: Der Wert der Unternehmung als Ganzes, Essen 1952.

Prion, Willi: Die Preisbildung an der Wertpapierbörse, insbesondere auf dem Aktienmarkt der Berliner Börse, München und Leipzig 1929.

Rieger, Wihelm: Einführung in die Privatwirtschaftslehre, Nürnberg 1928.

Ruth, R. und *Schmaltz*, K.: Die neue Bilanz der Aktiengesellschaft in rechtlicher und betriebswirtschaftlicher Beleuchtung, Berlin 1932.

Schäfer, Erich: Die Unternehmung, Köln und Opladen 1956.

---

* *Anmerkung:* Literatur und Rechtsprechung sind bis Ende 1959 berücksichtigt.

Schmalenbach, Eugen: Dynamische Bilanz, 11. Auflage, Köln und Opladen 1953.
— Die Beteiligungsfinanzierung, 5. Auflage, Leipzig 1932, 7. verbesserte Auflage, Köln und Opladen 1949 und 8. verbesserte Auflage, Köln und Opladen 1954.
Schmidt, Fritz: Die organische Tageswertbilanz, unveränderter Nachdruck der 3. Auflage, Wiesbaden 1951.
Sellien, R. und H.: Dr. Gablers Wirtschafts-Lexikon, 3. Auflage, Wiesbaden 1959.
Spörlein, Hans: Handbuch für den Geschäftsführer der GmbH, Stuttgart-München-Hannover 1959.

Dissertationen

Hampel: Der deutsche Aktienmarkt seit der Weltkrise, Erlangen 1952.
Horn, Max: Zum Bewertungsproblem in der Jahresbilanz der Unternehmung, Stuttgart 1934.
Uckel, Kurt: Die Bewertung im Handels- und Steuerrecht, Berlin 1939.

Zeitschriften — Sonderausgaben

Festausgabe zum 50jährigen Bestehen der Centrale für Gesellschaften mbH Dr. Otto *Schmidt*.
Rundschau für GmbH Nr. 10 vom 15. Oktober 1955, Köln.

Diplom-Arbeit

Novotny, Hans: Die Scheingewinne beim Vorratsvermögen und ihre Berücksichtigung bei der einkommensteuerlichen Erfolgsermittlung, Nürnberg 1954.

Aufsätze

Anders, Helmut: Gewinnsteuern bei der Ertragswertermittlung von Unternehmen, Die Wirtschaftsprüfung 1953, S. 151 ff.
Bankmann, Jörg: Der Substanzwert in der Unternehmensbewertung, Der Betrieb 1957, S. 409 ff.
Berg, Karl: Zur Frage der Bewertung unnotierter GmbH-Anteile, GmbH-Rundschau 1952, S. 97 ff.
— Zum Meinungsstreit um die Bewertung von GmbH-Anteilen, GmbH-Rundschau 1954, S. 4 ff.
— Neues zur Bewertung von GmbH-Anteilen, GmbH-Rundschau 1954, S. 116 ff.
— Aus der Diskussion um die Bewertung von GmbH-Anteilen, GmbH-Rundschau 1954, S. 165 ff.
— Verwaltungsanordnung zur Bewertung nichtnotierter Aktien und Anteile vom 14. 2. 1955, GmbH-Rundschau 1955, S. 33 ff.
— Zur Bewertung von Anteilen bei Kapitalveränderungen nach dem Hauptfeststellungszeitpunkt, GmbH-Rundschau 1956, S. 135 ff.
— Zur Frage der Berücksichtigung verdeckter Stammeinlagen bei der Bewertung von nichtnotierten Anteilen, GmbH-Rundschau 1957, S. 142 ff.
Boettcher, Karl: Die Anteilsbewertung bei der Familiengesellschaft, Steuer und Wirtschaft 1942, Sp. 219 ff.
— Die Anteilsbewertung bei der Familiengesellschaft, Steuer und Wirtschaft 1942, Sp. 499 ff.

Boettcher, Karl: Zur Frage der Bewertung von Geschäftsanteilen und Aktien nach dem sogenannten Berliner Verfahren, vor allem für personenbezogene Kapitalgesellschaften, Steuer und Wirtschaft, Sp. 15 ff., 1943.
— Die Anteilsbewertung bei personenbezogenen Gesellschaften, Steuer und Wirtschaft 1943, Sp. 657.
— Pensionsverpflichtungen und Einheitsbewertung, Steuer und Wirtschaft 1949, Sp. 471 ff.
— Zur Reform der Ermittlung des steuerpflichtigen Gewinns, Steuer und Wirtschaft 1949, Sp. 951 ff.
— Bedingte Lasten bei der Einheitsbewertung des Betriebsvermögens, Steuer und Wirtschaft 1950, Sp. 401 ff.
— Zur Bewertung unnotierter Anteile, besonders an Familiengesellschaften, Steuer und Wirtschaft 1953, Sp. 505 ff.
Bork, H.: Zum Problem der Bewertung unnotierter Anteile an Kapitalgesellschaften in der steuerlichen Vermögenserklärung, Zeitschrift für handelswirtschaftliche Forschung 1941, S. 66.
Buchwald, F.: Der eigene Anteil der GmbH, GmbH-Rundschau 1958, S. 169 ff.
Bühler, Ottmar: Zum Problem der Bewertung unnotierter Geschäftsanteile, Finanzrundschau 1953, S. 118 ff.
— Die steuerrechtliche Belastung der verschiedenen Gesellschaftsformen nach Inkrafttreten der Kleinen Steuerreform, Neue Juristische Wochenschrift 1953, S. 1121 ff.
Diez, Werner: Der Kapitalisierungsfaktor als Bestandteil der Ertragswertrechnung bei der Gesamtbewertung von Unternehmungen und Unternehmungsanteilen, Die Wirtschaftsprüfung 1955, S. 2 ff.
Dörner, Wolfgang: Der Zins als wertbildender Faktor für den Ertragswert einer Unternehmung, Der Betrieb 1959, S. 657 ff.
Düppe, A.: Paketzuschläge bei Wertpapieren, Der Betrieb 1953, S. 933 ff.
Ellinger: Die eigenen Geschäftsanteile einer GmbH und die Vermögensteuer, Steuer und Wirtschaft 1941, Sp. 1045 ff.
— Die Anteilsbewertung bei der Familiengesellschaft, Steuer und Wirtschaft 1942, Sp. 489.
— Die Ermittlung des gemeinen Werts von unnotierten Anteilen, Steuer und Wirtschaft 1952, Sp. 553.
— Bewertung unnotierter Anteile, Deutsche Steuer-Zeitung 1953, S. 369 ff.
— Bewertung unnotierter Aktien und Anteile nach dem Berliner Verfahren, Der Betrieb 1953, S. 622 ff.
Erler, Fritz: Der Zeitwert im Bilanzrecht, Deutsche Steuerzeitung 1932, S. 388 ff.
Flume: Die Bewertung unnotierter Anteile, Der Betrieb 1949, S. 18.
Gelhausen, Fritz: Unternehmungsbewertung und Gewinnsteuern, Die Wirtschaftsprüfung 1953, S. 73 ff.
Gierschmann, A.: Der Anspruch auf das nicht eingezahlte Stammkapital bei der Bewertung des Betriebsvermögens, GmbH-Rundschau 1958, S. 108 ff.
Glade, Anton: Vermögensbewertung und körperschaftsteuerliche Begünstigung von Ausschüttungen, GmbH-Rundschau 1958, S. 75 ff.
— Anteilsbewertung und Sonderabschreibungen, GmbH-Rundschau 1958, S. 150 ff.

Gottschling, Helmut: Zur Anteilsbewertung des Streubesitzes, GmbH-Rundschau 1956, S. 22 ff.

Harrer, Herbert: Das Unsicherheitsmoment beim Ertragswert, Der Betrieb, 1956, S. 309 ff.

Heißmann, Ernst: Ruhegeldanwartschaften in der Einheitsbewertung des Betriebsvermögens, Die Wirtschaftsprüfung 1957, S. 569 ff.

— Nochmals: Ruhegeldanwartschaften in der Einheitsbewertung des Betriebsvermögens, Beilage zu Die Wirtschaftsprüfung 1957, Nr. 23/24.

Henninger, Fritz: Einzelfragen zur Bewertung nichtnotierter Anteile, GmbH-Rundschau 1959, S. 50 ff.

— Weitere Einzelfragen zur Bewertung nichtnotierter Anteile, GmbH-Rundschau 1959, S. 97 ff. und GmbH-Rundschau 1959, S. 260 ff.

Hoffmann: Die unterbliebene Instandhaltung von Betriebsvermögensgegenständen in der Rechtsprechung des RFH und des OFH, Deutsche Steuer-Zeitung 1948, S. 202 ff.

Illetschko, Leopold: Bilanzgliederung und Bewertung, Neue Betriebswirtschaft 1954, S. 41 ff.

Jonas, H.: Scheinprobleme bei der Bestimmung des Unternehmungswertes, Die Wirtschaftsprüfung 1954, S. 531 ff.

Jurgeleit: Die Bewertung nichtnotierter Aktien und Anteile, Deutsche Steuer-Rundschau 1953, S. 297 und S. 375.

— Die Bewertung der nichtnotierten Aktien und Anteile nach den Anteilsbewertungsrichtlinien 1953, Finanzrundschau 1955, S. 325 ff.

Kaps: Bewertung von Anteilen an ausländischen Gesellschaften, GmbH-Rundschau 1957, S. 204.

Klinger, Karl: Die Problematik der Unternehmungs-Ertragswertberechnung unter dem Aspekt der Gewinnbesteuerung, Die Wirtschaftsprüfung 1953, S. 1 ff. und S. 217 ff.

Klinger, K., *Dexling*, Harry, *Holup*, Gerd: Die Beziehungen zwischen Substanz- und Ertragswert in der Unternehmungsbewertung, Der Betrieb 1957, S. 637 ff.

Köhler, Dieter: Stellung und Bedeutung der GmbH in der Wirtschaft, GmbH-Rundschau 1955, S. 152 ff.

Lehmann, Max Rudolf: Die Ergebnisse der Wertschöpfungsrechnung als Hilfsgrößen bei der Feststellung des Ertragswertes ganzer Unternehmungen, Die Wirtschaftsprüfung 1951, S. 265.

— Allgemeine Grundsätze für die Bewertung ganzer Unternehmungen, Zeitschrift für Betriebswirtschaft 1954, S. 65 ff.

— Theorie der Ertragswert-Ermittlung im Rahmen der Unternehmungsbewertung, Zeitschrift für Betriebswirtschaft 1954, S. 465 ff.

Mellerowicz, Konrad: Zur Problematik der Bewertung des Unternehmungsganzen, Die Wirtschaftsprüfung 1953, S. 199 ff.

— Zur Frage der Bewertung von Unternehmungen als Ganzes, Die Wirtschaftsprüfung 1955, S. 54 ff.

Metzger, Wilhelm: Zur Bewertung unnotierter Anteile an Kapitalgesellschaften, Der Betriebs-Berater 1953, S. 704 ff.

— Die Bewertung der nichtnotierten Aktien und Anteile an Kapitalgesellschaften, Der Betriebs-Berater 1955, S. 92 ff.

— Die Bewertung nichtnotierter Aktien und Anteile auf den 31. 12. 1956, Der Betriebs-Berater 1957, S. 1270 ff.

Meyer, Jan: Kapitalisierungszinsfuß und „Berliner Verfahren", Der Betrieb 1954, S. 1049 ff.

Müller, Erich: Die Bewertung nichtnotierter Aktien und Anteile an Kapitalgesellschaften bei der Vermögensteuer-Hauptveranlagung 1957, Mitteilungsblatt der Steuerberater 1958, S. 21 ff.

Pohmer, Dieter: Zum Problem des Einflusses gewinnabhängiger Steuern auf die Unternehmenswertberechnung, Die Wirtschaftsprüfung 1955, S. 437 ff.

Remmlinger: Der Wert unnotierter Anteile, GmbH-Rundschau 1950, S. 70 ff.

— Bewertung unnotierter Anteile zum 21. 6. 1948, GmbH-Rundschau 1950, S. 169 ff.

— Unbefriedigende Rechtsprechung zur Bewertung unnotierter Anteile, GmbH-Rundschau 1952, S. 20.

Risse, Heinz: Zur Bewertung nichtnotierter Anteile bei Unternehmen mit umfangreichem Grundbesitz, Der Betriebs-Berater 1958, S. 1293.

Rößler, Bewertung von nichtnotierten Aktien und Anteilen, Deutsche Steuer-Zeitung 1953, S. 242 ff.

Severin: Bewertung von Geschäftsanteilen im Vermögensteuerrecht, GmbH-Rundschau 1947, S. 39 ff.

Spitaler: Referat auf der 3. Steuertagung in Bonn, Steuer und Wirtschaft 1949, Sp. 760.

— Die Sendung der GmbH im gegenwärtigen Wirtschaftsleben, GmbH-Rundschau 1955, S. 150 ff.

Tilemann, D.: Zur Problematik des Teilwertes bei der Einheitsbewertung des Betriebsvermögens, Der Betriebs-Berater 1958, S. 53 ff.

Troll, M.: Die Anteilsbewertung bei verdeckten Stammeinlagen, GmbH-Rundschau 1955, S. 219 ff.

— Zur Bewertung nichtnotierter Aktien und Anteile, Steuer-Warte 1956, S. 29 ff.

— Die vermögensteuerliche Bewertung von eigenen GmbH-Anteilen, GmbH-Rundschau 1956, S. 39 ff.

— Die Anteilsbewertung bei der Organgesellschaft, GmbH-Rundschau 1957, S. 4 ff.

Troll, M. und *Diedenhofen,* H.: Neue Richtlinien über die Bewertung nichtnotierter Aktien und Anteile, Beilage Nr. 2 zu Der Betrieb, 1955, Heft 5.

Uhlich: Die Bewertung der nichtnotierten Aktien und Anteile, Der Betriebs-Berater 1952, S. 854 ff.

— Die Bewertung der nichtnotierten Aktien und Anteile, Deutsche Steuer-Zeitung 1955, S. 49 ff.

van der Velde: Die Bewertung von Beteiligungen, Steuerberater-Jahrbuch 1952, S. 282.

Viel, Jakob: Probleme der Bestimmung des Unternehmungswertes, Die Wirtschaftsprüfung 1954, S. 241 ff.

— Die Ermittlung des Sach- und Ertragswertes bei der Unternehmungswertberechnung, Die Wirtschaftsprüfung 1954, S. 365 ff.

Vogt, F. J.: Gesamtbewertungsfragen, Der Betriebs-Berater 1959, S. 1221 ff.

Wall, Fritz: Der Teilwert, seine Problematik und seine Ersetzung durch den gemeinen Wert (EStG), Die Wirtschaftsprüfung 1957, S. 545 ff.

Wenmakers, Peter: Die Bewertung eigener unnotierter GmbH-Anteile und Aktien, GmbH-Rundschau 1957, S. 25 ff.

— Bewertung von GmbH-Anteilen nach den Anteilsbewertungs-Richtlinien 1957, GmbH-Rundschau 1958, S. 54 ff.

Wetzel: Zur Bewertung unnotierter Aktien und Anteile, Der Betrieb 1953, S. 495.
Winckelmann, Hans: Zum Einfluß der Gewinnsteuern auf den Unternehmenswert, Die Wirtschaftsprüfung 1953, S. 181 ff.
Zintzen, H.: Die vermögensteuerliche Bewertung von Wertpapieren und Beteiligungen, Finanzrundschau 1952, S. 330 ff.
— Die Vermögensteuer-Richtlinien 1949, Finanzrundschau 1952, S. 333 ff.
— Die vermögensteuerliche Bewertung von nicht notierten Aktien und Anteilen, GmbH-Rundschau 1955, S. 188 ff.
— Zur Bewertung von Kapitalbeteiligungen, Die Wirtschaftsprüfung 1957, S. 385 ff.
Zitzlaff: Zur Bewertung unnotierter Anteile an einer Kapitalgesellschaft, Steuer und Wirtschaft 1949, Sp. 783 ff.
— Nochmals zur Bewertung unnotierter Anteile an einer Kapitalgesellschaft, Steuer und Wirtschaft 1950, Sp. 465 ff.
— Die Bewertung unnotierter Anteile, Deutsche Steuer-Zeitung 1952, S. 76 ff.
— Die Bewertung unnotierter Aktien und Anteile nach dem Berliner Verfahren, Der Betrieb 1953, S. 300 ff.

Redaktionsmitteilungen

Anteilsbewertung und Rückstellungen, GmbH-Rundschau 1956, S. 31.
Bewertung von Aktien und Anteilen bei Kapitalerhöhung, Der Betrieb 1956, S. 857 ff.
Unternehmenswert — Betriebsvergleich — Offene und stille Reserven, Die Wirtschaftsprüfung 1956, S. 193 ff.
Der gemeine Wert für Anteile und Aktien bei Organschaft, GmbH-Rundschau 1958, S. 135.
Zur Berücksichtigung von Pensionsanwartschaften bei der Anteilsbewertung, GmbH-Rundschau 1958, S. 150.
Bewertung nichtnotierter Anteile an gemeinnützigen Kapitalgesellschaften, GmbH-Rundschau 1959, S. 78.
Bewertung nichtnotierter Aktien und Anteile an gemeinnützigen Kapitalgesellschaften, Der Betrieb 1959, S. 245.

Gutachten

Gübbels, Bernhard: Zur Frage der Gesamtbewertung der wirtschaftlichen Einheit des Betriebsvermögens, Der Betriebs-Berater 1959, S. 520 ff.
Römer, Emil: Wann gehören Kapitalanteile zum notwendigen Betriebsvermögen im Sinne des Einkommensteuergesetzes? Der Betriebs-Berater 1957, S. 1267 ff.

Übersichtsschema

Jurgeleit: Übersichtsschema für die Bewertung der nicht notierten Anteile und Aktien bei der Vermögensteuerhauptveranlagung 1953 — Stuttgarter Verfahren, GmbH-Rundschau 1956, S. 42 ff.

Rechtsprechung

RGZ vom 5. 1. 1912 JW 1912 S. 305.
RFH vom 13. 2. 1923 — II A 165/3 — Amtl. Sammlung 11/260.

Literaturverzeichnis

RFH vom 18. 12. 1925 — II A 627/25 — Kartei AO § 138 Abs. 1 R. 32.
RFH vom 14. 12. 1926 — I/725 — RStBl 1927 S. 102.
RFH vom 7. 8. 1928 — II A 323/28 — StW 1928 Nr. 639.
RFH vom 16. 11. 1933 — III A 243/33 — RStBl 1934 S. 37.
RFH vom 12. 2. 1936 — VI A 21/36 — RStBl 1936 S. 787.
RFH vom 28. 1. 1937 — III A 5/37 — RStBl 1937 S. 349.
RFH vom 8. 6. 1937 — III A 37/37 — RStBl 1937 S. 929.
RFH vom 23. 9. 1937 — III A 85/37 — RStBl 1938 S. 57.
RFH vom 23. 9. 1937 — III A 208/37 — RStBl 1937 S. 1166.
RFH vom 14. 10. 1937 — III A 147/37 — RStBl 1937 S. 1223.
RFH vom 29. 10. 1937 — III 150/37 — RStBl 1938 S. 58.
RFH vom 25. 11. 1937 — III 309/37 — RStBl 1938 S. 59.
RFH vom 9. 12. 1937 — III 276/37 — RStBl 1938 S. 362.
RFH vom 28. 1. 1938 — III 202/37 — RStBl 1938 S. 363.
RFH vom 24. 2. 1938 — III 257/37 — RStBl 1938 S. 539.
RFH vom 28. 4. 1938 — III 345/37 — RStBl 1938 S. 716.
RFH vom 20. 10. 1938 — III 351/37 — RStBl 1938 S. 1106.
RFH vom 19. 1. 1939 — III 129/38 — RStBl 1939 S. 523.
RFH vom 14. 3. 1939 — I 72/39 — RStBl 1939 S. 746.
RFH vom 15. 2. 1940 — III 253/38 — RStBl 1940 S. 494.
RFH vom 19. 9. 1940 — III 201/39 — RStBl 1941 S. 103.
RFH vom 6. 2. 1941 — III 54/40 — RStBl 1941 S. 444.
RFH vom 17. 7. 1941 — III 12/40 — RStBl 1941 S. 869.
RFH vom 2. 10. 1941 — III 108/41 — RStBl 1941 S. 844.
RFH vom 27. 11. 1941 — III 156/41 — RStBl 1942 S. 93.
RFH vom 26. 2. 1942 — III 42/41 — RStBl 1942 S. 586.
RFH vom 26. 2. 1942 — III 92/41 — RStBl 1942 S. 610.
RFH vom 5. 3. 1942 — III 94/41 — RStBl 1942 S. 611.
RFH vom 19. 3. 1942 — III e34/41 — Kartei RBewG 1934 § 15 R. 3.
RFH vom 28. 7. 1942 — I 49/42 — RStBl 1942 S. 911.
RFH vom 24. 9. 1942 — III 52/42 — RStBl 1942 S. 1052.
RFH vom 29. 10. 1942 — III 124/42 — RStBl 1943 S. 69.
RFH vom 25. 2. 1943 — III 62/41 — RStBl 1943 S. 404.
RFH vom 18. 3. 1943 — III 109/42 — RStBl 1943 S. 470.
RFH vom 6. 5. 1943 — III 92/42 — RStBl 1943 S. 506.
RFH vom 6. 5. 1943 — III 119/42 — RStBl 1943 S. 567.
RFH vom 8. 7. 1943 — III 60/41 — RStBl 1943 S. 791.
RFH vom 25. 5. 1944 — III 30/43 — StW 1953 S. 293.
OFH vom 28. 2. 1948 — I 10/47 U — StW 1948 Nr. 5 u. StBl 1950 S. 462.
OFH vom 30. 3. 1949 — III 6/49 — Amtl. Samml. 54/316.
OFH vom 26. 11. 1949 — III 59/49 U — StBl 1950 S. 265.
BFH vom 26. 3. 1952 — II 105/51 U — BStBl 1952 III S. 139.
BFH vom 15. 5. 1953 — III 103/52 S — BStBl 1953 III S. 208.
BFH vom 24. 11. 1953 — I 109/53 U — BStBl 1954 III S. 21.
BFH vom 25. 2. 1955 — III 153/53 U — BStBl 1955 III S. 133.
BFH vom 14. 6. 1955 — I 154/54 U — BStBl 1955 III S. 221.
FG Stgt. vom 11. 8. 1955 — III 341—342/55 — WPg 1956 S. 182.
BFH vom 29. 5. 1956 — I 39/56 S — BStBl 1956 III S. 226.
BFH vom 26. 7. 1957 — III 161/54 S — BStBl 1957 III S. 314.
BFH vom 4. 2. 1958 — I 326/56 U — BStBl 1958 III S. 110.
BFH vom 3. 2. 1959 — I 88/58 U — BStBl 1959 III S. 139.
BFH vom 4. 12. 1959 — VI 89/59 U — BStBl 1960 III S. 90.

Printed by Libri Plureos GmbH
in Hamburg, Germany